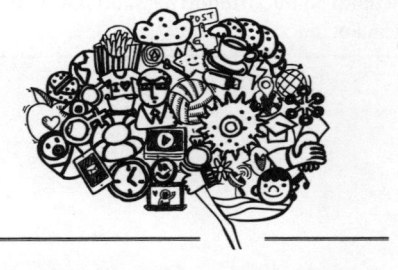

PSICOLOGIA DO COTIDIANO
2

Todos os textos reunidos neste livro foram originalmente publicados no Blog do Dr. Cristiano Nabuco, tendo passado por pequenas adaptações para esta publicação.

A162p Abreu, Cristiano Nabuco de.
   Psicologia do cotidiano 2 : como a ciência explica o comportamento humano / Cristiano Nabuco de Abreu. – Porto Alegre : Artmed, 2020.
   276 p. ; 21 cm.

   ISBN 978-85-8271-580-2

   1. Psicologia. 2. Psicologia do comportamento. I. Título.

CDU 159.9.019.4

Catalogação na publicação: Karin Lorien Menoncin – CRB 10/2147

Cristiano Nabuco de Abreu

PSICOLOGIA DO COTIDIANO 2

Como a ciência explica
o comportamento humano

Porto Alegre
2020

© Artmed Editora Ltda., 2020

Gerente editorial: Letícia Bispo de Lima

Colaboraram nesta edição:

Coordenadora editorial: Cláudia Bittencourt
Editora: Simone de Fraga
Capa: Maurício Pamplona
Preparação do original: Marquieli de Oliveira
Leitura final: Netuno
Projeto gráfico e editoração: TIPOS – design editorial e fotografia

Reservados todos os direitos de publicação à
ARTMED EDITORA LTDA., uma empresa do GRUPO A EDUCAÇÃO S.A.
Av. Jerônimo de Ornelas, 670 – Santana
90040-340 – Porto Alegre – RS
Fone: (51) 3027-7000 Fax: (51) 3027-7070

SÃO PAULO
Rua Doutor Cesário Mota Jr., 63 – Vila Buarque
01221-020 – São Paulo – SP
Fone: (11) 3221-9033

SAC 0800 703-3444 – www.grupoa.com.br

É proibida a duplicação ou reprodução deste volume, no todo ou em parte, sob quaisquer formas ou por quaisquer meios (eletrônico, mecânico, gravação, fotocópia, distribuição na Web e outros), sem permissão expressa da Editora.

IMPRESSO NO BRASIL
PRINTED IN BRAZIL

AUTOR

Cristiano Nabuco de Abreu é psicólogo, com Ph.D. em Psicologia Clínica pela Universidade do Minho, Portugal, e pós-doutorado no Departamento de Psiquiatria da Faculdade de Medicina da Universidade de São Paulo. Coordena o Programa de Dependentes de Internet da Unidade de Controle dos Impulsos do Instituto de Psiquiatria da Faculdade de Medicina da Universidade de São Paulo. Usando um método de trabalho pioneiro no Brasil e na América Latina, a Unidade oferece atendimento terapêutico e aconselhamento a adultos, adolescentes e suas famílias desde 2005.

É ex-presidente da Sociedade Brasileira de Terapias Cognitivas e ex-vice-presidente da Sociedade Latino-americana de Terapias Cognitivas. Já publicou vários artigos em diversos periódicos e 13 livros sobre comportamento e saúde mental, além de ter participado na produção de mais de mil matérias para a mídia leiga.

APRESENTAÇÃO

Psicologia do cotidiano 2 lhe ensinará coisas muito interessantes!

Psicologia do cotidiano 2 fará você pensar sobre coisas muito importantes!

Psicologia do cotidiano 2 o ajudará em muitas coisas de sua vida pessoal!

Pronto!
Ou quase pronto – faltou dizer que, por isso, talvez este livro seja considerado por alguns como de autoajuda.
Divulgação científica ou autoajuda – pouco importa.
Todos dirão que Cristiano Nabuco, por sua brilhante carreira acadêmica e notório saber, convidou um detrator para apresentar seu livro. Escolheu mal, ainda bem que ninguém lê uma Apresentação...
Nada disso!
Estimo muito este brilhante amigo e professor, a ponto de dizer que existe autoajuda ruim e autoajuda boa – aliás, excelente! –, e assim pode ser considerado, caso queiram, o genial trabalho de Cristiano Nabuco de Abreu.
Cristiano é psicólogo clínico, professor e pesquisador respeitado, não guru ou proponente de pensamentos que levarão ao sucesso e superarão todas as nossas questões existenciais.
Muito longe da superficialidade de que tudo pode se resolver com pensamento positivo e estratégias rudimentares sem embasamento, Cristiano alia esmero e rigor científico para falar de temas difíceis, como estresse,

casamento, redes sociais, gravidez, vício em TV, divórcio, uso de internet (em que é um dos maiores pesquisadores do mundo na área da psicologia), entre outras questões importantes do cotidiano.

Rigor no método e linguagem acessível dão origem a este livro instigante, em que cada capítulo nos enriquece com sabedoria. Sabedoria que vem do meio acadêmico, tantas vezes tão hermético e fechado, para o nosso dia a dia, de pessoas comuns que têm dúvidas sobre a vida, em deliciosa linguagem, sem ser superficial.

Psicologia do cotidiano 2 trará conhecimento e questionamentos, não por falta de clareza, mas pelo desejo de que Cristiano nos explique mais e mais.

Prof. Dr. Táki Athanássios Cordás
Coordenador da Assistência Clínica do Instituto de
Psiquiatria (IPq) do Hospital das Clínicas da Faculdade
de Medicina da Universidade de São Paulo (HCFMUSP).
Coordenador do Programa de Transtornos Alimentares
(Ambulim) do IPq/HCFMUSP. Professor dos Programas de
Pós-graduação do Departamento de Psiquiatria da USP,
do Programa de Neurociências e Comportamento do
Instituto de Psicologia da USP e do Programa de
Fisiopatologia Experimental da FMUSP.

SUMÁRIO

1. VÍCIO EM SÉRIES DE TV: UM NOVO PROBLEMA DA ATUALIDADE?......... 13
2. ESTRESSE NA GRAVIDEZ? O TRAUMA PODE SER HERDADO PELOS FILHOS?........ 16
3. SONO: O QUE VOCÊ DEVERIA SABER, MAS AINDA DESCONHECE........... 19
4. O TRANSTORNO BIPOLAR E O DILEMA DOS DIAGNÓSTICOS INCORRETOS........ 24
5. TRÊS SINAIS QUE DEMONSTRAM INSEGURANÇA........ 28
6. O ESTRESSE E A PERDA DE MEMÓRIA........ 32
7. O QUE A PSICOTERAPIA FAZ COM O SEU CÉREBRO?........ 34
8. A CIÊNCIA EXPLICA AS DIFICULDADES PARA DORMIR A PRIMEIRA NOITE FORA DE CASA........ 37
9. BELEZA E CONFIABILIDADE: O VELHO EQUÍVOCO DA MENTE.......... 40
10. A RELAÇÃO ENTRE PROBLEMAS NO TRABALHO E A INFÂNCIA........ 43
11. SEGUNDA-FEIRA: A PSICOLOGIA POR TRÁS DO PIOR DIA DA SEMANA........ 46
12. POR QUE SOFREMOS TANTO?........ 50
13. AFINAL, QUANDO SERÁ?........ 54
14. PSICOLOGIA DA INTERNET: POR QUE NOS TORNAMOS OUTRAS PESSOAS NA VIDA DIGITAL?........ 57
15. ANO NOVO, VIDA NOVA: A PSICOLOGIA DA VIRADA DO ANO........ 60
16. A ATENÇÃO DAS MÃES E O IMPACTO NO DESENVOLVIMENTO CEREBRAL DOS FILHOS........ 64

17	CELULAR E VOLANTE: COMBINAÇÃO PERIGOSA	68
18	NÃO SE VITIMIZE, ESSE É O MAIOR ERRO DO PROCESSO DE MUDANÇA PSICOLÓGICA	75
19	POR QUE ADIAMOS ALGUMAS ATITUDES? ENTENDA OS MECANISMOS DA PROCRASTINAÇÃO	79
20	QUAIS SÃO OS SETE INGREDIENTES DE UM CASAMENTO ESTÁVEL?	84
21	FOTOS E ATITUDES NA REDE SOCIAL DÃO PISTAS DE SUA SAÚDE MENTAL	88
22	AUTOESTIMA INTERMITENTE	92
23	POR QUE O DIVÓRCIO OCORRE? A RESPOSTA PODE ESTAR NA GENÉTICA	96
24	O QUE AS NOTÍCIAS RUINS ESTÃO FAZENDO COM A NOSSA CABEÇA	99
25	A SOLIDÃO SERVE DE "FERMENTO PSICOLÓGICO" PARA A CRIATIVIDADE E NOVAS IDEIAS	104
26	ENTENDER QUE A VIDA É FEITA DE CICLOS PODE REDUZIR O ESTRESSE NO FIM DO ANO	106
27	EFEITOS FISIOLÓGICOS E PSICOLÓGICOS EM FUNÇÃO DO CONSUMO DE ÁLCOOL	109
28	ADOLESCENTES COM ACNE TÊM 63% MAIS CHANCES DE FICAREM DEPRIMIDOS	112
29	POR QUE MANTEMOS PESSOAS DIFÍCEIS EM NOSSAS VIDAS?	114
30	PSICOLOGIA DA INFIDELIDADE: A TRAIÇÃO É MUITO MAIS COMUM DO QUE SE IMAGINA	116
31	A PSICOLOGIA POR TRÁS DO BBB: O QUE ACONTECE QUANDO PESSOAS SÃO CONFINADAS?	119
32	POR QUE VOCÊ DEVERIA PENSAR DUAS VEZES ANTES DE QUERER SE VINGAR DE ALGUÉM	123
33	*SELFITIES*: O LADO PATOLÓGICO E PERVERSO DAS *SELFIES*	127
34	POR QUE VOCÊ DEVE SABER O QUE É RESILIÊNCIA E COLOCAR O CONCEITO EM PRÁTICA	131
35	POR QUE A CRÍTICA DÓI TANTO?	136

36	A PERDA DE PESO E A MUDANÇA NOS RELACIONAMENTOS AFETIVOS	140
37	QUAL SALÁRIO REALMENTE O DEIXARIA FELIZ?	144
38	O AÇÚCAR CONSUMIDO DURANTE A GRAVIDEZ PODE CAUSAR IMPACTOS SEVEROS NAS CRIANÇAS	148
39	A ATENÇÃO DOS PAIS PODE INFLUENCIAR NO DESENVOLVIMENTO DO BEBÊ	151
40	COMO SERÁ QUE ANDA A SUA FORÇA DE VONTADE?	155
41	O QUE ESTÁ POR TRÁS DA FOFOCA?	158
42	COMPREENDENDO O PAPEL DA ESPIRITUALIDADE NA VIDA	162
43	POR QUE ALGUMAS PESSOAS USAM MAIS AS REDES SOCIAIS DO QUE OUTRAS?	167
44	COMO MELHORAR NOSSA FORÇA DE VONTADE?	171
45	O QUE AS MÍDIAS SOCIAIS ESTÃO FAZENDO COM NOSSA AUTOESTIMA E BEM-ESTAR?	175
46	A PSICOLOGIA POR TRÁS DA DEMISSÃO PROFISSIONAL	179
47	A RADIAÇÃO DO CELULAR PODE PREJUDICAR SUA MEMÓRIA	185
48	A DIFÍCIL TAREFA DE CONVIVER COM OS "DONOS DA VERDADE"	188
49	CELULAR E *TABLET* ESTÃO ASSOCIADOS AO ATRASO NA FALA DAS CRIANÇAS	191
50	CONTROLE SUA RAIVA, ANTES QUE A RAIVA CONTROLE VOCÊ	194
51	POR QUE GUARDAMOS RANCOR? UM EXERCÍCIO SIMPLES REDUZ ESSE SENTIMENTO	199
52	CERCA DE 40% DE NOSSAS MEMÓRIAS SÃO FALSAS	203
53	A PSICOLOGIA DA DECEPÇÃO AFETIVA: POR QUE NOS DESAPONTAMOS COM OS OUTROS?	206
54	O SOFRIMENTO PSICOLÓGICO É IMPORTANTE PARA O DESENVOLVIMENTO; ENTENDA POR QUE	210
55	POR QUE BRIGAMOS TANTO NAS ELEIÇÕES? A PSICOLOGIA DA DISCÓRDIA	214

56 POR QUE TEMOS PESADELOS? SONHOS RUINS TÊM UMA FUNÇÃO IMPORTANTE PARA O CÉREBRO 218

57 POR QUE EXISTEM PESSOAS PRECONCEITUOSAS? ENTENDA POR QUE JULGAMOS O OUTRO 221

58 VOCÊ SE VÊ COMO RESPONSÁVEL OU VÍTIMA DAS SITUAÇÕES? ENTENDA A DIFERENÇA 226

59 O QUE A VIDA ESTÁ TENTANDO MOSTRAR? UMA REFLEXÃO SOBRE O QUE SOMOS E BUSCAMOS 230

60 AS REDES SOCIAIS AFETAM O SEU RELACIONAMENTO MAIS DO QUE VOCÊ IMAGINA 233

61 DINHEIRO TRAZ FELICIDADE? E CASAMENTO? ENTENDA O QUE PODE INFLUENCIAR NESSA BUSCA 236

62 POR QUE O TEMPO PARECE PASSAR MAIS RÁPIDO DEPOIS QUE FICAMOS MAIS VELHOS? 241

63 CELULAR E GRAVIDEZ: QUANTO MAIOR O USO, MAIORES SÃO AS CHANCES DE PROBLEMAS 245

64 FICAR EM SILÊNCIO É UM PASSO IMPORTANTE PARA TERMOS MAIS SAÚDE MENTAL 248

65 O EFEITO DO CELULAR SOBRE SEU CÉREBRO, MESMO ESTANDO DESLIGADO 254

66 O QUE ESTÁ POR TRÁS DO DESCONTROLE ALIMENTAR? CONHECER EMOÇÕES PODE AJUDAR 259

67 GRAVIDEZ NA ADOLESCÊNCIA TEM INFLUÊNCIA NEGATIVA NAS GERAÇÕES SEGUINTES 262

68 MENTE SÃ, CORPO SÃO: O CANSAÇO FÍSICO DESPERTA SENTIMENTOS RUINS 265

69 POR QUE ÀS VEZES TEMOS CRISES PSICOLÓGICAS? ENTENDA MAIS SOBRE ELAS 269

70 OS EFEITOS PSICOLÓGICOS DOS CONGESTIONAMENTOS 273

1
VÍCIO EM SÉRIES DE TV: UM NOVO PROBLEMA DA ATUALIDADE?

Com um *plugin* gratuito no navegador, podendo ser acessado por meio de qualquer dispositivo, móvel ou não, as séries de TV por *streaming* são atraentes e populares, podendo causar uma sensação de vício. Por acaso, você já parou para observar o comportamento das pessoas que tanto assistem a essas séries? Não?

E ASSIM CAMINHA A NOSSA NOITE

Tudo começa pela escolha do que assistir, o que não é uma das tarefas mais fáceis. O próximo passo é pegar o cobertor e a pipoca, ou, caso a noite esteja quente e a fome não tenha batido, pode ser sem nada disso mesmo. Agora basta se instalar no sofá. E, então, o gatilho é disparado. Passam-se horas e horas do fim de semana até mesmo horas preciosas de sono durante a semana que são trocadas pelas séries.

Enfim, o que acontece é mais ou menos isto: senta-se para assistir um episódio de 60 minutos, por exemplo, mas ficamos muito mais tempo do que o pretendido.

NÃO TÃO SIMPLES ASSIM

Outra particularidade comportamental que vale citar é o final de cada episódio. Isso mereceria, creio eu, um estudo à parte. Explico: quando o episódio termina, surge uma sensação (quase) incontrolável que impele o indivíduo a dar "só mais uma olhadinha" para ver o que vai acontecer com este ou aquele personagem.

Como ninguém é bobo, são apresentados em números menores no canto superior da tela um relógio que, em ordem decrescente, anuncia o início automático do próximo episódio. Quando nos damos conta, já era. Lá se foram outros 20 minutos na frente da televisão. E você pensa: "ah, já está na metade, então não vou parar agora, vou ver o episódio inteiro". Aquela uma hora inicial vira duas, três, quatro horas...

Obviamente, estou usando um pouco de humor, mas, caso você ainda não saiba, há por trás disso mecanismos cerebrais importantes sendo acionados, muito semelhantes àqueles que operam em alguns vícios comprovados.

Exagero? Definitivamente, não.

Nosso cérebro tem uma dificuldade muito grande de lidar com operações que são deixadas inacabadas, e, portanto, interromper a história contada na série claramente desafia nossos mecanismos biológicos mais básicos, pois nos deixa com uma impressão de que há mais a ser feito, e um efeito de *looping* aparentemente sem fim é criado, levando-nos a desejar mais e mais.

Todo esse processo faz o corpo permanecer alerta (nossa resposta ancestral de *luta ou fuga*), o que pode facilmente interromper o sono. Então, quando nos deparamos com o fim de mais um episódio já de madrugada, por exemplo, posso lhe assegurar que você não estará mais tão cansado; você estará pronto para seguir adiante, sem se dar conta disso.

UM ADMIRÁVEL MUNDO... NOVO?

Além disso, embora ainda nenhum estudo tenha se debruçado sobre os mecanismos cerebrais envolvidos nessa questão, é possível especular que há uma intensa liberação de dopamina – aquele neurotransmissor que, ao ser liberado, nos dá a sensação de recompensa – no momento em que um episódio acaba, nos forçando a assistir mais horas.

Como uma pessoa que tem compulsão por chocolates, que não consegue comer um só, também existe a compulsão por programas de TV (o que, em inglês, já se denominou *binge watching*).

Já atendi pessoas com relatos importantes sobre esse tipo de compulsão. Elas me contaram, muito animadamente, que chegaram a passar, facilmente, mais de 10 horas em um único dia na frente da TV apenas assistindo às séries de maneira copiosa e deixando por fazer as coisas verdadeiramente importantes, criando um verdadeiro rastro de procrastinação na vida pessoal e profissional.

Bem, caso você tenha se identificado, mencionei anteriormente vários critérios que definem as dependências tecnológicas e, portanto, quero apenas deixar registrado: é exatamente assim que os vícios começam na vida de muitas pessoas. Ou seja, mesmo aquilo que parece ser, à primeira vista, divertido e inofensivo, se mal manejado por nós, torna-se uma poderosa armadilha para nosso bem-estar e nossa saúde mental.

Em tempos em que a tecnologia está praticamente onipresente em nossas vidas, é sempre bom ficar de olho aberto, não acha? Seria, portanto, o vício em séries de TV a ponta de algum *iceberg*?

Para se pensar.

2
ESTRESSE NA GRAVIDEZ? O TRAUMA PODE SER HERDADO PELOS FILHOS?

Já se tornou um clássico, em praticamente todas as narrativas de saúde mental, associar experiências de privação e de abuso vividas nos primeiros anos de vida à (quase) inevitável ocorrência de dificuldades na vida adulta.

Existe muitos textos e investigações científicas a esse respeito e, se eu fosse listá-los, ainda que de maneira genérica, levaria alguns meses para explicá-los por completo.

Claro, desde cedo, a costumeira má relação com algum membro da família, que se arrasta por toda uma existência, é, possivelmente, apontada como a base das mazelas e das inquietudes pessoais da maturidade. Prato cheio para terapeutas e analistas de todos os gostos e espécies.

Pois bem, para além das teorias mais atuais, entretanto, há certas pesquisas que têm analisado alguns elementos que fogem dessa "paisagem psicológica" mais tradicional e que merecem sua atenção: existiriam fatores que podem impactar na saúde mental **antes mesmo** do nascimento do bebê?

Descobriu-se que o período pré-natal do desenvolvimento humano é, na verdade, um momento em que o meio ambiente exerce uma influência significativa na modelação da fisiologia do feto.

Calma, eu explico. Vamos de novo.

A fase inicial de vida dentro da barriga da mãe é compreendida pelos cientistas como uma importante janela de "interferência" na vida do embrião, isto é, esse período é considerado um momento em que o ambiente intrauterino afeta, de maneira clara e pontual, o desenvolvimento da fisiologia da criança.

Vamos a um exemplo para facilitar as coisas: problemas de nutrição da mãe, por exemplo, podem estar relacionados a um número expressivo de fatores de risco, como doenças cardiovasculares na vida adulta do bebê.

Constatou-se, igualmente, que certas situações estressantes vividas pela mãe durante a gravidez impactam de maneira direta no recém-nascido, como: (a) estresse físico vivido pela má nutrição e a exposição do feto a toxinas (álcool e nicotina); (b) estresses psicossociais decorrentes de problemas de saúde mental da mãe, provenientes de violência doméstica ou, ainda, a fome e a pobreza extremas; e, finalmente, (c) sofrer traumas agudos de caráter incontrolável, como desastres naturais, terrorismo ou genocídio, que resultam em estresse pós-traumático da mãe.

Dessa maneira, é como se o período de gestação pudesse criar certas formas de *programação* biológica, oferecendo mais vulnerabilidade genética à criança.

Veja que interessante: sabe-se que a resposta ao estresse é desencadeada pelo eixo hipotálamo-hipófise-suprarrenal, ou seja, quando a mãe vive períodos de gestação marcados pela tensão e pelo estresse contínuos, pode, de maneira permanente, mudar a fisiologia da criança, predispondo-a ao desenvolvimento de distúrbios cardiovasculares, como já dito anteriormente, e também a problemas metabólicos e, principalmente, transtornos de saúde mental na vida adulta.

E isso vale sua atenção.

Essa descoberta veio à tona quando, há alguns anos, uma pesquisa apontou que os sobreviventes do holocausto tinham maiores chances de ter filhos vulneráveis a transtornos de estresse pós-traumático e transtornos psiquiátricos, se comparados àqueles que não passaram pelas mesmas situações.[1,2]

Assim, certos acontecimentos precoces, decorrentes do estresse materno, podem alterar como os genes são expressos, e esses padrões de expressão podem ser passados aos filhos, tornando a criança mais vulnerável a determinadas experiências de vida.

Importante, não acha?

Será a transmissão transgeracional do trauma uma nova etapa nos estudos de saúde mental? Nossos pesadelos poderiam, portanto, ser herdados? Para se pensar.

---

[1] Kellermann, N. P. (2013). Epigenetic transmission of Holocaust trauma: can nightmares be inherited? *The Israel Journal of Psychiatry and Related Sciences, 50*(1),33-39. Recuperado de https://www.ncbi.nlm.gov/pubmed/24029109.

[2] Palma-Gudiel H., Córdova-Palomera A., Eixarch E., Deuschle M., & Fañanás L. (2015). *Epigenetics,10*(10),893-902. Recuperado de https://www.ncbi.nlm.nih.gov/pubmed/26327302

3
SONO: O QUE VOCÊ DEVERIA SABER, MAS AINDA DESCONHECE

Sabemos, já não é de hoje, que o sono exerce uma importante função em nossa vida. Pesquisadores já afirmaram há muito tempo que dormir é extremamente importante para o desenvolvimento das funções cerebrais, como a consolidação das memórias de longo prazo ou, ainda, o favorecimento e a criação das habilidades de aprendizagem.

Contudo, além dos aspectos já bem conhecidos, algumas questões têm sido recentemente apontadas.

O SONO AJUDA NA LIMPEZA DO CÉREBRO

Um estudo conduzido pelo Centro Médico da Universidade de Rochester (Nova Iorque) constatou que o sono pode ser também um período no qual o cérebro se desfaz das moléculas tóxicas acumuladas ao longo do dia, ou seja, uma boa noite de sono pode, literalmente, limpar a nossa mente.

Em estudos utilizando ratos, os pesquisadores mostraram, pela primeira vez, que o espaço entre as células do cérebro pode aumentar durante o sono, permitindo, então, que sejam eliminadas as toxinas acumuladas. Dessa forma, quando dormimos, um sistema de "encanamento", chamado de sistema glinfático, abre e "libera a passagem" (encolhendo em até 60% do tamanho original das células), permitindo que o líquido cerebrospinal "enxágue" o tecido cerebral, expulsando, assim, os resíduos acumulados no sistema circulatório.[1]

Isso pode explicar por que o cérebro utiliza quase tanta energia durante as horas de sono quanto nas horas em que estamos acordados.

O SONO E O PROCESSO DE CRESCIMENTO

Outra pesquisa revela que o descanso noturno é particularmente vital para as crianças, uma vez que o hormônio do crescimento (GH) é produzido, principalmente, durante a noite, isto é, 30 minutos após o adormecimento e, especialmente, da meia-noite às 6 da manhã.

Assim, o desenvolvimento do tecido muscular agradece se os pais ajudarem os filhos a obterem uma noite ininterrupta de descanso. Caso contrário, o crescimento pode vir a ficar comprometido.

A orientação da The National Sleep Foundation (Fundação Nacional do Sono) dos Estados Unidos afirma que, embora cada pessoa tenha uma necessidade específica de repouso, as diferentes idades pedem por períodos distintos de sono: 10 a 13 horas por dia para pré-escolares, de 9 a 11 horas para crianças entre as idades de 6 e 13 anos, de 8 a 10 horas para os adolescentes e de 7 a 9 horas para jovens adultos, adultos e terceira idade.[2,3]

---

[1] Iliff, J. J., Wang, M., Liao, Y., Plogg, B. A., Peng, W., Gundersen, G. A., ... Nedergaard, M. (2012). A paravascular pathway facilitates CSF flow through the brain parenchyma and the clearance of interstitial solutes, including amyloid β. *Science translational medicine*, *4*(147), 147ra111. Recuperado de https://www.ncbi.nlm.nih.gov/pmc/articles/PMC3551275/.
[2] National Sleep Foundation (c2019). *How much sleep do we really need?* Recuperado de https://www.sleepfoundation.org/excessive-sleepiness/support/how-much-sleep-do-we-really-need.
[3] Cronfli, R. T. (2002). A importância do sono. Recuperado de http://www.cerebromente.org.br/n16/opiniao/dormir-bem1.html.

FALTA DE SONO E SINTOMAS DE TDAH

Um estudo que entrevistou quase 2.500 crianças, com idades entre 6 e 15 anos, confirmou que as crianças com problemas de sono são mais propensas a ser impulsivas, visto que exibiram falta de atenção e mostraram mais agressividade do que seria esperado, o que, aliás, são sintomas comuns aos quadros de TDAH e que, segundo o autor, poderia levar a eventuais confusões de diagnóstico.

Ao contrário dos adultos, que, quando ficam cansados, tornam-se mais sonolentos, as crianças se tornam hiperativas e mais impulsivas, como forma de compensação por sua exaustão.[4]

FALTA DE SONO: RISCO DE OBESIDADE E DIABETES

Como o sono modula o sistema neuroendócrino e o metabolismo da glicose, quando não se dorme o tempo apropriado, esses processos vitais podem não funcionar corretamente.

A leptina, por exemplo, um hormônio capaz de controlar a sensação de saciedade, é secretada durante o sono. Pessoas que permanecem acordadas por períodos superiores ao recomendado produzem quantidades menores de leptina. Dessa forma, a consequência de pouco sono induz o corpo a ingerir maiores quantidades de carboidratos, por exemplo, produzindo o aumento de peso.

Um estudo publicado no periódico *Pediatrics* aponta que, quanto menos uma criança dorme na primeira infância (os primeiros cinco anos de vida, mais especificamente), maior é seu risco de desenvolver a obesidade a partir dos sete anos de idade.[5]

Estudos epidemiológicos indicam que, nas sociedades modernas, as crianças (e também os adultos) gastam menos tempo dormindo do que

---

[4] Shur-Fen Gau, S. (2006). Prevalence of sleep problems and their association with inattention/hyperactivity among children aged 6-15 in Taiwan. *Journal of Sleep Research,15*(4),403-414.
[5] Taveras, E. M., Gillman, M. W., Peña, M. M., Redline, S., & Rifas-Shiman, S. L. (2014). Chronic Sleep Curtailment and Adiposity. *Pediatrics, 133*(6). Recuperado de https://pediatrics.aappublications.org/content/133/6/1013.

faziam nossos avós apenas há algumas décadas, o que, de maneira provável, contribui para a epidemia de obesidade que vemos em muitos países.[6]

FALTA DE SONO E TECNOLOGIA

O estilo de vida moderno seria outro concorrente direto das noites bem dormidas.

Um estudo publicado aqui no Brasil pelo IPOM apontou que 82% dos jovens avaliados dormem com o celular ligado ao lado da cama. Lembre-se de que os sinais sonoros enviados pelas mensagens, como bem sabemos, tocam a noite toda, deixando o sono entrecortado, o que impede que se atinja o sono profundo e reparador.[7]

Um outro estudo feito no Centro Médico JFK, nos Estados Unidos, mostrou que o número de mensagens de texto – ou SMS – enviadas às crianças entrevistadas chegava a 34 por noite, com uma média de 3.400 textos por mês, enviados no período noturno – o que é bastante alto, principalmente para indivíduos que deveriam estar tentando dormir, e não sendo estimulados a permanecer acordados.[8]

SONO E USO DE DROGAS

Uma investigação conduzida pela Universidade de Pittsburgh constatou que os adolescentes privados de sono comprometem sua capacidade de avaliar corretamente as situações que os colocam em risco e, assim, tornam-se menos hábeis em manejar de maneira efetiva as potenciais ameaças do dia a dia.[9]

---

[6] Van Cauter, E., & Knutson, K. L. (2008). Sleep and the epidemic of obesity in children and adults. *European journal of endocrinology, 159 Suppl 1*(S1), S59–S66. Recuperado de https://www.ncbi.nlm.nih.gov/pmc/articles/PMC2755992/.
[7] Instituto de Pesquisa e Orientação da Mente. (2015). *Como está a qualidade do sono dos jovens?* Recuperado de http://www.ipom-org.com.br/artPesquisa.php?lang=pt-br&id=12.
[8] Lenhart, A., Ling, R., Campbell, S., & Purcell, K. (2010). *Teens and Mobile Phones*. Recuperado de https://www.pewinternet.org/2010/04/20/teens-and-mobile-phones/.
[9] Forbes, E. (2017). Lack of sleep could cause mood disorders in teens. *Eurekalert!* Recuperado de https://www.eurekalert.org/pub_releases/2017-12/acon-los113017.php.

Podemos citar como exemplo um estudo realizado junto a 16 escolas de ensino médio, localizadas na Califórnia, envolvendo uma amostra de 2.500 adolescentes, estabeleceu a relação entre problemas de sono e uso de álcool e maconha.

A conclusão da investigação apontou que a cada 10 minutos extras passados da hora correta de se deitar, potencializam de 4 a 6% a probabilidade de que o adolescente venha a consumir álcool ou drogas, exatamente como apontado no comportamento dos adolescentes.[10]

CONSIDERAÇÕES FINAIS

É possível que alguns cuidados básicos possam ajudar tanto as crianças como nós, adultos, a desenvolverem uma boa noite de descanso, assim como para nós também, os adultos.

Portanto, comece estabelecendo uma rotina, pois é importante que todos tenham uma regularidade (horário aproximado) para se dirigirem à cama. Lembre-se de que nosso corpo precisa de rotina.

Além disso, tenha em mente a importância de celulares, computadores ou, ainda, televisores estarem completamente desligados quando estivermos próximos ao horário de dormir. Nosso cérebro precisa ser "informado" de que está chegando a hora de "se desligar". Processos bioquímicos têm início nesse momento (p. ex., liberação da melatonina) e podem ficar comprometidos, se estimulados pelas luzes de telas.

Finalmente, crianças e jovens imitam o comportamento dos mais velhos, assim, de nada adianta falar se não conseguimos nos tornar um bom exemplo a ser seguido.

Faça do quarto de seu filho (e por que não dizer do nosso também) um santuário, onde apenas o descanso e a tranquilidade sejam bem-vindos. Aposto que você sentirá a diferença.

---

[10] Troxel, W. M., Ewing, B., & D'Amico, E. J. (2015). Examining racial/ethnic disparities in the association between adolescent sleep and alcohol or marijuana use. *Sleep Health, 1*(2), 104-108. Recuperado de https://www.rand.org/pubs/external_publications/EP50713.html.

4
O TRANSTORNO BIPOLAR E O DILEMA DOS DIAGNÓSTICOS INCORRETOS

O transtorno bipolar do humor é uma doença mental caracterizada pela alternância de humor.

Dessa maneira, as pessoas acometidas por esse problema experimentam episódios de euforia (também chamada de "mania"), enquanto, em outros momentos, intercalam períodos de depressão, seguidos por episódios de normalidade.

Com o passar dos anos, entretanto, essa alternância se repete com intervalos cada vez menores, apresentando algumas variações.

Muitas vezes, nem mesmo o paciente ou os profissionais de saúde percebem a doença, o que retarda o tratamento adequado.[1]

---

[1] ABRATA.org.br (c2019). Recuperado de http://www.abrata.org.br/.

MONTANHA-RUSSA EMOCIONAL

Euforia (ou mania) é um estado em que a pessoa experimenta significativa exaltação do humor ao sentir um importante aumento de vitalidade – sem qualquer relação com algo específico –, o que confere grande vigor emocional ao indivíduo. Em geral, essa mudança de comportamento é repentina, entretanto, a pessoa tem dificuldade de perceber sua alteração pessoal, pois seu senso crítico acaba afetado, comprometendo, assim, sua capacidade de avaliar objetivamente as situações.

Durante um episódio de mania, por exemplo, uma pessoa impulsivamente pode sair de um emprego ou gastar enormes quantias em seu cartão de crédito, pois se sente inabalável ao experimentar sentimentos de grandeza, poder e fácil irritabilidade.[2]

Já durante um episódio depressivo, a mesma pessoa pode vir a se sentir muito exaurida, desanimada, inclusive sem forças para sair da cama, por exemplo, agora desenvolvendo mais consciência das situações criadas pelos momentos de euforia, o que reforça seu estado depressivo e suas ideações suicidas.

Assim, euforia e depressão intercalam-se.

Como a condição parcial de humor elevado não é totalmente compreendida pelo indivíduo como sintoma de uma doença, muitas vezes as pessoas buscam ajuda apenas nos momentos mais agudos de desânimo e de depressão.

Essa falta de informação é tão impactante que afeta o tratamento do transtorno.

Veja só: uma pesquisa recente apontou que 10% dos pacientes que buscam os cuidados básicos, no Reino Unido, recebem um diagnóstico incorreto, pois, ao relatarem os sintomas de maneira parcial (leia-se: não descrevendo sua alternância de humor), recebem apenas a indicação de antidepressivos para tratamento da depressão.[3]

---

[2] Abreu, C. N.; Salzano, F. T., Vasques, F., Cangelli Filho, R., & Cordás, T. A. (2011). *Síndromes psiquiátricas:* diagnóstico e entrevista para profissionais de saúde mental. Porto Alegre: Artmed.

[3] Hughes, T., Cardno, A., West, R., Marino-Francis, F., Featherstone, I. ...House, A. (2016). Unrecognised bipolar disorder among UK primary care patients prescribed antidepressants: an observational study. *British Journal of General Practice*, 66(643): e71-e77.

Como resultado, recebem um tratamento inadequado, pois apenas medicamentos antidepressivos, sem a associação com estabilizadores de humor – indicados para o tratamento do transtorno bipolar –, aumentam o risco de mais instabilidade no humor, causando grande sofrimento ao indivíduo.

O estudo constatou que, entre as pessoas com idade entre 16 e 40 anos que haviam tomado antidepressivos, 10% delas tinham, na verdade, transtorno bipolar não diagnosticado.

O estudo recomenda que os profissionais de saúde revejam as histórias de vida de pacientes com ansiedade ou depressão, pacientes particularmente mais jovens e aqueles que não estão indo bem, uma vez que devem ficar mais atentos para as possíveis evidências de transtorno bipolar do humor.

CONSIDERAÇÕES FINAIS

A saúde mental, ao contrário da saúde física, ainda é um grande desafio a ser superado.

Diferentemente dos quadros em que a doença é "visível", na saúde mental, muitas vezes, os sintomas, quando percebidos, são apontados de maneira simplista como resultantes de uma personalidade mais complicada ou excêntrica, o que, na verdade, justifica os problemas de diagnóstico.

Conforme descrito certa vez no prefácio do livro *Síndromes Psiquiátricas* (p. 11):

> A boa notícia é que a maioria dos transtornos mentais tem tratamento. A má notícia é que são muito frequentes e que acometerão uma em cada quatro pessoas, produzindo sofrimento incomensurável.
>
> A boa notícia é que há tratamentos farmacológicos que ajudam essas pessoas a se recuperar e aliviam muito esse sofrimento. A má notícia é que as pessoas com transtorno mental comumente não sabem que ele é a causa do sofrimento, e por isso não procuram ajuda.

A boa notícia é que há cada vez mais remédios com menos efeitos colaterais. A má notícia é que as pessoas que procuram ajuda, seu mal não é corretamente identificado, e elas não recebem tratamento adequado.

Portanto, fiquemos atentos e menos receosos na busca por profissionais de saúde mental. A tristeza excessiva, euforia e felicidade extremas também são um desafio ao nosso equilíbrio.

5
TRÊS SINAIS QUE DEMONSTRAM INSEGURANÇA

Obviamente, é quase impossível descobrir o estado emocional vivido por alguém em um determinado momento apenas através de rápidas conversas. Entretanto, para uma pessoa mais atenta, alguns sinais sempre fogem ao controle, deixando evidente o rastro de insegurança e vulnerabilidade psicológica vivido por esse alguém.

Assim, a seguir, descrevo alguns dos sintomas mais comuns presentes nas interações e que podem ser indicativos de um sentimento transitório de inferioridade:

a) Autovalorização excessiva
Este, que é talvez um dos sentimentos mais clássicos, é frequentemente encontrado nas pessoas que estão se sentindo desprestigiadas.

Desde a evolução antepassada, o cérebro humano foi preparado para obter destaque perante o bando, pois, assim, teria mais chance de liderar o grupo, tendo prioridade na alimentação ou ainda na escolha do(a) parceiro(a), tornando-se um líder; dessa forma, "ser bom" passou a ser uma necessidade vital para a sobrevivência.

Ainda que o tempo tenha passado e não precisemos mais brigar por um pedaço de comida, muitas pessoas, quando estão se sentindo diminuídas, têm o seu cérebro inconscientemente acionado para, de alguma forma, fazer-lhe voltar ao destaque, e, assim, da maneira mais simples possível, um velho mecanismo entra em ação: imediatamente, damos um jeito de encaixar nas conversas tópicos como o destino da última viagem, a comida "maravilhosa" de um determinando restaurante, o objeto "exclusivo" comprado em uma das melhores lojas de grife ou, ainda, o importante cargo, ressaltando sua "importância".

Portanto, ficar em evidência compensa a sensação de inferioridade, resolvendo momentaneamente o problema.

O que essas pessoas, na verdade, não percebem é que ativar esse senso de grandiosidade de forma desproporcional e excessiva apenas reforça um sentimento de esquiva e de rejeição pelos demais, uma vez que a soberba pessoal não é geralmente muito bem digerida pelo grupo, o que faz esse indivíduo passar a ser, efetivamente, desconsiderado.

Portanto, fique atento para não criar um estigma sobre sua pessoa.

b) Incapacidade de dizer "não"
Este é outro importante indicador de que temos um expressivo receio de magoar ou decepcionar alguém. Assim, nessa condição, sentimo-nos incapazes de colocar de forma sensata e objetiva nossas percepções e opiniões pessoais, deixando transparecer uma excessiva simpatia pelos demais, ao deixar passar uma impressão de que "faríamos qualquer coisa" pelo outro, o que, diga-se de passagem, nem sempre é verdadeiro.

Esse tipo de comportamento vem, muitas vezes, acompanhado de notada efusividade (simpatia) interpessoal, dando margem para que o outro sinta que você o "compreendeu" ou, ainda, que é uma pessoa "muito legal" e que essa "amizade" mereceria ser cultivada, pois, afinal de contas, você aparenta ser alguém demasiadamente receptivo.

Claro, tudo tem um segundo sentido, que é o de aparentar sua capacidade de "conexão", o que pode aumentar de maneira irreal as expectativas projetadas sobre nós, dando margens a problemas maiores, como futuras decepções.

Muitas pessoas, na verdade, nem percebem que estão fazendo isso. Lembre-se apenas de uma coisa: ninguém consegue ser "legal" o tempo todo. Assim, tente ser apenas e tão somente você.

c) **"Congelamento" ou incapacidade de interagir**
Este é outro recurso que o cérebro humano lança mão para combater o senso de diminuição pessoal, semelhante a algumas categorias de comportamento animal, visto que os animais, quando estão se sentindo ameaçados, "paralisam", para mostrar ao inimigo ou que são inofensivos ou para serem confundidos com o entorno, diminuindo, assim, a chance de ataque.

Nessas situações, essas pessoas se sentem tão vulneráveis frente aos demais que literalmente "travam" e não conseguem sequer participar de uma simples interação, por mais fugaz que ela seja. E, à medida que isso ocorre, o desconforto pessoal é percebido por elas mesmas, que tentam desesperadamente "agir" – na tentativa de recuperar seu lugar social.

Todavia, o cérebro, percebendo a situação de profundo incômodo, ao tentar reverter a situação, dá um comando para que elas "falem", que se comuniquem de qualquer jeito – qualquer coisa serve –, mas, obviamente, isso apenas aumenta a escalada de ansiedade, fazendo elas se sentirem ainda mais travadas e congeladas, dando, então, mais força ao sentimento de exclusão pessoal.

CONSIDERAÇÕES FINAIS

Veja que nem sempre estamos em dias em que nossas habilidades sociais estão em alta, ou seja, como tudo na vida, sempre há momentos em que estamos mais abertos, ao passo que, em outros, estamos mais reservados e introvertidos.

Falar demasiadamente de nossas conquistas, ser muito simpático às vezes ou até ficar mais calado em algumas fases da vida, na verdade, é algo absolutamente normal e não deve ser fonte de preocupação. Todavia, a dica vai para quando esses mecanismos tendem a se repetir frequentemente com a passagem do tempo, engessando-nos emocionalmente ao fazer-nos agir sempre da mesma maneira, criando, portanto, problemas maiores de sociabilidade e de relacionamento.

Aqui, portanto, estariam algumas das bases futuras dos quadros de transtorno narcisista, de fobia social, entre outros.

Assim, fique atento quando esses mecanismos deixam de ser um problema e se tornam um "padrão" constante de interação, que, portanto, deveriam ser objeto de cuidado e de mudança pessoal. Sabem qual é a boa notícia? A psicoterapia moderna vem para lhe ajudar a transformar esses padrões. Felizmente, temos tratamento para quase tudo. Só permanece inseguro e mal resolvido quem não buscar ajuda.

6

O ESTRESSE E A PERDA DE MEMÓRIA

Já não é de hoje que ouvimos que há centenas de consequências decorrentes dos estados de estresse junto ao nosso organismo: arritmias, infarto e AVC, hipertensão arterial, aumento da glicemia e do colesterol, depressão, queda do sistema imune, além de vários outros.

O que possivelmente você ainda desconhece é o fato de que o estresse contínuo – aquele ao qual você "naturalmente" se acostuma – pode levar também a problemas mais sérios de memória.

Um estudo publicado demonstrou a relação entre a memória de curto prazo e o estresse prolongado.[1]

Em uma pesquisa utilizando modelos animais (ratos) em um labirinto experimental, cientistas introduziram em um ambiente tranquilo, um rato

---

[1] McKim, D. B., Niraula, A, Tarr, A. J., Wohleb, E. S., Sheridan, J. F., & Godbout, J. P. (2016). Neuroinflammatory dynamics underlie memory impairments after repeated social defeat. *Journal of Neuroscience, 36*(9),2590-2604. Recuperado de http://www.jneurosci.org/content/36/9/2590

intruso bem maior e, para aumentar o desconforto, fizeram-no de maneira repetida com a passagem do tempo.

Aqueles ratos que foram constantemente expostos ao intruso agressivo apresentaram um comportamento bastante curioso: eles, na tentativa de fuga, levavam muito mais tempo dentro do labirinto para lembrar onde estava o buraco de fuga (se comparado ao tempo anterior, sem a presença do predador no ambiente).

Além disso, os roedores perturbados também apresentaram alterações significativas em seu cérebro, incluindo evidências concretas de inflamação, supostamente causada pela resposta do sistema imune à pressão do ambiente, visível pela presença de células imunes, chamadas de macrófagos, no cérebro dos ratos estressados.

Além da dificuldade de se lembrar para onde fugir, sabe por quanto tempo a memória dos roedores permaneceu afetada? Os ratos estressados levaram nada menos do que 28 dias, após o término do experimento, para se recordar de suas lembranças.

Como se isso já não bastasse, além da erosão da memória, os pesquisadores perceberam que os animais perturbados evitaram contato com outros ratos, que, aliás, permaneceu ainda ativo após as quatro semanas de acompanhamento (leia-se: provocando deficiências psicológicas mais duradouras).

CONSIDERAÇÕES FINAIS

Tais achados nos fazem pensar, então, que, muito além dos "velhos problemas" ocasionados por um modo de vida pouco saudável, estar sob pressão pode causar danos também ao nosso cérebro. Assim, se os resultados da pesquisa mencionada puderem ser replicados em seres humanos, seria bom ficarmos atentos.

Ao levarmos uma vida "agitada" demais, longe de ser algo normal, abrimos espaço para que problemas cognitivos (decorrentes da perda de memória) possam, ainda mais, impactar nossa mente e nosso humor.

Vamos prestar mais atenção à nossa qualidade de vida? Sua memória agradece.

7
O QUE A PSICOTERAPIA FAZ COM O SEU CÉREBRO?

Como sabemos, o cérebro humano apresenta uma extrema capacidade de mudança, isto é, devido a estimulações vindas do ambiente, da aprendizagem e, finalmente, das emoções, nossas estruturas cerebrais reagem prontamente a vários tipos de situações.

Assim, diferentemente do que se acreditava décadas atrás, nosso cérebro está em constante interação com o meio ambiente, sendo afetado de maneira ininterrupta pelas experiências que temos em nosso cotidiano. Portanto, longe de serem estruturas finalizadas, nossa mente e nosso cérebro estão em profunda e contínua transformação.

Um exemplo foi demonstrado por uma investigação junto a motoristas de táxi da cidade de Londres, Inglaterra. Para ter um bom desempenho nessafunção, os motoristas devem, obrigatoriamente, memorizar cerca de 320 rotas que passam pela referida cidade, composta por aproximadamente 25 mil ruas e mais de 20 mil locais de interesse público.[1]

---

[1] BBC News. (2011). Brain changes seen in cabbies who take 'The Knowledge'. Recuperado de https://www.bbc.com/news/health-16086233.

Comparando os taxistas a um grupo-controle (o de não motoristas), investigações de ressonância magnética no cérebro mostraram um aumento expressivo do volume do hipocampo posterior – região associada à memória –, comprovando, assim, a capacidade de mudança do cérebro dos taxistas, o que ocorreu, inclusive, na fase adulta.

A INVESTIGAÇÃO

Tendo isso em mente, um grupo de pesquisadores procurou verificar como a psicoterapia cognitivo-comportamental poderia afetar o volume do cérebro e sua atividade.

Dessa forma, o estudo se concentrou em pacientes com ansiedade social – um dos problemas mais comuns de saúde mental.

O estudo recrutou 26 indivíduos, os quais foram tratados com terapia cognitivo-comportamental (fornecida por meio de orientações dadas pela internet) por um período de nove semanas.[2]

Assim, antes e depois do tratamento, os cérebros dos pacientes foram examinados por ressonância magnética.

O resultado foi bem interessante: quanto mais expressiva a melhora registrada junto aos pacientes tratados, menor o tamanho da amídala ao final da intervenção por psicoterapia, se comparado ao do grupo-controle.

Vale lembrar que a amídala cerebral é aquela região associada com a manifestação das emoções, ou seja, quanto maior for o volume da amídala cerebral, nos casos de ansiedade social, maior será a gravidade dos casos.

Portanto, após o tratamento, verificou-se uma reorganização importante, o que resultou em um menor volume da substância cinzenta e da responsividade neuronal das amídalas, contribuindo para um menor nível de ansiedade.

O estudo sugere, então, que a redução do volume da amídala proporcionou uma redução expressiva e direta da atividade cerebral dos pacientes tratados com psicoterapia.

---

[2] Månsson, K.N.T., Salami, A., Frick, A., Carlbring, P., Andersson, G., ..., Boraxbekk, C.-J. Neuroplasticity in response to cognitive behavior therapy for social anxiety disorder. *Translational* Psychiatry, 6, e727. Recuperado de https://www.nature.com/articles/tp2015218.pdf.

CONSIDERAÇÕES FINAIS

É por essa e tantas outras razões que a psicoterapia moderna pode ser denominada como aquela que oferece, efetivamente, uma fala curativa aos pacientes, com direito, inclusive, a alterações cerebrais significativas. Embora exista, hoje, um número expressivo de pessoas que ainda é bastante refratária a esse tipo de tratamento, a psicoterapia cognitivo-comportamental – considerada padrão-ouro para tratar 85% dos problemas de saúde mental – ainda se mostra uma das melhores opções.

Pense nisso.

8
A CIÊNCIA EXPLICA AS DIFICULDADES PARA DORMIR A PRIMEIRA NOITE FORA DE CASA

Dormir fora de casa ou em ambientes estranhos pode se tornar um problema para muitas pessoas, ainda mais na primeira noite.

Sem dúvida, essa é uma dificuldade que os viajantes normalmente enfrentam, porém, pesquisadores parecem ter chegado a uma conclusão interessante.

Denominado "efeito da primeira noite", um estudo conduzido pela Brown University descobriu que uma das possíveis causas desse problema pode ser decorrente de nossa biologia pessoal.[1]

---

[1] Tamaki, M., Won Bang, J., Watanabe, T., & Sasaki, Y. (2016). Night watch in one brain hemisphere during sleep associated with the first-night effect in humans. *Current Biology, 26*, 1190-1194. Recuperado de https://www.cell.com/current-biology/pdfExtended/S0960-9822(16)30174-9.

O QUE OCORRE?

Quando deveríamos estar dormindo profundamente, o hemisfério esquerdo do nosso cérebro, constatando que estamos em um ambiente incomum, permanece mais ativo, deixando-nos com um sono "superficial". Segundo os pesquisadores, é como se nossos instintos ancestrais nos deixassem em estado de vigilância e de prontidão contra algo ruim que possa vir a acontecer, consumindo, portanto, mais tempo para nos colocar em adormecimento, ou até resultando em um sono de pior qualidade (por isso acordamos mais cansados).

Essa assimetria cerebral durante o sono, segundo revelam os pesquisadores, também é encontrada em mamíferos, como focas, golfinhos e baleias.

Para verificar se isso ocorria igualmente com os seres humanos, os pesquisadores recrutaram 35 voluntários, os quais passaram duas noites em laboratório, e os submeteram a alguns testes noturnos.

Um dos experimentos consistia em expor sons agudos durante toda a noite em ambas as orelhas dos participantes, e, ocasionalmente, foram introduzidos sons diferentes. Eles descobriram que a resposta do cérebro aos sons inesperados foi maior na orelha direita (que levava ao hemisfério esquerdo), do que no lado oposto. Dessa forma, o hemisfério esquerdo experimentou despertares mais frequentes do que o direito, além de alterações mais frequentes nos sinais vitais dos sujeitos.

A equipe fez um experimento final, no qual um novo grupo de voluntários ouviu sons enquanto dormiam, só que, desta vez, eles foram instruídos a levantar seus dedos levemente, caso fossem despertados pelo som. Os voluntários acordavam mais rapidamente depois de ouvir sons em sua orelha direita (que ativa principalmente o hemisfério esquerdo do cérebro) do que em sua orelha esquerda (que ativa o hemisfério direito).

CONSIDERAÇÕES FINAIS

Tomados em conjunto, os resultados sugerem que o hemisfério esquerdo fica mais ativo na primeira noite de sono em ambientes desconhecidos, decorrente do que se imaginou ser um possível mecanismo de proteção que mantém o cérebro alerta a possíveis perigos.

Lembre-se de que todos esses achados foram observados apenas na primeira noite de sono, e não mais nas noites subsequentes. Para minimizar esses efeitos, os pesquisadores sugerem, então, que as pessoas levem seu próprio travesseiro nas viagens, como forma de diminuir as impressões de estranheza do ambiente, ou, ainda, que se procure dormir sobre a orelha direta, como forma de impedir que o hemisfério esquerdo se torne um guarda-noturno ao nos fazer dormir menos e mal.

Não custa nada tentar...

9
BELEZA E CONFIABILIDADE: O VELHO EQUÍVOCO DA MENTE

A certa altura da vida, naturalmente se aprende a olhar além das aparências. À medida que o tempo passa, compreendemos que aquilo que nossos olhos nos dizem pode não ser tão verdadeiro, principalmente no que diz respeito à imagem pessoal de alguém, e descobrimos, então, ser necessário ir um pouco mais além.

Embora a maturidade nos ajude bastante, psicólogos já sabem que a visão que desenvolvemos de uma pessoa pode não ser decorrente apenas e tão somente de nossas interpretações, mas profundamente influenciada por nosso cérebro primitivo.

E, caso você ainda não tenha se dado conta, fique então ciente de que nossas preferências por certas pessoas estarão, de alguma maneira, atreladas àquelas que nos parecem mais atraentes.

Pode parecer algo bem superficial, não acha? Mas, na realidade, não é.

Muitos estudos de psicologia já haviam provado a existência do chamado "estereótipo de beleza", isto é, pessoas mais bonitas são tidas por seus pares como mais inteligentes, mais sociáveis e, finalmente, mais bem-sucedidas.

É dessa forma que as pessoas se valem de certos sinais faciais para, automaticamente, poder fazer julgamentos a respeito do caráter de alguém – o que, diga-se de passagem, é uma parte crucial do funcionamento social. Aristóteles, a esse respeito, dizia: "A beleza é a melhor carta de recomendação".

Esse fenômeno tem em sua base uma de nossas tendências biológicas mais ancestrais: a de que uma pessoa mais atraente possivelmente será mais saudável e, portanto, com menos risco de carregar e/ou transmitir as doenças que dizimaram tantas vidas nos primórdios de nossa existência. Em épocas em que o conhecimento era escasso e a sobrevivência era crucial, formar impressões imediatas a respeito de terceiros pode ter se revelado de grande importância.

De qualquer forma, mesmo que tenhamos avançado bastante no tempo, ainda carregamos essa predisposição.

Veja só: Em um estudo recém-publicado na revista *Frontiers in Psychology*, pesquisadores descobriram que as crianças *também* atribuem o grau de confiabilidade a alguém em decorrência direta de seu grau de atratividade. Ou seja, constatou-se que *também* para os pequenos, quanto menos atraente uma pessoa for, menos confiável ela parecerá ser.[1]

O estudo avaliou 138 crianças, com idades variando entre 8 e 12 anos, quando, no experimento, lhes foram apresentadas 200 imagens de rostos masculinos – todos eles com uma expressão neutra e com um olhar direto.

Na primeira exposição, a cada uma das crianças foi mostrada uma dessas faces, em que se pediu que avaliassem o quão *confiável* elas achavam que essa pessoa poderia ser.

Depois de um mês, seguiu-se uma segunda sessão de apresentações, em que agora lhes fora pedido que classificassem a *atratividade* desses mesmos rostos.

Ao analisar as respostas, encontrou-se uma forte correlação entre os dois traços: as faces consideradas mais confiáveis foram também aquelas tidas como mais atraentes pelas crianças – relação esta que foi se intensificando com a idade.

---

[1] Ma, F., Xu, F., & Xianming, L. (2016) Children's facial trustworthiness judgments: agreement and relationship with facial attractiveness. *Frontiers in Psychology*, 7, 499. Recuperado de https://www.frontiersin.org/articles/10.3389/fpsyg.2016.00499/full.

Ou seja, ainda que o tempo tenha passado e sejamos muito mais conscientes que nossos irmãos primitivos, adultos ou crianças, a atratividade de uma pessoa *ainda é* inconscientemente percebida como uma forte indicação de seu caráter. Seria bom, portanto, que fôssemos mais conscientes dessas tendências biológicas e, ao tomar consciência disso, que nossa opinião não fosse tão determinada pelas impressões de beleza física de alguém. E, como dizia aquele velho ditado: "não julgue um livro por sua capa".

10
A RELAÇÃO ENTRE PROBLEMAS NO TRABALHO E A INFÂNCIA

Curioso o que acontece conosco em nossa infância, não acha? Pois bem, dependendo do tipo de ambiente em que vivemos, nossa capacidade de nos sentirmos bem aumenta de maneira exponencial na vida adulta.

Funciona mais ou menos da seguinte forma: quando experimentamos as boas relações enquanto pequenos, nossa autoestima é consolidada de maneira positiva. Por outro lado, quando essa necessidade de amparo não é disponibilizada pelos cuidadores, a criança tem a chance de tornar-se mais insegura e retraída.

Lembremos que, enquanto pequenos, sempre vivemos momentos de muita angústia e, como nossa personalidade está em plena formação, apoio ou ameaça tornam-se vivências decisivas na composição do que nos tornaremos em nosso futuro.

Assim, quando nossos pais estão mais atentos às nossas necessidades infantis, criamos uma tolerância adicional para lidar com os momentos de tensão, pois nos sentimos mais "protegidos" e, principalmente, mais confiantes de nossa capacidade de enfrentamento.

Por outro lado, ao crescer em espaços onde a ausência dos pais é marcante, a autoestima infantil se solidifica de uma maneira mais incerta e insegura, aumentando de maneira exponencial a possibilidade de essa criança não se sentir confiante nos momentos futuros de tensão e estresse.

Pesquisa publicada na revista *Human Relations* revelou que as relações e os comportamentos observados no local de trabalho também apresentam uma forte ligação com os estilos parentais vividos na infância.[1]

Os pesquisadores estudaram como esses estilos de vinculação interferem no comportamento organizacional. Segundo o que foi pressuposto, os indivíduos podem transferir este padrão de ligação com os pais para o local de trabalho e, em particular, influenciar de maneira determinante o relacionamento com o próprio chefe.

A premissa é a de que, como os pais cuidam da criança, os chefes – teoricamente –, agindo como os responsáveis no local de trabalho, "cuidariam" do adulto no local de trabalho, treinando-o, apoiando-o, etc.

A conclusão foi interessante.

No caso de pessoas que foram bem cuidadas na infância, constatou-se que a conduta dos chefes interferiu menos no comportamento desses indivíduos, pois, como cresceram sentindo-se amparados, a presença de chefes mais críticos ou menos tolerantes abalou menos a autoestima desses funcionários.

Entretanto, no caso de adultos que cresceram em lares menos alicerçados, a reação emocional dos chefes – quando não muito positiva –, acabou por gerar um impacto emocional mais negativo nessas pessoas.

Bem, e a consequência para o ambiente de trabalho?

Funcionários com histórias negativas de ligação e de apego com os pais foram aqueles que relataram níveis mais elevados de estresse e os menores níveis de desempenho profissional.

Como se sentiam (muito) mais ameaçados do que os profissionais seguros, eles exibiram adicionalmente menores habilidades de ajudar os colegas de trabalho e poucos recursos emocionais para manejar as situações de tensão (pois não havia "registro" histórico de sucesso em sua memória).

Resumo da ópera? Simples.

---

[1] Harms, P. D., Bai, Y., & Han, G. H. (2016). How leader and follower attachment styles are mediated by trust. *Human Relations*, *69*(9), 1853-1876. Recuperado de https://journals.sagepub.com/doi/abs/10.1177/0018726716628968#articleCitationDownloadContainer.

As pessoas, de fato, mais do que se imagina, vêm para o local de trabalho trazendo suas seguranças ou inseguranças vividas originalmente em suas relações com as figuras de apego (pai ou mãe), que, obviamente, serão ativadas no ambiente organizacional. Talvez fosse interessante que, antes mesmo de fazer algum trabalho para a melhoria do clima organizacional, os profissionais de recursos humanos tivessem mais conhecimento a respeito da mecânica de formação de nossa personalidade (infantil) e, cientes disso, criassem estratégias mais direcionadas e mais efetivas de mudança pessoal.

11

SEGUNDA-FEIRA: A PSICOLOGIA POR TRÁS DO PIOR DIA DA SEMANA

É, de fato, comprovado que a grande maioria das pessoas descreve um sentimento não muito agradável assim que o fim de semana termina e, principalmente, às segundas-feiras pela manhã, quando nossa jornada de vida – quer gostemos ou não – precisa ser reiniciada.

Não sei bem ao certo a razão de tal desassossego, mas é possível que, nos, fins de semana, consigamos "desfocar" um pouco as coisas que não caminham bem e, por um pequeno espaço de tempo – dois dias, para sermos mais exatos –, podemos nos desconectar de nossas inquietudes, ao criarmos uma distância segura daquilo que efetivamente não nos faz bem, e, finalmente, experimentar um pouco de alívio e de felicidade, ainda que de maneira transitória.

Lembre-se de que é, então, o primeiro dia da semana, geralmente, o ponto marcado para o retorno ao trabalho, momento em que somos obrigados, novamente, a subir no carrossel de nossa vida e, com ele, tentarmos nos estabilizar das oscilações inerentes ao cotidiano, quando também nossa consciência da falta de motivação e de sentido nos é devolvida. É como se, às segundas-feiras, portanto, a realidade (nua e crua) nos fosse, a cada nova semana, descortinada, de uma só vez.

Contudo, se isso lhe causa alguma inquietude, fique tranquilo, pois isso não ocorre apenas com você.

Em um estudo realizado por pesquisadores da Universidade de Sidney, na Austrália, um grupo de pessoas foi convidado a descrever como estavam se sentindo durante sete dias, em um determinado momento específico.[1]

No oitavo dia, ou seja, uma semana depois, eles foram indagados a respeito de como se lembraram de seus sentimentos em relação a cada dia vivido na semana anterior. Muito embora os relatos não indicassem significativas diferenças em relação à passagem do tempo, as pessoas se lembravam da segunda-feira como o pior dia da semana.

MAIS ESTRESSE

Caso você ache que o efeito segunda-feira é apenas uma impressão, saiba, então, que alguns estudos têm demonstrado que, neste dia de retorno "à vida", por assim dizer, há um aumento expressivo de estresse físico e mental, gerando, possivelmente, as maiores incidências de infarto agudo do miocárdio.[2]

Isso nos faz pensar que, ao longo da semana, quando as engrenagens da vida giram, nossas necessidades subjetivas de bem-estar não podem ou não são tão satisfeitas como nos fins de semana.

Assim, em oposição aos dias da semana, aos sábados e aos domingos é como se, enfim, tivéssemos um pouco de tempo para nós mesmos (seja lá o que façamos com ele). Todavia, apenas a perspectiva de manejo das situações melhores nos devolve a sensação de estarmos no controle de nossa vida. Portanto, é durante esses dois dias que nossa vitalidade volta

---

[1] Areni, C. S., & Burger, M. (2008), Memories of "Bad" Days Are More Biased Than Memories of "Good" Days: Past Saturdays Vary, but Past Mondays Are Always Blue. *Journal of Applied Social Psychology, 38,* 1395-1415. Recuperado de https://onlinelibrary.wiley.com/doi/abs/10.1111/j.1559-1816.2008.00353.

[2] Bodis, J., Boncz, I., & Kriszbacher, I. Permanent stress may be the trigger of an acute myocardial infarction on the first work-day of the week. *International Journal of Cardiology, 144*(3),423-425. Recuperado de https://www.ncbi.nlm.nih.gov/pubmed/19345426.

a subir e nosso humor tende a oscilar menos, transmitindo-nos a noção de que as coisas são, de fato, mais satisfatórias do que em nosso cotidiano.

Uma outra pesquisa, que vale a pena ser citada, complementa nossa discussão: é nos fins de semana que nossas necessidades psicológicas voltam a ser preenchidas, isto é, durante esse curto período é que retomamos nossa autonomia psicológica, sentindo mais energia, vitalidade e, finalmente, mais espaços para relaxamento.

Tudo isso, porque, ao longo da semana, somos obrigados a fazer coisas que não estão sob nosso controle, e, além disso, pesam sobre nós as demandas exageradas de performances, quando temos de nos relacionar com pessoas de quem não gostamos muito, o que aumenta de maneira exponencial o nosso senso de impotência e de incapacidade pessoal.

Paradoxalmente, as percepções de "competência" que, poderiam aumentar no ambiente de trabalho, também não aumentam, pois são maiores em fins de semana, afirmam os pesquisadores. Além disso, durante os dias laborais, foram maiores os registros de sintomas físicos de desconforto, como, por exemplo, dores de cabeça, tontura e falta de vigor mental.

A investigação indicou que esse período de maior insatisfação começa a terminar às sextas-feiras à noite e vai até o domingo à tarde, quando então começamos novamente a declinar em nosso humor.

Assim, eu pergunto: a segunda-feira seria, de fato, o pior dia da semana ou existiria algum componente adicional psicológico que torna esse dia, especificamente, um pouco pior?

A resposta é clara. Pensemos juntos.

Caso você desconheça, saiba, então, que desenvolvemos dois tipos de representações mentais em relação à passagem do tempo. Um, para os "comuns" (mais especificamente para a segunda-feira, que é o início) e outro para os fins de semana, todos determinados por uma constelação de conceitos associados às características de um determinado dia ou período.

Desse ponto de vista, as representações mentais que englobam os dias que vão de segunda a sexta-feira são efetivamente negativas, ao passo que, nos fins de semana, carregam representações mais ricas e efetivamente positivas.

O que chamamos de "representações", na verdade, nada mais são do que crenças a respeito do que viveremos nos dias da semana, como mais déficit de sono, mais insatisfação laboral, trânsito, frustração, alimentação incorreta, incompetência pessoal, bem como outros fatores que afetam diretamente o bem-estar geral de uma pessoa.

Bem, e no fim de semana, sabe o que dizem as pesquisas sobre as representações mentais? Dizem apenas e tão somente que a vida "se ilumina".

CONSIDERAÇÕES FINAIS

Estudos demonstraram que os ciclos temporais naturais (dias, meses, anos) possuem, sim, muito mais influências psicológicas do que imaginaríamos. Os achados de várias investigações demonstram que os ciclos temporais são, na verdade, socialmente construídos e podem moldar nosso pensamento e nosso padrão de felicidade e de realização.[3]

Assim, é possível que a segunda-feira tenha assumido o papel de bode expiatório ao nos lembrar que há, lá no fundo, uma infinidade de pendências pessoais que, simplesmente, não são ou ainda não foram resolvidas e que, ao nos esquivarmos delas, ingenuamente corremos em direção ao fim de semana – como um filho que busca o colo protetor de sua mãe –, para que, sob as influências dos sábados e dos domingos, possamos estar mais protegidos das mazelas da vida.

Essa é uma das várias possibilidades de interpretação que está por trás do pior dia da semana.

Se tudo é, portanto, derivado de uma "construção pessoal", que tal tentarmos algumas alternativas de enfrentamento?

Pense a respeito.

---

[3] Ellis, D. A., Wiseman, R., & Jenkins, R. (2015). Mental Representations of Weekdays. PloS one, 10(8), e0134555. Recuperado de https://www.ncbi.nlm.nih.gov/pmc/articles/PMC4544878/.

12
POR QUE SOFREMOS TANTO?

Curioso observar a quantidade de situações em nosso dia a dia que nos fazem sair do ponto de equilíbrio. Desde as mais simples circunstâncias às mais complexas, sempre haverá um ponto de ligação que é um dos elementos centrais à manutenção da condição de equilíbrio ou de sofrimento pessoal.

Imagino que você esteja pensando, de fato, o que teria esse poder e que, portanto, precisaria ser rapidamente descoberto, certo?

Asseguro-lhe que essa resposta vale um milhão de dólares, como diriam aqueles programas mais antigos. Todavia, nem precisaríamos gastar tanto, pois o segredo é muito mais simples e, praticamente, não custa muito.

É provável que o causador disso tudo seja nossa própria cabeça, isto é, nós mesmos e nossa maneira de pensar a vida.

CONGLOMERADOS MENTAIS

Entenda que, à medida que crescemos, vamos criando abstrações – que são também chamadas de "crenças" – a respeito das mais variadas ocorrências do cotidiano. Desenvolvemos interpretações a respeito da vida, do comportamento dos outros e, principalmente, a respeito de como, de fato, pensamos que somos, ou seja, como nos autodefinimos.

Esse processo cria, ao longo do tempo, uma constelação de valores pessoais, altamente idiossincráticos e que são tidos como uma verdade absoluta por cada um.

Dessa forma, basta que uma situação se apresente para que, prontamente, possamos tirar do bolso uma explicação enlatada, "pronta" e que serve de parâmetro para descrever o mundo.

Veja só que curioso: nos casos mais extremos, esse mecanismo, quando aparece, é batizado pela mídia leiga de "preconceito social". Alguns exemplos? Vamos lá: branco, negro, gordo, de esquerda, de direita, homo, hétero, do norte, do sul e por aí vai.

Esse aglomerado de opiniões é tão poderoso que, com o passar do tempo, torna-se impermeável, ao criar uma verdadeira blindagem ao desenvolvimento (e reconhecimento) de novos pontos de vista.

COMO FUNCIONA?

Segundo um antigo pesquisador americano, Leon Festinger, nossos juízos "se ligam" uns aos outros de uma maneira intensa e acabam por virar uma poderosa lente de interpretação da realidade. Esse processo é tão influente que cria, digamos, quase que vida própria. E essa engrenagem, ao girar, dá início ao que se denomina "consonância cognitiva" em nossa mente.

Quando somos expostos a alguma informação que vai ao encontro dessa teoria pessoal – criando harmonia em nossas ideias –, a informação é validada, aprovada e, então, absorvida pelo nosso sistema, para que continue a confirmar nossas hipóteses anteriores.

Entretanto, quando alguma mensagem que nos chega está em desacordo com nossas suposições, podendo criar um estado de dissonância mental e colocar em risco a estabilidade geral do sistema, nossa mente, em frações de segundo, invalida o conteúdo, e a informação é prontamente rejeitada.

Assim, o que estiver em consonância é validado e entra em nosso raciocínio, e o que estiver em desacordo é refutado e sai.

É, dessa forma, segundo o psicólogo italiano Vittorio Guidano, que nos tornamos "teorias personificadas de vida", ou seja, teorias que explicam o que deu e o que não deu certo em nossa vida.

Simples, mas ao mesmo tempo complexo.

A esse respeito, Eisntein dizia que: "é mais difícil quebrar um preconceito (leia-se: uma opinião) do que um átomo", tamanha é a dificuldade que uma pessoa apresenta, segundo ele, ao se deparar com situações que são contrárias ao seu ponto de vista.

Tanto é verdadeiro o que eu digo que proponho uma simples constatação: por acaso, você, alguma vez, já viu alguém mudar de posição em uma discussão? É praticamente impossível isso acontecer, pois esse tipo de situação apenas serve para tentarmos "convencer" o outro a respeito da verdade de nosso ponto de vista, ou seja, dificilmente alguém entra em uma conversa para ouvir o outro lado, mas sim, para *provar* seu ponto de vista.

O PROBLEMA

Ocorre que, ao longo do tempo, estamos – o tempo todo – tentando nos proteger e, mais ainda, preservar esse sistema interno de significado das suposições contrárias a nós e que possam criar risco ao ultrapassar essa barreira mental, o que pode criar desconforto psicológico.

É por essa razão que as pessoas de direita, por exemplo, cada vez mais serão aficionadas às suas posições; as de esquerda, por outro lado, cada vez mais convictas de seus princípios, etc. Nossa história política recente foi o tema das mais variadas situações de desavença pessoal que já pude ver (e ninguém, no final das contas, mudou de opinião) e várias amizades foram rompidas por conta disso.

Vejo muito isso ao longo de minha vida profissional, ou seja, pessoas que chegam a um estado de aflição psicológica, pois vivem situações que forçam os limites de suas explicações (crenças) e, assim, ficam em risco de instabilidade emocional.

O QUE FAZER?

Para se proteger dessas armadilhas mentais, eu sugiro:

1. Procure prestar atenção aos conteúdos de seus pensamentos.
2. Pergunte-se se, efetivamente, essas opiniões refletem aquilo que você próprio – de verdade – pensa a respeito. Posso lhe assegurar que a grande maioria das situações não são nossas, mas tomadas emprestadas como verdadeiras ao longo da vida.
3. Ao fazer isso, você perceberá que, após uma análise um pouco mais cuidadosa, a maioria de nossas opiniões dificilmente se sustenta, e que "mudar", no final das contas, não nos diminui enquanto pessoas, muito pelo contrário.
4. Desenvolva uma expectativa zero sobre a vida, sobre você mesmo e, principalmente, sobre o comportamento dos outros. Desconstrua aquilo que pensa a respeito (e espera) do entorno, pois há centenas de verdades que são possíveis.

Humberto Maturana, importante biólogo chileno, dizia: "Não existe um *uni*verso, mas sim, *multi*versos", ou seja, tantos quantos forem possíveis ser imaginados.

Portanto, quanto menor for a expectativa a respeito das coisas, mais livre nos sentiremos para ser, sem receios, inquietudes ou dilemas.

Nem de longe estou sugerindo uma vida sem valores, longe disso, mas uma existência que esteja mais em consonância com a nossa vida interna e emocional.

Não precisamos de tanto dinheiro, de tantas realizações, de tantos feitos para que possamos, finalmente, nos apreciar. Afinal, tudo são crenças que precisam apenas ser novamente reavaliadas.

Pense nisso.

Liberdade é quando não nos sentimos mais controlados pelas falsas concepções.

13

AFINAL, QUANDO SERÁ?

Ao longo de minha vida profissional como psicólogo, tenho observado as mais diversas histórias de vida que chegam, todos os dias, para que eu possa, de alguma maneira, prestar um pouco de auxílio.

São pacientes que, inevitavelmente, trazem memórias de sofrimento e que, a certa altura, correm o risco de sucumbir devido à intensidade de sua dor.

Alguns, em condição mais aguda, chegam tão desorientados que, antes mesmo de caminhar em alguma direção mais específica, nada é mais importante do que apenas e tão somente lhes estender a mão e assegurar-lhes de que não estarão mais sozinhos.

Dessa forma, dia após dia e ano após ano, tenho o privilégio de ser um tipo de testemunha ocular da roda da vida que gira para cada um e que, impiedosamente, provoca algum tipo de desequilíbrio pessoal.

Em muitas dessas histórias, apenas para dar um exemplo, a adversidade começa desde cedo. São pessoas que advêm de famílias desestruturadas e nas quais o convívio precoce com a instabilidade deixa sequelas profundas e, ainda em estado infantil, nada podem fazer a respeito. Apenas se resignar.

Para outras, o aborrecimento aparece na adolescência e, quando se pensava que tudo ia bem, o carrossel da vida faz um vigoroso movimento para baixo. A queda, por ser inesperada, é inevitável, criando efeitos bastante desastrosos.

Finalmente, caso tenha passado incólume até a maioridade, não se anime muito, pois a vida adulta ou a velhice lhe apresentará alguma(s) adversidade(s) bastante profunda(s).

Resumo da ópera: um dia as coisas desandarão, é apenas uma questão de tempo.

Após 30 anos de trabalho na prática clínica, tenho visto muitas interpretações de diversos colegas de profissão na tentativa de aliviar o sofrimento e dar algum tipo de sobrevida às pessoas.

É possível que a clássica justificativa recaia então sobre o pai que não fez o suficiente; ou em decorrência da mãe que, na tentativa de se equilibrar, desassistiu os filhos ou, ainda, alguma condição mais específica de saúde que tenha se abatido sobre nós e, ainda, a perda de alguém quando menos esperamos, tudo isso junto ou isoladamente, acaba colaborando para que nossa autoestima não passe, muitas vezes, do nível do chão.

Entretanto, em meio a essas devastações, precisamos aproveitar os momentos, pois a vida passa muito rápido.

Sorte daqueles que têm a felicidade de viver muito, de ter tempo para criar uma estrutura de enfrentamento e, assim, sair ilesos. Mas, bem sabemos, dor é sempre dor e, independentemente da idade, ficamos desnorteados.

De todas as formas, após anos de trabalho prestando ajuda psicológica, verifiquei que todos os meus pacientes, com raras exceções, saem melhores. Com frequência, relatam sentirem-se mais fortes, de alguma forma, mais organizados ou mais centrados e que raramente gostariam de voltar a ser como antes.

Imagino, então, que a vida, ao longo do tempo, vai nos preparando para o grande período.

Igual a um violão que precisa ter suas cordas afinadas para produzir a doce melodia, a vida nos prega peças para que também sejamos tracionados ao máximo pela nossa história, para que possamos, finalmente, nos aperfeiçoar. Assim, neste tabuleiro de nossa existência, a nossa dor estará, na verdade, lapidando em carne viva o nosso aprimoramento pessoal.

Pelo menos é isso que vejo acontecer, dia após dia, ano após ano. Ninguém passa incólume.

Na verdade, não acho saudável que achemos culpados – pois cada um sempre deu o seu melhor –, e, portanto, não importa de quem foi a responsabilidade, mas, sim, o que podemos fazer, hoje, para sairmos mais fortalecidos.

Embora bastante polêmico (e paradoxo), tente, de alguma maneira, ser grato pelos seus contratempos, pois eles estão, única e exclusivamente, a seu serviço. Quando assumimos o papel de responsáveis pela nossa vida, entendemos melhor o que a vida faz *por nós*, e não contra nós.

Quando um paciente me conta a sua história, eu sempre me pergunto silenciosamente: afinal, quando será que as pessoas entenderão isso de verdade?

Pense a respeito.

14
PSICOLOGIA DA INTERNET: POR QUE NOS TORNAMOS OUTRAS PESSOAS NA VIDA DIGITAL?

Há cerca de duas décadas foi criada a expressão "Psicologia da Internet" para explicar a razão pela qual o comportamento das pessoas se altera tanto dentro dos ambientes virtuais.

Qualquer um que já navegou na web percebeu alguma modificação, ainda que mais leve, em sua conduta ou ação.

Por ser um espaço muito atípico e diferente de tudo que já experimentamos na vida concreta, descobriu-se que a realidade paralela exerce um tipo de dinamização da personalidade, o que coloca as pessoas em inclinação para atitudes de maior risco e de descontrole calculado, se comparadas ao que se vive no nosso dia a dia.

A respeito desse fenômeno, criou-se um termo para melhor definir tais alterações comportamentais: "efeito de desinibição *on-line*", explicita, portanto, a variação de padrões.

Pesquisas demonstraram que essas alternâncias da vida *off-line* para a vida *on-line* se baseiam nas seguintes crenças:

a. *"Você não sabe quem eu sou e não pode me ver"*: à medida que as pessoas navegam na internet, obviamente que não podem ser vistas, no sentido literal da palavra – diferentemente de como ocorre no mundo concreto –, conferindo então aos internautas a falsa percepção de que eles estão anônimos e, por essa razão, não há limites ou regras associadas ao comportamento *on-line*. Esse fato também é descrito na literatura psicológica como "desindividualização", ou seja, um estado de dissipação da identidade real e que favorece o aparecimento de maior grau de insubordinação, agressividade e sexualidade exacerbada, se comparado ao que ocorre na vida concreta.

b. *Até logo* ou *até mais*: a internet, querendo ou não, uma vez que permite aos seus usuários escaparem facilmente das situações mais embaraçosas, leva-os a correrem mais riscos e tolerarem melhor as situações de ameaça. Como não existe uma consequência imediata dessas ações virtuais (na verdade existe uma consequência, mas, os resultados demoram mais a aparecer), as pessoas se tornam mais flexíveis a respeito das transgressões.

c. *É apenas um jogo*: esta premissa dá ao usuário a ilusão de que o mundo *on-line* opera, na verdade, em condição de fantasia, e que ninguém, de fato, seria prejudicado pelas "aventuras" realizadas no mundo digital. Assim, a linha divisória entre a ficção e a realidade torna-se facilmente mais turva, uma vez que existem centenas de atividades que, na verdade, não existem na realidade concreta.

d. *"Somos todos amigos"*: cria a ilusão de que na vida paralela da internet, somos todos iguais ou amigos, uns com os outros e que, portanto, as regras que determinam as relações adequadas entre os diferentes grupos (p. ex., crianças, adolescentes e adultos) existentes no mundo real podem ser simplesmente desconsideradas. Este princípio também tem o poder de diluir as hierarquias existentes entre diferentes indivíduos na sociedade, favorecendo aos comportamentos de maior desrespeito e falta de cuidado interpessoal que tanto se observa nas redes sociais e nas comunicações entre funcionários de uma empresa.

Portanto, o "efeito de desinibição *on-line*" descontrói os ambientes formais e mais rígidos da realidade concreta para liberar o indivíduo ao trânsito nos espaços altamente permissivos, tornando as pessoas mais condescendentes e altamente plásticas em relação às transgressões.

Vamos lembrar que todo esse processo já tem um nome e se chama "personalidade eletrônica" (e-personality).

Imagine então, as crianças e jovens ainda em processo de formação, o que o ambiente virtual poderia fazer com a consolidação de sua personalidade (ainda) em definição?

No final das contas, pensam muitos pais desavisados: "é apenas videogame" ou, ainda, "eles só estão usando uma rede social", que problema haveria com isso?

No passado não muito distante, o desassossego familiar vinha das amizades inadequadas, hoje deriva do próprio indivíduo em sua relação consigo mesmo no ambiente virtual.

Para se pensar, não acha?

15

ANO NOVO, VIDA NOVA: A PSICOLOGIA DA VIRADA DO ANO

Curioso observar o que ocorre com a maioria das pessoas na entrada do ano novo, já percebeu?

De fato, somos tomados por um sentimento de novidade e vigor, que nos faz, por algum tempo, acreditar que, efetivamente, as coisas no ano que se inicia serão diferentes do passado recente e que, "desta vez", teremos força suficiente para enfrentar os obstáculos que nos fizeram escorregar nos anos anteriores.

Assim, seguimos nos primeiros dias, confiantes e esperançosos, fazendo promessas, planos e cheios de energia, nos preparando para a nova fase que se inicia. As primeiras semanas trazem uma determinação pessoal pouco comum, se comparadas às outras restantes do ano.

Tamanha é a força dessa disposição interna, que até a imagem refletida no espelho, costumeiramente cheia de imperfeições, sofre sutis alterações, e nossos velhos parceiros – os defeitos – começam a exibir uma outra perspectiva, digamos, menos "repugnantes" aos nossos olhos.

É um estado de espírito diferente, e você, que já deve ter passado por isso tudo, percebe a nova dimensão em que entramos.

Como já ocorrera repetidamente em nossa vida, acreditamos, por algum tempo, que os pactos realizados na noite de Réveillon nos permitirão extrair determinação para guiar de maneira diferente as engrenagens de nosso cotidiano e, como que protegidos por uma incrível vitalidade, poderemos, finalmente, nos tornar diferentes.

Obviamente, essa história, que você já percebeu em anos anteriores, não costuma ter um final lá muito feliz, e o entusiasmo recém-chegado, bem sabemos, não dura muito tempo.

Passada a euforia da festa, como diz a velha expressão, despercebidamente, começamos a nos dar conta de que a roda da vida toma novamente o velho curso e, mais uma vez, de maneira impiedosa, começamos a voltar aos mesmos lugares de antes, ter as mesmas sensações desconfortáveis, deparando-nos de maneira nua e crua com as antigas adversidades pessoais.

A esta altura, quando o feitiço do ano novo se esvaiu por completo e, com ele, tudo voltou ao que era nos anos anteriores, somos forçados a olhar nossas limitações de maneira implacável.

A prometida perda de peso, por exemplo, não saiu do papel, embora as academias já tenham lucrado com sua inscrição; os aspectos desagradáveis de nosso ambiente de trabalho, ou ainda, algumas das relações interpessoais mais tóxicas que transitam há anos por nossa vida, lá permanecem e, finalmente, uma das missões mais conhecidas entre todos, de fato, novamente não ocorre e, mais uma vez, concluímos: é impossível gastar menos.

Despertados do sonho, permanecemos por mais um longo período do ano infelizes com a balança, inquietos com nossas relações interpessoais e, o pior, vivendo momentos que oscilam entre o desânimo e o descrédito pessoal.

A conclusão, portanto, não é nada alentadora, não acha?

Não sei se você já leu algo a respeito, mas menos de 8% das pessoas, apontam algumas pesquisas, conseguem, efetivamente, realizar aquilo a que se comprometeram na virada do ano novo.

E, por acaso, você imagina o que estaria por trás dessa baixíssima taxa de sucesso?

Existem alguns fatores combinados que potencializam as chances das incertezas.

Para iniciar, não podemos deixar de mencionar aquele velho paradoxo de que "as pessoas desejam ardentemente mudar sua vida, mas dificilmente se propõem a se automodificar", o que torna praticamente impossível qualquer alteração mais significativa.

Adicione a esse processo um outro dispositivo mais comum do que se imagina, presente em muitas pessoas, denominado "síndrome da falsa esperança". Nele, há o fato de que a maioria de nós, nestas datas, desenvolve expectativas irrealistas a respeito de nossas mudanças de vida e, mais que isso, subestimamos a capacidade de uma transição psicológica mais duradoura.[1]

Para um número expressivo, a dimensão das promessas pessoais se torna tão radical que acabam, praticamente, impossível de ser executadas.

Em muitos casos, a necessidade pessoal de mudar é tamanha que faz os desejos se tornarem tão irreais, limitando drasticamente a capacidade de transformação pessoal.

Assim, desejamos muito em pouco tempo.

Como a maioria de nós carrega consigo zonas de insatisfação que são muito antigas, um mecanismo pouco consistente seria o de tentar executar mudanças de curso repentinas – uma verdadeira tentativa de faxina psicológica, para dar cabo das contrariedades que arrastamos por longos períodos da vida –, o que, obviamente, compromete todo o processo.

O QUE FAZER ENTÃO?

Mais importante do que mudar os comportamentos, sejamos sensatos, seria a tentativa de primeiramente mudar os *pensamentos*, para, depois, começar a alterar a realidade em nosso entorno.

Um exemplo para ilustrar o raciocínio? Sim! Comece então pelas pequenas coisas, preferindo as mais simples e fáceis, isto é, adote uma postura que seja o máximo possível (a) realista. Opte por ações que sejam viáveis a curto prazo e que permitam a adoção de um processo de "vida nova", gradual e de maneira progressiva. Lembre-se: pequenas mudanças são mais simples de serem implementadas, pois cobram um "pedágio" menor.

Outro elemento que lhe ajudará bastante é o de escolher (b) uma mudança de cada vez. Isso nos ajuda a desenvolver mais foco e consciência, portanto, nos trará mais energia concentrada.

---

[1] Polivy, J., & Herman, C. P. (2002). If at first you don't succeed: False hopes of self-change. *American Psychologist, 57*(9), 677-689. Recuperado de https://psycnet.apa.org/record/2002-15790-001.

E, finalmente, (c) conte aos outros a respeito de suas resoluções do ano novo e, assim que possível, seus pequenos ganhos, tão logo comecem a ocorrer. Isso lhe reforçará de maneira interna (com você mesmo) e externa (pessoas que torcem por você), funcionando como um tipo de "combustível" para continuar acreditando nas promessas por mais tempo. O apoio dos demais, neste momento, é fundamental, experimente o que estou lhe dizendo.

Dessa forma, a equação de sucesso é: ser realista + ter foco claro + desenvolver apoio social = maiores serão as chances de sucesso.

CONSIDERAÇÕES FINAIS

Ao pensarmos a respeito de todas essas questões, torna-se incrível constatar a dificuldade que temos para conduzir as mudanças em nossa vida, por menores que sejam. Quer você seja uma pessoa mais resoluta e determinada (ou não, que é o mais comum), ainda assim sentirá a força gravitacional dos velhos hábitos, sempre a puxando para trás.

Nossos sistemas psicológicos são protegidos por tendências poderosas que, de fato, não colaboram para que possamos deixar nossa zona de conforto, por pior que estejamos nos sentindo, e, assim, finalmente podermos mudar.

Arrumar as gavetas, portanto, nunca será uma tarefa fácil. Tenha sempre isso em mente.

Portanto, o maior mérito está na mudança psicológica propriamente dita, que é a manutenção e a consolidação de nossas ações e atitudes. Pense nisso!

Que o ano novo possa, verdadeiramente, habilitá-lo(a) para as novas ações.

16
A ATENÇÃO DAS MÃES E O IMPACTO NO DESENVOLVIMENTO CEREBRAL DOS FILHOS

Não é de hoje que sabemos que a primeira infância é fundamental para o desenvolvimento do cérebro de uma criança.

Investigações já comprovaram que ser criado em um ambiente familiar, com mais tranquilidade e equilíbrio, tem o poder de transmitir uma dose positiva de segurança emocional aos pequenos, o que favorece a construção de uma autoestima mais fortalecida, uma melhor capacidade para lidar com o estresse, à medida que as crianças se desenvolvem, além de boas habilidades para o manejo das situações interpessoais futuras.

Assim, aqueles filhos que são criados em ambientes com mais atenção parental, mais seguros se sentirão, aumentando, assim, progressivamente, a construção da autonomia e da independência, ainda em formação nas fases iniciais de vida.

E o oposto, não deixando de mencionar, é igualmente verdadeiro. Por exemplo, crianças criadas em ambientes caóticos e desorganizados desenvolvem maiores vulnerabilidades emocionais, o que resulta em uma infância e, por que não dizer, em uma adolescência mais problemática, sendo que, em uma grande parcela dos casos, essas dificuldades ainda são perceptíveis na vida adulta.[1]

Até aqui, nada de muito novo, certo?

Entretanto, o que ninguém sabia ainda era que esses mesmos estímulos provenientes das relações afetivas boas ou más, além de conferirem um sem número de vantagens ou desvantagens, também interferem de maneira pontual no crescimento das redes neuronais do cérebro infantil.

Utilizando o modelo animal, uma nova pesquisa se debruçou exatamente sobre esses aspectos. Descobriu-se que cuidados maternos, quando oferecidos de maneira inconsistente ou fragmentada à prole – decorrente dos ambientes mais estressados –, aumentam exponencialmente a probabilidade de esses filhotes desenvolverem comportamentos de risco.

Vou explicar melhor a pesquisa.

A INVESTIGAÇÃO

Para averiguar os possíveis impactos da falta de uma atenção contínua das mães às crianças, decorrentes de ambientes mais ou menos instáveis, os pesquisadores criaram um modelo de pesquisa com roedores para compreender melhor o efeito dessas experiências nas redes neuronais do cérebro.

Assim, os cientistas separaram dois grupos distintos de bebês roedores: um habitando ambientes calmos e tranquilos (leia-se: com as mães roedoras sempre presentes) e, em outro grupo, animais criados em ambientes caóticos, onde o cuidado das mães era desordenado e tumultuado.

Portanto, o ponto central da análise dos pesquisadores era o comportamento de cuidado materno exibido pelas cuidadoras-roedoras com seus filhotes.[2]

Apesar de a quantidade e a qualidade de cuidados maternos serem, obviamente, difíceis de serem diferenciadas nos dois ambientes experi-

---

[1] Abreu, C. N. (2010). *Teoria do apego: fundamentos, pesquisa e implicações clínicas.* (2. ed.). São Paulo: Escuta.
[2] Molet, J., Heins, K., Zhuo, X., Mei, Y. T., Regev, L., Baram, T. Z., & Stern, H. (2016). Fragmentation and high entropy of neonatal experience predict adolescent emotional outcome. *Translational psychiatry, 6*(1), e702. Recuperado de https://www.ncbi.nlm.nih.gov/pmc/articles/PMC5068874/.

mentais, conseguiu-se, entretanto, avaliar os padrões (e a frequência) de cuidado que as mães ofereciam aos seus filhotes (o que diferiu drasticamente em ambos os grupos).

Enquanto um grupo de roedores recebia um cuidado das mães que era contínuo e duradouro (p. ex., a mãe os lambia e os agradava por períodos mais extensos de tempo), no outro, os filhotes receberam um cuidado maternal que fora mais fragmentado, isto é, a cuidadora era interrompida em seus comportamentos de zelo e de atenção aos filhotes.

O resultado foi significativo.

Veja só: a prole criada no ambiente mais sereno e com a presença persistente das mães, teve seus sistemas dopaminérgicos (i.e., os sistemas de recompensa) mais ativados do que aqueles roedores que foram criados em um ambiente mais caótico.

Os pesquisadores, dessa forma, acreditam que o sistema de recompensa do cérebro daqueles filhotes mais "carentes" acabou sendo, como resultado, pouco estimulado (pois ainda não é maduro em neonatos e lactentes), comprometendo de maneira significativa o processo de maturação cerebral dos filhotes.

Segundo a investigação, isso teria sido responsável por uma espécie de anestesia emocional dos roedores, pois não os fazia responder a estímulos positivos, quando estes eram introduzidos no experimento.

Assim, o grupo menos cuidado exibiu pouco interesse em atividades naturalmente mais atrativas aos filhotes, como, por exemplo, a busca por alimentos mais doces ou, ainda, as brincadeiras com os outros ratos, duas medidas independentes para se avaliar a capacidade dos ratos de sentir prazer (e, obviamente, de recompensa).

CONSIDERAÇÕES FINAIS

Os investigadores agora seguem se perguntando: se oo que foi descoberto nos ratos, se aplicaria, igualmente, para as pessoas? Se assim for, explicam, novas estratégias deveriam ser consideradas no sentido de se evitar problemas emocionais futuros em crianças e adolescentes.

Agora, uma outra questão também se aplicaria.

Como se não bastassem os inúmeros obstáculos encontrados na infância, e cada um de nós sempre tem um bom exemplo para contar, nos dias de hoje ainda se somam a falta de tempo dos pais, decorrente do trabalho excessivo – fruto das dificuldades econômicas que muitas famílias passam –, além dos problemas cada vez mais frequentes nas interações entre pares na escola, apenas para citar dois exemplos.

E, como se isso tudo não fosse o suficiente, hoje, as crianças ainda encontram uma nova barreira a ser transposta em sua infância: a tecnologia sempre presente em *tablets* e smartphones nas mãos dos pais, tornando a necessidade biológica pela atenção ainda maior.

Pensando na investigação descrita, seria, então, correto afirmar que o uso da tecnologia por parte dos pais é prejudicial ao amadurecimento cerebral dos filhos? Assim, estariam nossas crianças sendo igualmente subestimuladas pela atenção fragmentada dos pais em função da tecnologia?[3]

É interessante, portanto, que os pais fiquem atentos, pois se formos tomar por base os achados nos animais, nossos pequenos podem estar em risco.

---

[3] Eisenstein, E., Abreu, C. N., & Estefenon, C. G. B. (2013). *Vivendo esse mundo digital: impactos na saúde, na educação e nos comportamentos sociais*. Porto Alegre: Artmed.

17
CELULAR E VOLANTE: COMBINAÇÃO PERIGOSA

Não restam dúvidas que a tecnologia veio para ficar. E instalou-se não apenas facilitando nossas vidas, mas também causando alguns danos bastante impactantes.

Todos nós sabemos muito bem que usar o celular enquanto se dirige pode ser uma atitude bastante arriscada. Ainda assim, uma parcela expressiva da população insiste em enviar mensagens através do WhatsApp, verificar as curtidas de suas postagens no Facebook, buscar alguma música, dar uma olhada no Instagram ou, simplesmente, pesquisar algum tema na internet quando estão dirigindo. Isso é tão perigoso para as pessoas quanto dirigir embriagado, mas ainda há uma falta de conscientização de tal risco.

Embora alguns autores insistam na ideia de que nossa mente é "multitarefa" – ou seja, que nosso cérebro estaria apto a um tipo de operação mental simultânea –, quando necessitamos executar duas ou mais tarefas, nossa atenção começa a ser prejudicada e, para dar conta das várias atividades que estamos realizando, começa a destinar pouco tempo a cada ação. Dessa forma, nossa atenção começa a "saltar" de um estímulo para outro, fazendo com que possamos experimentar um tipo de cegueira atencional devido à mudança rápida de foco.[1] Nesse momento, não percebemos que nosso cérebro está sendo muito solicitado, e, portanto, algumas das atividades começam a ser colocadas em segundo plano, deixando de receber a atenção necessária. É por essa razão que muitas vezes, quando estamos ao celular, não conseguimos perceber a mudança repentina do semáforo adiante ou, ainda, falhamos na observação do carro que está freando à frente. Prestar atenção ao trajeto se tornou, naquele segundo, secundário.

Insistir na imprudência, apesar do conhecimento, tem uma explicação bastante simples: a maioria das ações que fazemos enquanto guiamos se tornou automática. Ou seja, diminuir a velocidade quando nos aproximamos de um semáforo, olhar periodicamente os espelhos retrovisores, não sair da faixa de rolamento e ficar atento aos limites são tarefas normais que, felizmente, nos asseguram um guiar cauteloso. Como nada de ruim nos acontece, temos a falsa impressão de que estamos seguros para adicionar outras atividades à nossa condução.

As estatísticas vêm mostrando que as novas tecnologias realmente colaboram para a distração dos motoristas. No Brasil, o uso dessa ferramenta já figura entre as maiores causas de acidentes automobilísticos[2,3] e, no exterior, já é considerado como uma das principais causas.

Dados de 2015 do seguro Dpvat (Brasil) informam que foram pagos, naquele ano, cerca de 1,3 milhão de reais por morte ou invalidez em acidentes relacionados ao uso do celular. Os dados também mostram que 80% dos motoristas admitem que utilizam o aparelho ou outras tecnologias que geram distração enquanto dirigem.[4]

---

[1] Abreu, C. N. (2013). *Você é uma pessoa "multitarefa"?* Recuperado de https://cristianonabuco.blogosfera.uol.com.br/2013/04/26/voce-e-uma-pessoa-multitarefa-2/
[2] Transito.BR (c2019). *Acidentes – Número.* Recuperado de https://www.transitobr.com.br/index2.php?id_conteudo=9.
[3] Roadcard (2016). *As dez principais causas de acidentes no trânsito.* Recuperado de https://www1.roadcard.com.br/contratante/noticias/as-dez-principais-causas-de-acidentes-no-transito.
[4] San Remo (2015). *Celular no trânsito causa 1,3 milhão de acidentes por ano.* Recuperado de https://www.sanremodespachante.com.br/celular-no-transito-causa-13-milhao-de-acidentes-por-ano/.

Vamos dar uma olhada em alguns números de pesquisas americanas:[5,6]

- Nove pessoas morrem diariamente em acidentes decorrentes de distração na direção, como usar o telefone celular ou enviar mensagens de texto.
- Em 2013, o número de acidentes de trânsito causados pelo envio de mensagens de texto foi de 341 mil.
- Em 2016, 1 a cada 4 acidentes foi causado pelo uso impróprio do celular.
- 33% dos motoristas dos Estados Unidos com idade entre 18 e 64 anos relataram ter lido ou escrito mensagens de texto enquanto dirigiam no mês anterior à pesquisa.

Entre os jovens, a situação é pior: o envio de mensagens de texto é apontado como o maior causador de acidentes de trânsito.[7]

Vale a pena reforçar que, em muitos casos, receber uma mensagem ou um *post* no Facebook é um estímulo social bastante recompensador que, provavelmente, estimula os circuitos dopaminérgicos de recompensa no cérebro.

Sabemos que o cérebro humano somente estará plenamente maturado depois dos 21 anos de idade. Antes disso, os jovens apresentam uma dificuldade natural de frear comportamentos de risco, o que os deixa mais vulneráveis aos estímulos derivados da tecnologia e, portanto, aumenta a probabilidade de agirem de forma impulsiva.

Além disso, o risco de acidentes causados pelos *smartphones* é aumentado por nos obrigar a realizar a chamada "multitarefa" – isto é, fazer várias coisas ao mesmo tempo.

Uma pesquisa da AT&T mostrou que quase 4 a cada 10 usuários de *smartphones* acessam suas mídias sociais durante a condução do veículo,

---

[5] King, E. L. (2016). *Top 15 causes of car accidents and how you can prevent them.* Recuperado de https://www.huffpost.com/entry/top-15-causes-of-car-accidents_b_11722196?guccounter=1.

[6] Cell Phone Safety (2017). *Unsafe driving in the cell phone era: driver behavior behind dangerous patterns.* Recuperado de http://www.cellphonesafety.org/vehicular/era.htm.

[7] Schumaker, E. (2015). *10 statistics that capture the dangers of texting and driving.* Recuperado de https://www.huffpostbrasil.com/2015/06/08/dangers-of-texting-and-driving-statistics_n_7537710.html.

quase 3 a cada 10 surfam na *web* e (pasmem!) 1 a cada 10 se envolve em um bate-papo por vídeo.[8]

Achou preocupante? Então veja só: 7 a cada 10 pessoas se envolvem em atividades usando o celular enquanto dirigem, e enviar mensagens de texto e e-mail ainda são as mais prevalentes. Entre as plataformas sociais, mais de um quarto das pessoas consultadas admitiram usar o Facebook durante a condução de um veículo, e cerca de 1 a cada 7 usam o Twitter ao volante.

Vamos avaliar o seu risco? Responda ao quiz a seguir e descubra quais são os seus comportamentos ao dirigir que representam um risco. Ao final do quiz, some os pontos, descritos entre parênteses. A soma total obtida traz uma estimativa do nível de risco assumido "intencionalmente" por você, na última semana, enquanto guiava:

- Atendi o telefone enquanto dirigia. (1 ponto)
- Disquei e realizei uma ligação enquanto dirigia. (2 pontos)
- Li uma mensagem de texto enquanto estava parado no semáforo. (1 ponto)
- Enviei uma mensagem de texto enquanto estava parado no semáforo. (1 ponto)
- Li uma mensagem de texto enquanto dirigia. (2 pontos)
- Digitei e enviei uma mensagem de texto enquanto dirigia. (2 pontos)

Para especialistas americanos (NTSB, National Transportation of Safety Board, e NSC, National Safety Council), se a soma de seus pontos foi superior a 1, sua atenção esteve prejudicada. Mas não sejamos tão rígidos; há uma outra classificação, um pouco menos severa, que nos dá uma noção da graduação do risco.

Por meio dessa classificação, somando seus pontos, qual seria o seu grau de risco?[9]

- De 1 e 3: seu grau de risco foi moderado.
- De 4 e 6: você correu um risco alto de sofrer um acidente.
- Acima de 6: você assumiu um grau de risco extremo ao dirigir.

---

[8] AT&T (2015). *It can wait expands to smartphone use while driving*. Recuperado de http://about.att.com/newsroom/it_can_wait_expands_to_smartphone_use_while_driving.html.
[9] Young, K. S., Abreu, C. N. (2019). *Dependência de internet em crianças e adolescentes: fatores de risco, avaliação e tratamento*. Porto Alegre: Artmed.

Para compreender melhor a dimensão do problema, vejamos um pouco da matemática e da física durante o uso de dispositivos móveis ao volante. Voltar os olhos para um aplicativo consome 5 segundos de nossa atenção. Parece pouco? Repense. Isso significa que, se estiver dirigindo a 80 km/h, você terá percorrido nada menos do que a distância de um campo de futebol completamente "às cegas".[10]

FALAR AO CELULAR É DIFERENTE DE CONVERSAR COM O PASSAGEIRO

Embora as funções pareçam bem semelhantes, há algumas coisas bem distintas. Veja só: quando estamos mastigando um chiclete ou conversando com alguém ao nosso lado, tais atividades não demandam muita atenção do nosso cérebro, uma vez que ele ainda consegue permanecer alerta para, eventualmente, reagir de maneira apropriada a um animal que cruza a via, por exemplo, ou a algum carro que subitamente sai do acostamento e entra na nossa frente.

Além do mais, quando estamos acompanhados, o próprio carona, ao observar momentos de risco, muitas vezes para de falar ou instintivamente nos auxilia no manejo da situação inesperada. O que não acontece, por exemplo, com alguém que está do outro lado da linha e que não interrompe ou modula a sua ação ao saber dos acontecimentos.

Pesquisas recentes de ressonância magnética do cérebro revelaram imagens que mostram que o ato de dirigir requer do cérebro a ativação de funções visuais, auditivas, manuais e cognitivas. Um estudo conduzido pela Universidade Carnegie Mellon (EUA) colocou participantes para guiarem em um simulador, e, ao mesmo tempo, tinham que avaliar se algumas frases que eram expostas eram verdadeiras ou falsas.[11]

Os resultados da investigação mostraram que, ao ouvir conteúdos que demandavam alguma atenção – exatamente o que ocorre quando falamos

---

[10] Gov.Br (2016). *Governo alerta sobre risco do uso de celular no trânsito*. Recuperado de http://www.brasil.gov.br/cidadania-e-justica/2016/07/governo-alerta-sobre-risco-do-uso-de-celular--no-transito.

[11] Carnegie Mellon University. (2009). *Lawmakers Consider Cell Phone Ban*. Recuperado de https://www.cmu.edu/homepage/computing/2009/summer/distracted-drivers.shtml

ao celular –, diminuíram em 37% as atividades do lobo parietal, região associada com o ato de dirigir.

Em outras palavras, percebeu-se que guiar e prestar atenção a algo externo fez diminuir algumas funções de processamento espacial do cérebro, drenando, assim, uma parte importante da energia vital, que seria necessária para uma condução veicular correta. Como o estudo não envolveu uma direção real, mas sim simulada, os autores sugerem cautela na interpretação dos resultados.

E tem mais: o mesmo estudo descobriu que, durante o experimento, o lobo occipital – região que processa as informações visuais – também registrou uma queda significativa de suas funções, o que explicaria, por exemplo, a dificuldade de nos mantermos dentro dos limites da faixa de rolamento quando estamos no telefone. **Conclusão da pesquisa**: nosso cérebro possui uma capacidade biológica atencional que é limitada e, portanto, sobrecarregá-la pode gerar consequências.

USAR O TELEFONE CELULAR NA MODALIDADE VIVA-VOZ

Como é de se supor, o sentido da visão é considerado o mais importante para um guiar seguro. Assim, muitos motoristas acreditam que, utilizando os dispositivos de viva-voz, poderiam diminuir os efeitos dos riscos do celular ao volante e dirigir de maneira mais adequada, além de fugirem das penalidades previstas na lei.

Pesquisas indicam que usar esses dispositivos permite que o cérebro continue a enxergar os obstáculos à frente – até aqui estaria tudo bem. A má notícia, porém, é que ainda que estejamos enxergando esses estímulos, a simultaneidade com a fala ao telefone faz com que não possamos vê-los. A redução da amplitude visual pode diminuir em até 50% a percepção dos estímulos visuais provenientes do ambiente e, assim, comprometer a capacidade mental de responder a situações inesperadas.[12,13]

---

[12] Lee, V. K., Champagne, C. R., & Francescutti, L. H. (2013). Fatal distraction: cell phone use while driving. *Canadian family physician Medecin de famille canadien*, 59(7), 723–725.
[13] National Safety Council (2012). Understanding the distracted brain: why driving while using hands-free cell phones is risky behavior. Recuperado de https://www.nsc.org/Portals/0/Documents/DistractedDrivingDocuments/Cognitive-Distraction-White-Paper.pdf

A distração envolvida na conversa, portanto, contribui para a diminuição da atenção dos estímulos visuais e parte do que é visto, na verdade, não é registrado pelo cérebro. Dessa forma, ainda que estejamos olhando pela janela do carro enquanto guiamos, não estamos necessariamente vendo o que ocorre à nossa volta. Resumindo, as coisas estão lá, mas não as vemos.[14] Algumas pesquisas apontam, inclusive, que há uma perda de atenção dos sinais semafóricos, ou seja, como eles ficam no alto do para-brisa dianteiro, o motorista desatento simplesmente não os vê.[15]

CONSIDERAÇÕES FINAIS

É curioso observar que, nos sentindo adultos responsáveis e capazes de "pesar" o grau de risco de nossas ações envolvendo o uso dos celulares no trânsito, insistentemente continuamos a ter comportamentos perigosos, como se nada de errado estivesse ocorrendo.

Segundo várias pesquisas, porém, esta forma de autorregulação pessoal (celular e o trânsito) tem se mostrado bastante ineficaz, ainda que você se sinta com uma boa dose de consciência e controle. Portanto, no momento que decidimos pegar um *smartphone* durante um trajeto de carro, estamos intencionalmente assumindo um risco expressivo.

Enquanto acreditarmos que estamos sãos e salvos usando celulares ao volante, talvez as estatísticas continuem a aumentar de maneira expressiva, devido à nossa pura falta de informação.

Antes de terminar, gostaria de deixar aqui uma reflexão: será que a tecnologia efetivamente nos proporciona uma vida de maior qualidade? Estaremos nós realmente preparados para lidar com ela? Confesso que tenho sérias dúvidas.

---

[14] Strayer, D. L., Drews, F.A., Johnston, W. A. (2003). Cell phone-induced failures of visual attention during simulated driving. *Journal of experimental psychology applied, 9*(1),23-32. Recuperado de https://www.ncbi.nlm.nih.gov/pubmed/12710835
[15] Maples ,W. C., DeRosier, W., Hoenes, R, Bendure, R, Moore S. (2008). The effects of cell phone use on peripheral vision. *Optometry,79*(1),36-42.

18
NÃO SE VITIMIZE, ESSE É O MAIOR ERRO DO PROCESSO DE MUDANÇA PSICOLÓGICA

Após três décadas de trabalho como profissional da psicoterapia, inevitavelmente se aprende bastante a respeito do sofrimento humano. Estar tão próximo de pessoas que chegam em diferentes estágios de aflição emocional, faz com que um olhar mais atento possa revelar aspectos importantes daqueles que são, continuadamente, assolados pelas mazelas da vida, tão comum a todos, não respeitando idade, nem condição social.

Eu e você, portanto, fazemos parte desse grupo.

Assim, uma coisa é certa: independentemente de seu grau de instrução ou fase da sua vida, você terá de manejar as turbulências afetivas que lhe atingem a todo momento. E, dependendo da maneira que você se posicionar diante desse sofrimento, seguramente, ele poderá ser suavizado e, em muitos casos, abreviado.

Sim, é exatamente isso que você entendeu.

De acordo com sua destreza pessoal, transitar pelos sentimentos ruins é algo que também pode ser aprendido e, caso você ainda não saiba, é exatamente isso que fazemos em uma boa psicoterapia: ajudar as pessoas de maneira técnica e efetiva no desenvolvimento de várias formas de resiliência psicológica e na criação de habilidades de enfrentamento.

A aflição psicológica se apresenta, normalmente, em níveis bastante claros. O primeiro diz respeito àquelas condições em que as pessoas se queixam das situações da vida como as grandes causadoras de seu sofrimento pessoal. Ou seja, muitos, ao analisarem retrospectivamente, se descrevem como **vítimas** de sua existência. Assim, semelhante a uma criança que, ao tentar sair do berço, por exemplo, assume condutas arriscadas – dada sua pouca maturidade –, e acaba caindo, fazendo do "berço" o maior "responsável" pela sua angústia.

Grande parte dos pacientes assim se descrevem, ao se sentarem à minha frente no começo de uma psicoterapia, pois, ainda com uma compreensão limitada, responsabilizam terceiros como os verdadeiros causadores de seu infortúnio particular.

Nesse estágio, é como se as outras pessoas – e não elas mesmas – fossem colocadas como as verdadeiras responsáveis por favorecer (ou atravancar) a realização pessoal. E, obviamente, ao procedermos assim, entregamos aos outros a incumbência de nos oferecer as verdadeiras possibilidades de transformação – o que, diga-se de passagem, não é lá muito correto.

É evidente que uma parte de nós já vivenciou situações muitas vezes devastadoras ao longo de seu desenvolvimento e que, de fato, muitos dos problemas foram causados por algo externo e instável, como uma doença, morte, acidente, etc.; entretanto, devo dizer que as causas incontroláveis não são, muitas vezes, uma maioria.

A grande parte padece e, ainda assim, insiste em culpabilizar os outros por sua dor. E o pior: permanecem vivendo dessa maneira, não apenas enquanto os fatos ocorreram, mas, em muitas situações, por toda uma vida, o que colabora para que se tornem amarguradas e melancólicas por longos períodos, comprometendo seriamente suas possibilidades de transformação.

Eu sei, há muitas pessoas, realmente, que são bastante tóxicas e, portanto, devem ser evitadas por nós. Entretanto, tenha em mente: quando lidamos com a natureza humana, estamos, na verdade, nos relacionando muito mais com as limitações dos outros do que com as suas habilidades. As pessoas expressam muito mais suas incompetências do que suas aptidões, e, portanto, nosso sofrimento ocorre, muitas vezes, porque nossas expectativas não são preenchidas, fazendo do desencantamento uma engrenagem central em nosso drama pessoal. Esperamos ser bem tratados e não somos. Esperamos receber carinho e atenção e, na verdade, isso não acontece. Dessa forma, igual à criança que caiu do berço e *culpa* o berço, em muitos casos a transgressão é imputada ao outro por não conseguir responder às nossas necessidades. Sou infeliz porque meu pai não me dá atenção ou porque meu chefe não percebe meus esforços, por exemplo. E, assim, ficamos magoados (bravos e tristes seriam as palavras corretas), limitando nossa capacidade de reação por décadas.

A saída, obviamente, existe, e, se assim não fosse, estaríamos fadados ao sofrimento perene.

PRIMEIRO PASSO PARA A MUDANÇA INTERNA

Assim, vai minha dica: tente olhar um pouco mais adiante ou, se você preferir, compreenda um pouco melhor a raiz do comportamento dos outros que tanto o frustra. Devo dizer que isso é algo bem simples, embora não muito agradável de ser feito por nós.

Sabe por quê? Pois raciocinamos da seguinte maneira: "Sofremos e ainda temos, de quebra, que tentar compreender o outro?" Sim, e esse é o primeiro passo para um trânsito eficaz de mudança psicológica interna, o desenvolvimento de uma autêntica e honesta empatia.

Veja só, a pessoa que não lhe dá atenção, possivelmente, nunca recebeu atenção de seus familiares em sua vida pregressa. Ou seja, nunca aprendeu a ser bem tratada e, portanto, não consegue passar adiante qualquer afetividade, por menor que ela seja.

Lembre-se: apenas podemos dar aquilo que um dia nos lembramos de ter recebido. Portanto, se não há registros, esqueça, simplesmente o determinado gesto não virá. Isso não quer dizer que tenhamos que aceitar incondicionalmente as limitações dos outros, entretanto, tente deixar de sentir o mau tratamento que nos é dirigido como algo *pessoal*.

Quando colocamos o comportamento do outro em perspectiva, não aceitamos mais o que o outro nos faça de mal e, dessa maneira, começamos a adentrar em um segundo estágio da mudança, que é o de compreender que, na realidade, somos todos **sobreviventes** (nós e os outros) das situações que passamos e que, na ocasião, muito pouco tínhamos a fazer, dado nosso pouco grau de maturidade.

Por alguma razão, lá estávamos todos, e agora, independentemente dos fatos, fizemos o que julgávamos ser correto e, assim, temos de seguir adiante e olhar para a frente.

Esse período de tomada de consciência é o prelúdio de grandes mudanças pessoais. Quando começamos a ver todas essas implicações na teia de reações emocionais às quais estamos presos, começamos a depender menos dos outros e mais de nós mesmos, o que é extremamente libertador.

Assim, quando não damos ao outro a possibilidade de nos controlar, não nos sentimos vítimas do meio ambiente, e nossas aflições começam a diminuir exponencialmente.

Adentramos, então, no último estágio de mudança psicológica humana, que nos coloca não mais como vítimas ou como sobreviventes, mas como os reais protagonistas de nossa existência.

Quando finalmente começamos a compreender isso, um grande salto é dado, no sentido de começarmos a nos debruçar sobre nossas limitações pessoais, e, portanto, podemos caminhar a passos largos em direção a uma autêntica mudança psicológica interna. O tema precisaria ser mais discutido, mas acredito que você já entendeu o que estou tentando lhe dizer. Acho que você consegue continuar daqui sozinho...

E, para finalizar, eu faço um questionamento: você algum dia já parou para pensar o que (ainda) está fazendo para atrapalhar a sua realização?

O processo de mudança psicológica está em suas mãos e eu creio piamente que você já tem o bastante para, finalmente, poder alçar o seu voo, não tem?

19

POR QUE ADIAMOS ALGUMAS ATITUDES? ENTENDA OS MECANISMOS DA PROCRASTINAÇÃO

Todos nós, diariamente, fazemos planos para modificar nossa vida. Planejamos começar um certo regime, ler um determinado livro, fazer algum exame e, claro, atingir o desejado equilíbrio financeiro.

Não estamos falando aqui apenas das coisas mais significativas, mas também das situações corriqueiras de resolução de problemas menores do cotidiano, como, por exemplo, arrumar uma gaveta que acumula todo tipo de objetos ou, ainda, fazer a limpeza de nosso armário de roupas, dispensando aquilo que não usamos, pois é notável esse tipo de acomodação.

E, como resultado, algo bem conhecido por todos nós sempre acontece, ou seja, passa-se o tempo e, simplesmente, não realizamos as pendências.

E vamos deixando para a próxima semana, ou seja, o velho autoengano de insistirmos ingenuamente que, "em breve", tudo estará sendo resolvido.

E, assim, passam-se semanas, meses e, muitas vezes, anos, e os problemas continuarão por lá, assombrando nossa consciência.

Caso você não saiba, esse mecanismo mental tem um nome clássico na psicologia: chama-se procrastinação, ou seja, o ato de deixar para depois, de adiar resoluções que precisariam ser tomadas no momento presente, mas que, por alguma razão, acabam sendo esquecidas e perpetuadas indefinidamente.

Além de atrapalhar as engrenagens que compõem nosso processo natural de ordem da vida cotidiana, a procrastinação acaba por criar embaraços expressivos à nossa autoestima, pois, na constatação do dever inconcluso, também nos deparamos com a certeza de possuir pouca habilidade de condução, inclusive, "das pequenas coisas", colaborando para o rebaixamento de nossa autoestima.

Mas a pergunta é bastante simples: por qual razão adotamos uma conduta tão tóxica e primitiva? Por qual razão nos tornamos tão inabilitados frente a elas?

Uma pesquisa feita na Alemanha tentou responder a essa questão e colocou em perspectiva a maneira como, mentalmente, manejamos as tarefas pendentes.[1]

Basicamente, o estudo descobriu logo de início que, grande parte das vezes, nosso cérebro tende a agir de uma maneira adaptativa, isto é, sem que possamos notar, a mente distorce a percepção do tempo que, efetivamente, precisaríamos para resolver certas tarefas, ou seja, os esquemas mentais nos pregam uma peça, sugerindo que as coisas seriam muito simples de se resolver – o que, muitas vezes, não é verdadeiro –, criando um mecanismo de ação. Portanto, ao minimizarmos o tamanho da tarefa, tendemos a reduzir a importância da resolução imediata, deixando-a, assim, "para depois".

A investigação, de imediato, dividiu os participantes em dois grupos, e a tarefa experimental a ser executada era a de "limpar uma sala" após a realização de uma festa. O primeiro grupo foi instruído a explicar em voz alta quais seriam os passos para a execução das ações, ao passo que o outro grupo foi orientado a escrever quais seriam as ações imediatas (o "passo a passo", ou o roteiro de ação) antes que a realização pudesse, efetivamente, ocorrer. Em seguida, após essa preparação prévia, os dois grupos foram, portanto, liberados para a condução das tarefas de limpeza.

A conclusão foi bem interessante.

O primeiro grupo, ou seja, aqueles que ficaram pensando sobre o conjunto das coisas a serem feitas, foram os que dispenderam mais tempo

---

[1] Cherry, K. (2019). *The psychology behind why we wait until the last minute to do things.* Recuperado de https://www.verywellmind.com/the-psychology-of-procrastination-2795944

para poder dar início aos trabalhos, pois acabaram por se deter muito mais "no planejamento" do que nas medidas efetivas de ação. Entretanto, os componentes do segundo grupo, aqueles que estruturaram a sequência de ações de maneira mais descritiva e pontual, foram os que se mostraram, ao final, mais resolutos na finalização das tarefas, isto é, engajaram-se mais rapidamente na resolução do problema do que o grupo anterior.

A dedução final foi a de que pensar nas tarefas de uma maneira mais exata e específica fez a procrastinação e o tempo de resposta serem, expressivamente, diminuídos. Além disso, complementaram os pesquisadores, ao se organizar "praticamente", as pessoas diminuíram naturalmente as chances de divagação mental, tornando-se, lógico, mais organizadas para a condução das ações.

Vale lembrar que o procrastinador, muitas vezes, também carrega nos mecanismos da protelação o medo de que suas ações sofram algum tipo de avaliação pública. Assim, rapidamente eclodem os "bloqueios" de execução, interrompendo o curso de ação, tornando-os inertes.

O problema é que, na maioria das vezes, isso se torna um círculo vicioso, e, na pressão sofrida pela falta de andamento, os procrastinadores acabam por desempenhar as atividades de maneira improvisada e impulsiva, levando-os à baixa qualidade final de seus trabalhos.

Há algo importante a ser observado aqui, conforme demonstra o gráfico nesta linha de ação. À medida que saímos do ponto A, na condição de procrastinação, o mal-estar começa a aumentar de maneira significativa, até que, em um determinado momento, atingirá o ponto máximo, que, curiosamente, dará início à curva de ação, fazendo o desconforto e a dor tenderem a diminuir.

Assim, estar no auge da procrastinação é muitas vezes mais doloroso do que estar no meio da condição de estar se fazendo um trabalho, por exemplo. Portanto, observe que o ponto A, no gráfico citado, é muitas vezes mais doloroso do que o Ponto B, ou seja, um processo paradoxal, em que se sofre muito mais por não fazer nada, do que por estar realizando alguma tarefa.[2]

Explicando de outra forma, a culpa, a vergonha e a ansiedade que sentimos durante a procrastinação são, geralmente, piores do que o esforço e

---

[2] Clear, J. (c2018). *Procrastination: a scientific guide on how to stop procrastinating*. Recuperado de https://jamesclear.com/procrastination

Linha de ação

Dor

A

Procrastinação

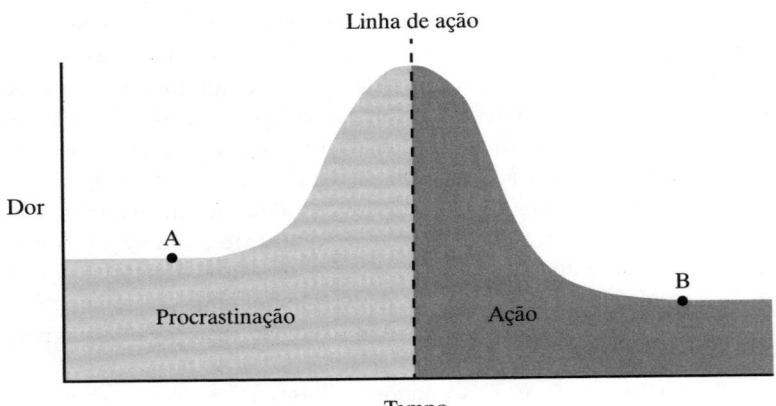

Ação

B

Tempo

Linha de procrastinação-ação
Fonte: Adaptada de Clear (c2018).

a energia que gastaríamos enquanto trabalhamos. Portanto, o problema, na verdade, não é fazer o trabalho, mas sim, começá-lo.

CONSIDERAÇÕES FINAIS

Lembre-se, então, de que não há nada de errado em procrastinar uma vez ou outra as nossas tarefas, entretanto, o problema maior é quando esse mecanismo começa a se tornar crônico, nos fazendo adiar coisas que, na verdade, não poderiam ser adiadas.[3]

Então, se você tem problemas de procrastinação, tente seguir a ordem: (a) crie uma lista de execução; (b) não espere estar na condição mental ideal ou no "estado de espírito" adequado para realizá-la, ou seja, simplesmente faça; (c) a cada tarefa, siga uma ordem ou sequência de atividades, ou seja, faça um pequeno roteiro das prioridades para que o objetivo possa ser atingido; (d) a cada realização, vá riscando da lista os itens realizados,

---

[3] Winfield, C. (2015). *How to stop procrastinating in 3 minutes with one simple question*. Recuperado de https://www.inc.com/chris-winfield/how-to-stop-procrastinating-in-3-minutes-with-one-simple-question.html.

isto é, registre cada vez que uma parte dos projetos for sendo feita. E, finalmente, a parte fundamental para que as tarefas saiam da cabeça e possam ser realizadas; (e) execute, PELO MENOS, UM ITEM, a cada dia, desconsiderando qualquer desculpa que tenha em mente, como, por exemplo, ter que esperar até o último minuto, não se sentir bem ou não saber como fazer, ter outra atividade anterior pendente, não ser o momento certo, estar com preguiça, etc.[4]

Ao realizar esses passos, seu senso de protelação vai sendo, progressivamente, extinto e, mais do que isso, vai lhe auxiliando a sair das estagnações e das confusões mentais tão frequentes na cabeça de todos nós.

Lembre-se: o segredo de uma vida saudável está no aprendizado de um adequado autocontrole sobre os mecanismos mais insidiosos que, muitas vezes, carregamos em nossa mente, sem perceber.

Um antigo pensador da era vitoriana costumava dizer que "se olhássemos para nossos problemas com o intuito de resolvê-los, seguramente eles não seriam tão grandes".

---

[4] Cooper, B. B. (2016).*Beyond time management: why we really procrastinate and how to finally stop*. Recuperado de https://doist.com/blog/strategies-for-overcoming-procrastination/.

20
QUAIS SÃO OS SETE INGREDIENTES DE UM CASAMENTO ESTÁVEL?

De fato, essa é uma temática em constante mudança, e, todos nós sabemos bem, o casamento sofreu alterações profundas à medida que o tempo passou. Ao longo da história, o matrimônio carregava funções bem mais diversificadas, se comparado ao tipo de união que vemos nos dias de hoje. Na Idade Média, por exemplo, ele era **fundamental no que dizia respeito aos aspectos econômicos** e, principalmente, políticos, porém não tinha qualquer relação com o amor, propriamente dito. E a separação não ocorreria de maneira alguma, a não ser que fosse descoberto algum grau de parentesco entre os cônjuges.[1]

Atualmente, entretanto, há um cenário bem mais diversificado daquele que já existiu. **O amor hoje é uma peça central da união e deve, obrigatoriamente, existir, muito embora não sirva lá de garantia quando

---

[1] Falcão, J. (2012). *O casamento na idade média*. Recuperado de http://fazendoahistoriaporaqui.blogspot.com/2012/07/o-casamento-na-idade-medieval.html.

o assunto é longevidade de uma relação. E as separações, claro, ocorrem com muito mais frequência.

Em uma pesquisa realizada pela Clark University, nos Estados Unidos, descobriu-se que 86% dos mais de mil entrevistados (com idade variando de 18 a 29 anos) esperavam que o casamento durasse uma vida inteira.[2] Bem, nem precisava de uma pesquisa para apontar isso, certo?

No entanto, as estatísticas sugerem que muitos desses jovens, na verdade, estão otimistas demais, pelo menos no que diz respeito às fases iniciais da relação. De acordo com os dados nacionais do Centro Nacional de Estatística da Saúde (National Center for Heath Statistics – NCHS) do mesmo país, a probabilidade de um casal celebrar seu 20º aniversário de casamento é de 52% para mulheres e 56% para homens.[3]

Embora a taxa americana de divórcio tenha diminuído de forma lenta e constante desde o início dos anos 1980, a taxa de casamentos também decresceu, inclusive com mais pessoas optando por se casar em um momento posterior da vida. Como resultado, os especialistas americanos estimam que entre 40 e 50% dos casamentos de hoje terminarão em divórcio.[4]

No Brasil, dados do IBGE, coletados entre 1984 e 2016, apontam que um 1 cada 3 casamentos terminam em divórcio. Assim, foi registrado um aumento de 17% em relação ao matrimônio; entretanto, em relação aos divórcios, o número aumentou 269%. Em 1984, as separações representavam cerca de 10% do universo de casamentos, com 93,3 mil divórcios. Essa correlação saltou para 31,4% em 2016 – com 1,1 milhão de matrimônios e 344 mil separações.

Por décadas, especialistas têm tentado responder à pergunta: "O que faz um casamento ser duradouro"?

---

[2] Arnet, J. J. (2015). *Emerging adults (ages 18–29)*. Recuperado de http://www2.clarku.edu/clark-poll-emerging-adults/.
[3] Miller, A. (2013). The changing face – and age – of marriage. *Monitor on Psychology, 44*(4), 46. Recuperado de https://www.apa.org/monitor/2013/04/changing-face.
[4] Castro, F., Resk, f., Tomazela, J. M. & Palhares, I. (2017). *Um a cada três casamentos termina em divórcio no país*. Recuperado de https://www.em.com.br/app/noticia/nacional/2017/12/31/interna_nacional,927931/um-a-cada-tres-casamentos-termina-em-divorcio-no-pais.shtml.

Nem de longe vou esgotar o assunto em alguns poucos parágrafos, mas muitas pesquisas[5,6,7,8,9,10,11] apontam para alguns fatores que se mostram cruciais:

1. Tente permanecer emocionalmente separado da família em que você cresceu (não ao ponto de estranhamento, mas o suficiente para que sua identidade e a de seus pais e irmãos esteja preservada);
2. Construa uma relação de união, levando em consideração sua intimidade e identidade ao mesmo tempo que consegue compartilhá-las com seu cônjuge. É fundamental que existam os limites para proteger a autonomia de cada um;
3. Procure estabelecer um relacionamento onde exista cumplicidade emocional, pois isso é fundamental. Não se espera que o outro pense exatamente como nós, mas que, pelo menos, consiga compreender um ponto de vista distinto, sem invalidá-lo. O casamento deve ser um refúgio seguro, no qual os parceiros podem expressar suas diferenças, seus sentimentos e suas expectativas, sem medo;
4. Aprenda a separar sua vida profissional da sua vida familiar, assim como a proteger a privacidade de sua vida íntima junto ao trabalho;
5. Administrar as inevitáveis crises da vida matrimonial é parte integrante de um relacionamento longevo. Manter a força do vínculo conjugal em face à adversidade cria uma espécie de robustez emocional ao casal. Aprenda a pedir ajuda quando não se sente bem, assim como "dê colo" quando perceber a instabilidade ou a necessidade do outro. Portanto, procure satisfazer às necessidades de dependência

---

[5] Baucom, D., & Epstein, N. (1990). *Cognitive behavioral marital therapy*. New York: Brunner/Mazel.
[6] Gottman, J., & Silver, N. (2000). *Seven principles for making marriage work*. Pittsburgh: Three Rivers.
[7] Jacobson, N.S., & Christensen, A. (1998). *Acceptance and change in couple therapy: a therapist's guide to transforming relationships*. New York: W. W. Norton & Company.
[8] Markman, H.J., Stanley, S.M., Blumberg, S.L., Jenkins, N. H., & Whitely, C. (2004). *12 hours to a great marriage: a step-by-step guide for making love last*. New York: Wiley and Sons.
[9] Vilela e Souza, L. (2012). Felicidade, casamento e satisfação conjugal: contribuições aos dilemas contemporâneos. *Paidéia, 22*(52), 291-292.
[10] Notarius, C., & Markman, H.J. (1993). *We can work it out: making sense of marital conflict*. New York: Putnam.
[11] Hanns, L. (2013). *A equação do casamento: o que pode (ou não) ser mudado na sua relação*. São Paulo: Paralela.

de cada parceiro e ofereça, dentro das possibilidades, incentivo e apoio contínuos.
6. Sempre que possível, traga o humor e a leveza para dentro da relação;
7. Mantenha vivas as primeiras lembranças românticas de sua vida a dois. Essa fase inicial cheia de esperanças pode se tornar um marco ou emblema da união e ajuda a nos proteger das mudanças mais intensas provocadas pelo tempo.

Ninguém espera que consigamos lidar sozinhos com as adversidades que envolvem uma relação. Assim, se está com dificuldade, peça ajuda profissional.[12,13]

---

[12] Associação Paulista de Terapia Familiar (c2019). Recuperado de http://aptf.org.br/.
[13] Associação Brasileira de Terapia Familiar. (c2019). Recuperado de http://abratef.org.br/2018/.

21
FOTOS E ATITUDES NA REDE SOCIAL DÃO PISTAS DE SUA SAÚDE MENTAL

Sabemos que muita gente se utiliza das redes sociais para divulgar uma série de acontecimentos da vida, certo? Não é novidade alguma que muitas delas usam esse recurso para passar uma imagem de si mesmas, digamos, um pouco "melhorada" de certos momentos pessoais nem tão bons e, assim, algumas vezes, poder disfarçar o isolamento e a insatisfação sentida.

Já se tem conhecimento, inclusive, de que, de uma maneira geral, a cada 10 fotos que são postadas nas redes sociais, 8 são retocadas para produzir uma melhor impressão aos demais.

Pois bem, o que ninguém sabia ainda é que um olhar mais atento para esses comportamentos pode revelar aspectos da vida privada bastante importantes e que, muitas vezes, fogem do controle consciente do usuário.

Em um estudo recente, por exemplo, utilizando-se de um programa de computador, foram analisados traços e características de cerca de 44 mil fotos postadas no Instagram, e constatou-se que as pessoas que não estavam bem (sofriam de depressão), naturalmente exibiam uma preferência inconsciente para usar em suas postagens cores mais melancólicas e escuras (como azul, preto e branco), que, claramente, retratavam seu estado emocional, se comparadas àquelas em que a depressão não estava presente (em que as fotos eram mais brilhantes e as cores vivas, mais abundantes).[1]

Para os pesquisadores, era como se a escolha das cores mais sóbrias deixasse escapar o estado emocional de descontentamento vivido, como se estivessem se sentindo com "uma nuvem escura sobre a cabeça", afirmam os pesquisadores.

As fotos postadas por esses indivíduos também revelavam outro ponto bastante interessante: se comparadas às das pessoas sem depressão, revelavam as menores taxas de exposição do rosto ou da face, o que, possivelmente, interpretam os cientistas, denotava menor disposição em criar alguma forma de contato social. Dito em outras palavras, é como se esses usuários não deixassem de publicar, mas, sem que percebessem, se "protegiam" de um contato a mais com as pessoas.

Dessas 44 mil fotos estudadas, o *software* exibiu uma precisão de 70% de detecção da depressão, o que poderia, inclusive, servir de uma importante ferramenta de autocuidado.

PENSANDO UM POUCO MAIS À FRENTE

Mais do que se imagina, portanto, um olhar mais cauteloso detecta pistas visuais dos usuários das redes sociais e o que, muitas vezes, apontam outras investigações, mostram muito além das postagens.

Outra pesquisa já havia concluído que as pessoas que se sentem mais inseguras em seus relacionamentos são aquelas mais ativas nas redes sociais, ou seja, são, entre todos os usuários, as que publicam atualizações pessoais mais frequentes, comentam posts mais intensamente e, por fim, são as que mais visitam a *timeline* dos demais, distribuindo generosamente seus *likes*, na esperança de obter algum tipo de atenção.[2]

Acabou por aí? Nem pensar! Um estudo da Universidade Estadual de Ohio sugeriu que os homens que publicam mais fotos de si mesmos

---

[1] Reece, A. G., Christopher, M., & Danforth, E. (2017). Instagram photos reveal predictive markers of depression. *EPJ Data Science,6*,15. Recuperado de https://epjdatascience.springeropen.com/articles/10.1140/epjds/s13688-017-0110-z.

[2] Hart, J., Nailling, E., Bizer, G. Y., & Collins, C. K. (2015). Attachment theory as a framework for explaining engagement with Facebook. *Personality and Individual Differences, 77*, 33-40.

em mídias sociais, como, por exemplo, no Facebook, são exatamente aqueles que obtêm as pontuações mais altas nas medidas de narcisismo e de psicopatologia.[3]

Bem, exemplos não faltarão, só dar uma boa olhada em outras investigações.[4]

Portanto, tudo o que você faz na internet, naturalmente, deixará um rastro notório de sua dinâmica pessoal mais íntima.

CONSIDERAÇÕES FINAIS

Muito embora as redes sociais tenham se disseminado amplamente entre as pessoas e, mais do que nunca, se tornado parte da vida diária de milhões de pessoas ao redor do mundo, o comportamento que exibimos nas redes pode dizer muito mais do que ingenuamente poderíamos supor.[5]

Antes da invenção das redes sociais, pensávamos antes de nos comunicar, mas hoje, dada a velocidade das informações na internet, agimos (ou melhor, digitamos) primeiro, para só depois pensar (filtrar), o que pode, sem dúvida alguma, dar margem a revelações que não são interessantes de serem desvendadas e, consequentemente, percebidas pelos demais.[6]

A minha dica é que antes de publicar qualquer post, pense um pouco mais. Não aja por impulso.

Tenho certeza de que uma avaliação mais ponderada vai ceifar a metade dos comentários e comportamentos que você exibiria (inconsequentemente) na *web*.

---

[3] Gregori, C. (2015). *Study links selfies to narcissism and psychopathy*. Recuperado de https://www.huffpostbrasil.com/2015/01/12/selfies-narcissism-psychopathy_n_6429358.html?_guc_consent_skip=1557508072.
[4] Pearse, D. (2012). Facebook's 'dark side': study finds link to socially aggressive narcissism. *The Guardian*. Recuperado de https://www.theguardian.com/technology/2012/mar/17/facebook-dark-side-study-aggressive-narcissism.
[5] Chafey, D. (2019). Global social media research summary 2019. *Smart Insights*. Recuperado de https://www.smartinsights.com/social-media-marketing/social-media-strategy/new-global-social-media-research/.
[6] Brockman, J. (2011). Is the internet changing the way you think? The net's impact on our minds and future. New York: Harper Collins.

Pense nisso.

Por fim, o que você faz na sua vida digital pode retratar muito mais do que apenas as fotos e as preferências que deseja compartilhar.

22
AUTOESTIMA INTERMITENTE

Não é novidade para ninguém ouvir dos mais velhos que as novas gerações são expressivamente diferentes das anteriores. Até aí, nada de novo, pois, ao que tudo indica, esse tipo de argumento é uma narrativa bastante corriqueira e que se repete com a passagem do tempo. Nossos avós falavam isso de seus filhos, no caso, nossos pais, e, possivelmente, estes sempre disseram isso a nosso respeito. Em minha geração, confesso que pego meus colegas e, às vezes, eu mesmo, repetindo a pregação, na tentativa de compreender algumas das condutas pouco usuais dos jovens.

Contudo, excetuando o aspecto mais parodial, tenho procurado, efetivamente, refletir se nossos descendentes teriam algo de singular que nós não tivemos, e é indiscutível o fato da existência da internet.

Desnecessário elencar as possibilidades quase infinitas que a rede mundial trouxe e traz às novas gerações, isto é, aproximou as pessoas, permitiu que cada um ganhasse a possibilidade de ser ouvido, estendeu a fronteira do conhecimento de maneira jamais vista, e por aí vai. Bem provável que todo esse texto se mostraria insuficiente para discorrer a respeito de todas as benesses tecnológicas.

Muito bom, não acha? Entretanto, como tudo tem dois lados, o efeito colateral também não deve ser desconsiderado.

Relativo ao aspecto mais danoso, uma particularidade que salta aos olhos é a impaciência dos adolescentes. Não sei se decorrente da agilidade que a internet opera e, assim, os acostuma a esse ritmo, eles se tornaram muito inquietos.

Pelo menos, essa é uma das queixas mais comuns feita pelos professores nas escolas ou pelos pais no cuidado com os filhos. Na mídia leiga, inclusive, não deixamos de encontrar informes da presença cada vez mais marcante da ansiedade, demonstrada por meio dos casos de déficit de atenção e dos transtornos ansiosos, tão prevalentes hoje em dia.

E, assim, a ansiedade, dia após dia, empurra-os sempre para a frente, cada vez mais aceleradamente.

Além de todas as consequências já conhecidas dessa rapidez mental, uma é bastante significativa: a incapacidade de tolerar a frustação.

Não sei se antigamente as coisas eram diferentes, mas tínhamos, frequentemente, que nos deparar com as circunstâncias da vida que cobravam um adequado manuseio das situações que nos provocavam decepção e fracasso pessoal.

Assim, a relação com o tempo era muito diferente.

Frente a uma adversidade, por exemplo, éramos obrigados a retornar ao ponto de partida, ou seja, começar de novo, e, mais do que nunca, esperar até que o momento certo chegasse.

Eu, por exemplo, praticante de artes marciais, sabia que a mudança de uma faixa para outra (o que é indicativo de mais habilidade), levava meses e, por vezes, anos. Quanto mais tempo eu treinava, mais me percebia a necessidade do aprimoramento da técnica, isto é, habilidades que apenas o tempo me daria. Por alguma razão que eu ainda hoje desconheço, todos nós conseguíamos esperar pacientemente o dia em que seríamos, então, agraciados com a faixa preta.

Creio que o exercício da frustração contínua, mês após mês e ano após ano, nos ensinava a duras penas a suportar nossas imperfeições e a tentar muito, até se obter a tão esperada recompensa.

De alguma forma, imagino eu, esse exercício de paciência servia de pilar para a construção de uma boa autoestima. Quanto maior era a frustração, mais eu sabia que deveria me empenhar e aguardar o momento certo. Creio que você, leitor, em qualquer nível de sua existência, entende muito bem a respeito do que me refiro. Assim foi (e é) em quase tudo de nossa vida. Bem, o que isso tudo tem a ver com os jovens de hoje e com a internet? Simples, eu explico.

Quanto mais se vive no mundo virtual, menores são as chances de desenvolvermos as habilidades psicológicas necessárias, pois o fracasso no mundo digital é facilmente reparado. Basta que eu tecle em direção a uma nova experiência, mudando o jogo ou, se for da minha possibilidade, usando o cartão de crédito (de meus pais) e "comprar" novas vidas – o que me permite dar a continuidade desejada, sem que eu tenha a necessidade de manejar meu desapontamento (como aconteceria na vida concreta). Ou seja, rapidamente e de maneira indolor, as novas gerações contornam os "problemas" de sua vida sem muito desgaste.

A partir dos princípios da psicologia moderna, sabe-se, por exemplo, que a "tolerância" aos sentimentos negativos e de frustração é um dos maiores forjadores da boa personalidade adulta (o conhecido conceito de "resiliência humana").

Em segundo lugar, "antigamente", os jogos encontrados na internet, ao final das partidas, inevitavelmente nos levavam em direção ao *game over* (fim do jogo). Entretanto, nos dias de hoje, os jogos virtuais não terminam nunca, ou seja, não há um fim visível no horizonte.

Assim, nossos jovens, ao se debruçarem cada vez mais nas realidades paralelas da internet, constroem sua autoestima apenas de maneira temporária, ou seja, são alguém e se orgulham apenas do que são do lado de lá, e, quando retornam ao mundo real, possuem muito pouco de vaidade, criando, assim, um verdadeiro descompasso de seu valor pessoal.

Eu, seguramente, ostentava de forma mental minhas conquistas (p. ex., minhas faixas do karatê) e sentia, assim, a força de superação frente às derrotas anteriores, que me permitia chegar a qualquer lugar que eu desejasse (trabalho, escola ou nos relacionamentos).

É possível, então, que essa seja uma das explicações a respeito do porquê cada vez mais o mundo virtual atrai uma romaria de desiludidos e incompetentes, emocionalmente falando, que constroem de maneira artificial suas habilidades virtuais. Caso se frustrem demasiadamente, em última escolha, basta que apertem o *off* para que sua contrariedade seja superada.

Bem, a essa altura, uma boa questão seria: onde tudo isso vai nos levar?

Novamente, é muito claro: em direção a indivíduos cada vez mais autocentrados e menos capacitados para os desafios reais da vida. Pessoas poupadas das desilusões da vida e sem capacidade de acreditar em si mesmas. Indivíduos, portanto, com uma autoestima intermitente que apenas exerce um valor nos momentos de conexão com a vida digital.

Não creio, então, que seja à toa que os transtornos de personalidade narcisista estejam registrando um aumento exponencial no mundo. Seria bom pensarmos no assunto.

23
POR QUE O DIVÓRCIO OCORRE? A RESPOSTA PODE ESTAR NA GENÉTICA

Uma nova publicação do *Psychological Science* descreveu uma pesquisa realizada junto a uma amostra de 20 mil adultos suecos e divulgou um dado interessantíssimo: filhos de pais separados apresentam duas vezes mais chances de se separarem na vida adulta do que filhos que não viveram as mesmas experiências em seu lar de origem.

Assim, concluíram os pesquisadores, ter passado por um ambiente marcado pela separação faz as chances de uma criança se separar em sua maturidade aumentarem de forma expressiva.

Eu sei, a ideia imediata que temos ao ler isso – inclusive me ocorreu também – foi a de que a experiência de se ter vivido em um lar rompido poderia predispor os filhos, do ponto de vista psicológico, a repetirem inevitavelmente na vida adulta as mesmas dinâmicas de instabilidade e incerteza afetivas. Nada mais óbvio, correto? Sim, mas a investigação, entretanto, apontou para uma direção completamente oposta.

Segundo as interpretações dos pesquisadores, mais expressivo do que ter experimentado as velhas questões emocionais de luta e de tentativa de superação dos problemas (junto a uma família mais desestruturada), na verdade, foi a chamada "herança genética" – transmitida às crianças – que aumentaria exponencialmente as chances futuras de separação.

Mas, na verdade, vamos a uma pausa: como esse divórcio poderia ser transmitido geneticamente aos filhos? Bem simples, eu explico.

Antes de mais nada, vamos deixar claro que ninguém herda uma separação ou divórcio propriamente dito, mas, ao herdarmos certos *traços de personalidade* dos pais, como o neuroticismo (indivíduos que, a longo prazo, possuem uma maior tendência a um estado emocional negativo) e a impulsividade, segundo apontou a pesquisa, a capacidade de manejo emocional de uma criança hoje (um adulto amanhã) estará, portanto, mais comprometida.

Imagine, por exemplo, como seriam os pensamentos de uma pessoa que traz em sua personalidade o neuroticismo dos pais. Não seria ela muito mais provável de perceber seus parceiros afetivos como se comportando de forma mais negativa e inadequada, criando, assim, interpretações altamente errôneas a respeito do comportamento do outro?

Seguramente sim!

Vamos lembrar, entretanto, que há uma série de fatores que afetam um casamento e o equilíbrio psicológico de um casal, porém, quando os mesmos pesquisadores analisaram os dados conjugais de 80 mil crianças suecas criadas com a mãe biológica e um padrasto, encontrou-se uma forte correlação, o que consolidou os achados iniciais de predisposição, aumentada a separação e a vida pregressa de separação parental.

Claro, não vamos confundir *predisposição* com *certeza*. Entretanto, essas conclusões fazem considerarmos que, além das dinâmicas pessoais, sempre haverá um aspecto biológico que pode contribuir, de maneira importantíssima, na equação final da felicidade de uma pessoa e de um casal.

Quando nossos pais e avós têm uma determinada doença física, as nossas chances de desenvolver os mesmos problemas não aumentam? Sim. Quem já se consultou com um médico já ouviu essa história. Pois bem, ao que tudo indica, então, o mesmo valeria também para nossa saúde mental.

Nosso equilíbrio ou desequilíbrio pode influenciar, portanto, não apenas nossa vida individual (e conjugal) presente, mas também afetar as futuras gerações. E isso nos coloca em uma posição de maior responsabilidade e maior consciência em como, de fato, vivemos nossas experiências de vida.

Pense nisso.

Suas atitudes, mais do que podemos imaginar, podem ser passadas adiante e reverberar por décadas através da genética.

#VÃOASDICAS

- Quando estiver em algum relacionamento e, frequentemente, se achar injustiçado(a), fique atento(a). Esse sentimento pode ser indicativo de um mecanismo mental ativo que *distorce* a interpretação das situações – o que, algumas vezes, pode ser decorrente de nossa herança genética.
- Antes de agir, procure pensar, ou seja, tente *manejar* sua impulsividade e, dessa forma, não se comportar de "cabeça quente". Ninguém, em última instância, pode ser responsabilizado por sua infelicidade (ou mesmo por sua felicidade). Vivemos o que desejamos viver. Portanto, se alguém lhe faz mal, é porque assim permitimos que aconteça.
- Lembre-se da "regra de ouro" dos relacionamentos: poucas são as pessoas que, deliberadamente, agem para nos prejudicar. Na verdade, cada um traz seu *ponto de vista* e, nada mais natural, portanto, que existam leituras distintas das situações de vida.
- E, finalmente: saiba que não existe, de fato, alguém que seja igual a nós. Assim, se deseja viver em equilíbrio, pare de criar *expectativas fantasiosas* a respeito do outro. Pela genética ou repetindo padrões de nossos lares de origem, saiba que somos responsáveis pela vida que levamos.

24
O QUE AS NOTÍCIAS RUINS ESTÃO FAZENDO COM A NOSSA CABEÇA

Recentemente, eu assistia a um documentário na TV, em que o entrevistado, um cientista político, de maneira categórica, afirmava: "nunca vivemos em tempos de tanta paz mundial". O repórter, assim como eu, exibiu uma reação de espanto.

E ele, o entrevistado, rapidamente completou: "a diferença do momento presente, em oposição ao passado, é que hoje, diferentemente de outras épocas, tão logo alguma coisa de ruim aconteça em qualquer lugar, em alguns poucos minutos, já somos informados". E, concluiu: "durante a primeira grande guerra, por exemplo, as notícias levavam semanas para serem transmitidas de um lugar para outro". Assim, "quando a população era notificada dos acontecimentos, possivelmente, eles já haviam acabado", o que nos fazia sentir mais seguros.

A lógica do especialista era, então, a de que, quanto mais avança e progride a tecnologia, maior será a rapidez da propagação das informações, o que, portanto, colabora com o aumento de nossa sensação de viver, digamos, em tempos menos estáveis.

Não sei se concordo com a ideia, entretanto, uma coisa é clara: somos atingidos o tempo todo por notícias adversas, vindas de todos os lugares: televisão, internet, redes sociais, mensagens no celular, e, o pior, nos chegam sem interrupção, 24 horas por dia, sete dias por semana.

Essa divulgação pode ser motivada, em parte, pela tendência natural que nosso cérebro exibe de dar mais atenção aos fatos perigosos e ameaçadores, mas, o que sentimos hoje, definitivamente, é viver em épocas de maior risco.

OS EFEITOS SOBRE O CORPO

É importante que você saiba que, quando nosso cérebro percebe que uma situação é ameaçadora, o sistema nervoso simpático aumenta a produção de cortisol e adrenalina, fazendo os batimentos cardíacos e a respiração acelerarem. O perigo faz também a nossa pressão subir e os músculos se contraírem. Até aqui, obviamente, nada de anormal, pois fomos preparados ao longo de toda nossa evolução para lidar com as adversidades da vida.

Entretanto, quando esse processo deixa de ser ocasional e se torna crônico e repetitivo, as reações sentidas pelo corpo são potencializadas e podem, dessa forma, dar início a uma série de efeitos prejudiciais, como, por exemplo, reduzir o calibre dos vasos, o que, com o passar do tempo, aumenta o risco de hipertensão, de arritmias cardíacas, dos problemas de pele, de distúrbios digestivos e, finalmente, tem o poder de reduzir nossa capacidade mental.

Além disso, sabe-se que, à medida que o contato com as notícias desfavoráveis volta a acontecer, nosso cérebro começa a criar uma espécie de barreira de proteção emocional – um tipo de anestesia psicológica –, fazendo nos acostumarmos de maneira progressiva aos fatos ruins, ou seja, nos fazendo ficar mais tolerantes e insensíveis a eles.

Eu sei, talvez o efeito não seja de todo ruim, pois certos acontecimentos não ocorreram ao nosso lado, certo?

Errado.

Sinto lhe informar que, na verdade, nem precisaríamos estar diretamente envolvidos em uma adversidade para que os seus efeitos nocivos possam ser percebidos.

A PSICOLOGIA DO MEDO

De acordo com alguns pesquisadores, a exposição ao conteúdo negativo e violento, advindo dos meios de comunicação, muitas vezes, pode ter efeitos emocionais danosos e mais duradouros.

Claro, além de, naturalmente, ficarmos mais pessimistas em relação à vida – e mais endurecidos, talvez –, a proximidade com o sofrimento humano alheio pode fazer nos tornarmos mais angustiados em relação às situações corriqueiras de *nossa existência*, ou seja, até os eventos neutros de nosso entorno podem, facilmente, começar a ganhar uma interpretação mais nociva aos nossos olhos.

Portanto, a exposição às temáticas mais carregadas das mídias pode exacerbar e contribuir para o desenvolvimento de estresse, ansiedade, depressão ou, ainda, o conhecido transtorno de estresse pós-traumático – aquele descrito pelos soldados que retornam de uma guerra.

A esse respeito, um estudo realizado com norte-americanos, após os ataques terroristas nas torres gêmeas, no fatídico 11 de setembro de 2001, revelou que apenas assistir às cenas transmitidas desse evento traumático já era suficiente para desencadear os sintomas de medo e tensão em algumas pessoas, e, o mais importante, a gravidade dos sintomas registrados esteve diretamente correlacionada com a quantidade de tempo que as pessoas passavam revendo esses acontecimentos.[1]

Outro estudo realizado com jornalistas demostrou que a exposição a imagens violentas fez com que os sujeitos, após um tempo, começassem a apresentar alguns dos sintomas comuns do estresse pós-traumático, como memórias intrusivas do acontecimento passado – tipo *flashbacks* –, ansiedade aumentada, somatização e, finalmente, depressão. Ou seja, é como se *apenas* estar exposto a essas ocorrências já fosse forte o suficiente para que nosso cérebro pudesse entender que a referida situação *havia mesmo* sido vivida pelas pessoas.[2]

---

[1] Piotrkowski, C.S., Brannen, S. J. (2002). Exposure, threat appraisal, and lost confidence as predictors of PTSD symptoms following September 11, 2001. *Am J Orthopsychiatry, 72*(4),476-485.
[2] Feinstein, A., Audet, B., & Waknine, E. (2014). Witnessing images of extreme violence: a psychological study of journalists in the newsroom. *Journal of the Royal Society of Medicine Open, 5*(8), 1-7.

AS ENGRENAGENS DO TEMOR

Com o objetivo de tentar compreender melhor o funcionamento da mente, vale contar sobre uma outra investigação. Desenhou-se um estudo, contendo três boletins de notícias. O primeiro, exclusivamente, divulgando eventos negativos, um outro contendo apenas notícias positivas (p. ex., pessoas que ganharam na loteria, recuperação de doenças, etc.) e, finalmente, um terceiro, apenas com itens emocionalmente neutros. Na sequência, esses noticiários foram exibidos a três diferentes grupos de pessoas.

Veja só que curioso: aqueles que entraram em contato com as notícias ruins relataram ficar com mais ansiedade e tristeza do que as pessoas que tiveram contato com os conteúdos neutros ou positivos.[3]

O mais impactante, relatam os pesquisadores, foi perceber que os efeitos das notícias negativas reverberavam sobre as inquietudes dos sujeitos, ou seja, descobriu-se que aquelas pessoas que haviam tido contato com os acontecimentos negativos – as do primeiro grupo –, foram as que passavam mais tempo pensando e falando sobre os acontecimentos. Esse fato, afirmaram os pesquisadores, contribuiu para o desenvolvimento do processo mental conhecido na psicologia por "catastrofização" – dar uma maior e pior dimensão às coisas, do que elas realmente são.[4]

CONSIDERAÇÕES FINAIS

Eu também, assim como você, tenho, muitas vezes, a clara impressão de que o mundo está, literalmente, desmoronando à minha volta, que as coisas só pioram, que a insegurança aumenta, que estamos mais infelizes, etc. Como você, também sinto que tudo já se tornou meio que "normal", não é verdade? Como se não houvesse outra possibilidade a não ser a de resignação.

Sempre há uma saída, entretanto.

---

[3] Willingham, A. J. (2016). When bad news gets to be too much. *CNN*. Recuperado de https://edition.cnn.com/2016/07/20/health/how-to-deal-with-traumatic-news-trnd/index.html.
[4] iHeartRadio (2018). *Too much bad news can affect your health*. Recuperado de https://news.iheart.com/featured/the-kane-show/content/2018-06-05-too-much-bad-news-can-affect-your-health/.

Minha sugestão é a de que possamos, de alguma forma, começar a tentar regular a quantidade de tempo de exposição aos fatos negativos. Como cuidamos de nosso sono ou de nossa alimentação, evitando frituras, por exemplo, penso que seria interessante começar a adotar uma atitude de um pouco mais de resguardo em relação a esse entorno mais negativo. Como?

Destine menos tempo e menor atenção a esses fatos, simples assim.

Quando conseguimos focar a atenção às *nossas experiências* de vida, voltamos a ter mais consciência de nosso cotidiano imediato. E, ao procedermos assim, desenvolvemos um maior senso de controle, o que permite ao cérebro mais primitivo recuperar a noção de preservação e integridade – ou seja, de não estarmos mais sob risco –, levando nosso organismo, portanto, a voltar a equilibrar os níveis de ansiedade e tensão.

Pense nisso e pratique.

Não deixe que as notícias ruins comprometam sua vida.

25

A SOLIDÃO SERVE DE "FERMENTO PSICOLÓGICO" PARA A CRIATIVIDADE E NOVAS IDEIAS

Sabemos que, desde os primórdios, há 200 mil anos, estar conectado a algum grupo sempre foi motivo de vantagens expressivas de sobrevivência.

Em tempos incertos, estar acompanhado de mais pessoas, por exemplo, sempre nos assegurou uma longevidade maior, pois, junto ao bando, conseguíamos ter mais chance de nos proteger dos predadores – fato bastante comum na época –, mais possibilidades de obter provisões e comida e, finalmente, mais e melhores possibilidades de acasalamento.

Assim, do ponto de vista evolutivo, essas estratégias funcionaram muito bem e passaram, até então, a fazer parte de nossa tendência atual de comportamento. Não sei se é de seu conhecimento, mas nosso cérebro nos dotou de um sistema que nos faz buscar pessoas que nos ofereçam segurança e proteção – a conhecida teoria do apego –, o que nos ajuda a manter essa "cola social".[1,2]

[1] Abreu, C. N. (2010). *Teoria do apego: fundamentos, pesquisa e implicações clínicas.* (2. ed.). São Paulo: Escuta.
[2] Abreu, C. N. (2014). *Quando o apego e o afeto não caminham junto.* Recuperado de https://cristianonabuco.blogosfera.uol.com.br/2014/07/02/quando-o-apego-e-o-afeto-nao-caminham-junto/?cmpid=copiaecola.

Na contramão dessa ideia, sempre soubemos, meio que instintivamente, que a solidão e o isolamento eram ruins e, portanto, altamente desencorajados. Ser "tímido" e refratário socialmente sempre foi uma marca negativa de nossas fraquezas e, assim, um traço a ser combatido.

É como se o imaginário coletivo tivesse nos ensinado que as pessoas mais isoladas e avessas estivessem mergulhadas em suas inseguranças e atormentadas em seus medos e que fossem mais infelizes e pouco produtivas, se comparadas às pessoas mais extrovertidas, correto?

Em parte, sim. Todavia, novas pesquisas deram uma reviravolta nos conceitos mais antigos e apresentaram um outro lado da solidão: a possibilidade de manifestarmos mais habilidades criativas.

Por meio de uma amostra de 295 jovens adultos, descobriu-se que o isolamento, na verdade, foi altamente benéfico e cumpriu um papel de "fermento psicológico" para o desenvolvimento de novas ideias e conceitos.[3]

Assim, a timidez e o retraimento social podem, segundo a investigação, acionar mais habilmente as engrenagens da imaginação, se comparados aos que exibem uma maior tendência ao contato social.

Portanto, podemos falar que a esquiva e a separação social podem ser altamente benéficas – um estilo de personalidade, talvez –, e não um defeito a ser alterado.

Obviamente que tudo tem os dois lados – benefícios e desvantagens –, entretanto, devo confessar, na tendência ao isolamento, sinto que se abrem espaços para a realização de nossos desejos e ideias.

Indo ainda mais além, é possível, inclusive, que as pessoas mais isoladas sejam aquelas que apresentam, não uma fraqueza da alma, mas, ao contrário, um traço de maior robustez e autonomia emocional, uma vez que dependem menos do entorno social para manter seu próprio bem-estar.

O outro lado da solidão, na verdade, pode se revelar como uma vantagem expressiva sobre os demais.

Pense nisso.

---

[3] Bowkera, J. C. , Stotsky, M. T., Etkinb, R. G. (2017). How BIS/BAS and psycho-behavioral variables distinguish between social withdrawal subtypes during emerging adulthood. *Personality and Individual Differences, 119*, 283-288.

26
ENTENDER QUE A VIDA É FEITA DE CICLOS PODE REDUZIR O ESTRESSE NO FIM DO ANO

No período de fim de ano, temos que superar uma das fases mais turbulentas: as festas comemorativas. Elas podem começar com os fatídicos amigos secretos do trabalho e chegar, inevitavelmente, ao encontro das celebrações do Natal.

Talvez até existam pessoas que nem comemorem essas festas, mas uma coisa é certa: há uma mudança clara no comportamento de todos e é quase impossível não ser afetado por ela.

O primeiro passo é manejar a contagem regressiva dos dias que se aproximam dessas datas de recesso. Sabemos, por experiências anteriores, que, no fim do ano, fazemos um balanço mental das conquistas e dos fracassos que obtivemos.

Como nosso cérebro não tem muita facilidade para deixar as situações e os eventos "em aberto", nossa biologia nos empurra, portanto, para fazer certas avaliações finais, quer desejemos ou não. Assim, o cansaço físico e mental já interfere, de maneira expressiva, para não termos uma perspectiva muito animadora. E esse processo de verificações pessoais, devo dizer, não é das tarefas mais fáceis.

Em épocas anteriores, por exemplo, não tínhamos as redes sociais para nos informar o quanto cada amigo virtual prosperou ao longo do ano, ou seja, quais viagens fez, que sucessos colecionou, o que adquiriu, enfim, o que nos dá uma clara impressão de que, mais uma vez, muito pouco conseguimos concretizar. Obviamente que a maioria dessas realizações sempre estão maquiadas – bem sabemos –, mas, em períodos de angústia, perdemos, temporariamente, um pouco de nossa racionalidade, e, portanto, toda essa conclusão do sucesso alheio também não nos faz muito bem.

Além disso, há aquela inevitável insatisfação com o trabalho. Caso você ainda não saiba, dois terços das pessoas já se sentem, naturalmente, fracassadas profissionalmente, o que faz essa percepção ficar ainda mais prevalente em nossa consciência.

Podemos também ter vivenciado perdas expressivas de relacionamentos em virtude de términos naturais, doença ou até a morte de pessoas queridas, o que colabora para que, do ponto de vista emocional, não nos sintamos muito radiantes.

Há, ainda, aquela velha briga com a balança, o que, caso não saiba, não é apenas uma mera impressão. Uma em cada três pessoas está, efetivamente, acima do peso, o que faz nossa imagem corporal não ser das mais gratificantes. Assim, ao que tudo indica, mais um ano se passou e muito pouco conseguimos fazer pela nossa saúde.[1]

Portanto, chegamos nessas datas cansados, tristes, desanimados, frustrados e precisamos, de quebra, ter forças para mostrar satisfação e felicidade aos demais.

Para se ter uma noção disso, uma pesquisa, conduzida pela *Stress Management Society*, do Reino Unido, já havia revelado que 1 a cada 20 pessoas considera o Natal como uma experiência mais impactante do que ser assaltado.[2]

Como passar, então, por essa maratona de conclusões pouco satisfatórias? Talvez aqui esteja uma das possíveis explicações pelas quais perdemos o controle na bebida e na comida ou, talvez, escolhemos, na verdade, não nos controlar, compensando um pouco esses sentimentos negativos.

---

[1] World Health Organization. (2018). *Obesity and overweight*. Geneva: WHO. Recuperado de https://www.who.int/en/news-room/fact-sheets/detail/obesity-and-overweight.
[2] Fry, L. (2014). How to deal with the stress of Christmas. *The Telegraph*. Recuperado de https://www.telegraph.co.uk/men/the-filter/11303498/How-to-deal-with-the-stress-of-Christmas.html.

Mas nem tudo é tão negativo assim. Devemos começar a ser um pouco mais gentis conosco.

A vida, de fato, é composta por ciclos, e efetivamente, após os períodos negativos, seguem-se as fases mais produtivas. Tenhamos em mente que sempre estamos tentando fazer o nosso melhor, e, inclusive, a falta de vontade e energia são parte de um processo de aprendizagem e de tomada de consciência que, se bem aproveitado, pode servir de fermento para a mudança pessoal.

Um segundo ponto, e não menos importante, é o de tentar evitar as comparações, ou seja, fique atento(a) a essa armadilha mental. Bloqueie pensamentos e sentimentos de inferioridade a partir da comparação com os demais. Ninguém sabe a dificuldade daquilo que vivemos e, portanto, qualquer equiparação é indevida conosco.

Começar a olhar com mais gentileza e compreensão para as nossas vulnerabilidades é o primeiro passo para que possamos atingir novos patamares de realização pessoal. Nossas limitações, no fundo, estão aí, apenas e unicamente, para nos ajudar a sermos pessoas melhores.

"Nada é permanente, exceto a mudança", já dizia Heráclito.

27
EFEITOS FISIOLÓGICOS E PSICOLÓGICOS EM FUNÇÃO DO CONSUMO DE ÁLCOOL

Quem nunca passou por aquela situação de ingerir bebidas alcoólicas um pouco além da conta e no dia seguinte se arrepender?

E, quando isso acontece, é como se tivéssemos colocado "óculos de cerveja", expressão cunhada em inglês como *beer goggles*, que consiste na tese de que, quando ingerimos uma certa quantidade de álcool, nossa capacidade de olhar a beleza se tornaria, digamos, mais generosa.

Pois bem, a ciência explica o que realmente ocorre – e vários fatores contribuem para isso.

INFLUÊNCIA PSICOLÓGICA

Em primeiro lugar, temos um aspecto puramente psicológico. Foi conduzida uma experiência em que algumas pessoas foram informadas de que haviam consumido, sem saber, uma quantidade específica de bebida alcoólica. Como resultado, suas opiniões a respeito de si mesmas mudaram expressivamente, ou seja, ao saber que tinham bebido, se consideravam mais atraentes, brilhantes, originais e engraçadas do que aqueles que acreditavam não ter consumido nada de álcool.

E as coisas não param por aí: as pessoas sóbrias também acham mais atraentes aquelas que estão "alegres" em função do consumo do álcool. Em um estudo científico, indivíduos que consumiram o equivalente a um copo de vinho foram considerados mais atraentes do que aquelas pessoas que não haviam consumido nada.[1]

Participantes de outra investigação apontaram para os mesmos achados: aqueles que haviam ingerido vodca acharam o rosto de certas pessoas mais charmosos e mais bonitos do que aqueles que não tinham consumido bebida alcoólica.

Portanto, ao que tudo indica, há uma crença ou uma natural predisposição de as pessoas acharem que o álcool, de uma maneira ou de outra, contribui para facilitar as relações interpessoais.[2]

INFLUÊNCIA FISIOLÓGICA

Obviamente, os efeitos do álcool sobre o cérebro também são reais. Quando bebemos, nos tornamos menos capazes de perceber a assimetria facial, conhecida por ser um importante componente de atratividade humana, por exemplo.[3]

Como a biologia nos ensina, uma boa simetria mostra que um indivíduo possui melhores características genéticas, indicando alguém mais saudável e, possivelmente, uma melhor escolha no caso de reprodução. Como nossos antepassados não dispunham de maiores informações a respeito do outro, um bom equilíbrio facial indicava boas escolhas, segundo nossos instintos evolutivos "pré-programados".

---

[1] Van Den Abbeele, J., Penton-Voak, I. S., Attwood, A. S., Stephen, I. D., & Munafò, M. R. (2015). Increased facial attractiveness following moderate, but not high, alcohol consumption. *Alcohol and alcoholism, 50*(3), 296–301.
[2] Murakami, T., IchiIshizuka, K., & Uchiyama, M. (1989). Convergence of excitatory inputs from the chorda tympani, glossopharyngeal and vagus nerves onto superior salivatory nucleus neurons in the cat. *Neuroscience Letters, 105*, 1–2,96-100.
[3] Hayes, S. (2016). The science of beer goggles. *The Atlantic*. Recuperado de https://www.theatlantic.com/magazine/archive/2016/07/the-science-of-beer-goggles/485591/.

Ainda nos dias de hoje, tanto homens quanto mulheres acham mais atraentes e saudáveis pessoas com maior simetria do que as demais – sem tanta harmonia e "beleza", por assim dizer.

Portanto, é como se a ingestão do álcool pudesse ter um efeito ilusório sobre nosso cérebro mais primitivo, "borrando" as imperfeições faciais das pessoas menos atraentes, tornando-as mais simétricas e, definitivamente, mais fascinantes aos nossos olhos.

Claro que também há o fato de o álcool aumentar a impulsividade, tornando-nos menos seletivos e exigentes em nossas escolhas afetivas, segundo apontam os modelos biológicos de pesquisa.[4]

Uma das regiões do cérebro com maior queda de atividade quando se está sob efeito do álcool é o córtex pré-frontal – região responsável pela tomada de decisões e pelo pensamento racional. Com o córtex pré-frontal menos ativo, ficamos sujeitos a agir sem pensar muito.[5]

CONSIDERAÇÕES FINAIS

As variáveis psicológicas e fisiológicas interagem de maneira profunda quando o assunto é o consumo de álcool. Ao que tudo indica, beber exerce um efeito positivo na percepção da beleza no ambiente em que estamos e na percepção sobre nós mesmos e os outros. Bebemos para nos soltar e, ao nos soltarmos, relaxamos nossos critérios de avaliação pessoal, "facilitando bastante" as coisas para nosso lado.

Que bom seria se as pessoas, de fato, pudessem, a partir desses contrastes de suas personalidades (sem álcool *versus* com o álcool), se *autoaprimorar*, não acham? Muito embora algumas delas entendam o álcool como um veneno necessário, há coisas dentro delas que precisam ser aniquiladas, e, infelizmente, a bebida é vista como a única possibilidade.

---

[4] Lee, H.-G., Kim, Y.-C., Dunning, J. S., & Han, K.-A. (2008). Recurring Ethanol Exposure Induces Disinhibited Courtship in Drosophila. *Plos One, 3*(1), e1391. Recuperado de https://journals.plos.org/plosone/article/citation?id=10.1371/journal.pone.0001391.
[5] Gowin, J. (2010). Your brain on alcohol: is the conventional wisdom wrong about booze? Recuperado de https://www.psychologytoday.com/blog/you-illuminated/201006/your-brain-alcohol.

28
ADOLESCENTES COM ACNE TÊM 63% MAIS CHANCES DE FICAREM DEPRIMIDOS

É curioso observar o quanto uma das coisas mais triviais de nossa adolescência – a acne – pode, de uma forma ou de outra, precipitar quadros de depressão nas pessoas. Esse é o resultado de uma das maiores pesquisas realizadas até o momento.

O estudo, feito a partir de uma série de fontes, incluiu também uma consulta a uma ampla base de dados do Reino Unido (THIN, *The Health Improvement Network*), dentro de um intervalo de análise de 26 anos e que, agora, foi publicado pela *The British Journal of Dermatology*.[1]

Os pesquisadores descobriram que os pacientes com acne apresentaram um risco significativamente maior de desenvolver depressão. Ou seja, essas pessoas têm maiores chances de apresentar, simultaneamente aos problemas de pele, uma combinação de outros sintomas emocionais bastante debilitantes e que interferem na capacidade de viverem regularmente

---

[1] Vallerand, I. , Lewinson, R. , Parsons, L. , Lowerison, M. , Frolkis, A., ... Patten, S. (2018). Risk of depression among patients with acne in the U.K.: a population based cohort study. *British Journal of Dermatology, 178*(3), e194-e195.

(leia-se: trabalhar, dormir, estudar, se alimentar), comprometendo, assim, a possibilidade de desfrutarem as atividades cotidianas mais prazerosas.

A análise apontou que o risco de depressão foi maior dentro do intervalo de um ano, após o diagnóstico inicial de acne. **Os pacientes com acne apresentaram, nesse período, um risco 63% maior de ter depressão, em comparação com indivíduos sem acne.** E, caso você ainda não saiba, alguns indivíduos podem ter apenas um único episódio depressivo ao longo de uma vida toda. Entretanto, o mais frequente é que a pessoa tenha vários episódios depressivos.

QUAL É A LIÇÃO QUE ESSA PESQUISA NOS DEIXA?

Ela mostra que os seres humanos, na verdade, são muito mal preparados para lidar com os problemas – essa é minha singela opinião – e que, coisas pequenas, muitas vezes insignificantes aos olhos dos outros, na verdade, se não conduzidas com cuidado, podem, no final das contas, se transformar em algo muito maior.

Assim, ao nos depararmos com alguém com acne – e nem estou falando de um quadro muito agudo –, seguramente precisamos disponibilizar um cuidado mais pontual. Ou seja, talvez a acne não seja apenas um defeito na face ou uma fase que passa, mas um importante gatilho para problemas maiores.

Nossa saúde (física e mental) é algo muito sério para ser deixada para lá. Fique atento(a)!

29

POR QUE MANTEMOS PESSOAS DIFÍCEIS EM NOSSAS VIDAS?

Por mais simples e óbvia que essa pergunta seja, ela, de fato, representa um dos maiores paradoxos de nossa vida. Ter de conviver com pessoas com as quais não mantemos uma boa relação se torna algo quase que obrigatório em nossa existência.

Foi exatamente isso que uma pesquisa publicada pela revista *American Sociological Review* procurou analisar junto a uma amostra de 1.100 adultos.[1]

Os resultados apontaram para o fato de que as pessoas difíceis serão mais facilmente encontradas em locais onde não temos muito poder de escolha em nossas relações. Ou seja, quando somos obrigados a transitar por ambientes como, por exemplo, trabalho e ambiente familiar – e de onde dificilmente podemos nos esquivar. E sabe o que é o pior de tudo? Simplesmente, não podemos ignorá-los.

---

[1] Offer, S., & Fischer, C. S. (2018). Difficult People: Who Is Perceived to Be Demanding in Personal Networks and Why Are They There? *American Sociological Review, 83*(1), 111–142.

Os entrevistados da investigação foram solicitados a fornecer o nome de pessoas às quais estavam conectados das mais diferentes formas, e, ao serem questionados a respeito das relações mais adversas, o número de pessoas apontadas por cada um como de "difícil convívio" atingiu a casa dos 15%. Ou seja, foi como se, a cada dez pessoas, pelo menos com uma não era possível se manter uma boa relação.

Entretanto, um dado que emergiu merece nossa atenção. O estudo examinou quais tipos de interações pareciam definir um relacionamento como mais pernicioso, e o resultado demostrou que o que mais colaborava com essa percepção foi o fato de que essas pessoas difíceis apresentavam uma maior dificuldade em dar apoio aos demais. Isto é, ao que tudo indica, ao falharem em sua receptividade, faziam com que uma relação fosse fadada a não prosperar.

Em outras palavras: a incapacidade de exercer algum tipo de compreensão interpessoal, torna-se, de fato, um dos elementos mais tóxicos para o estabelecimento de qualquer relação.

Lembre-se de que, quando exercitamos a empatia ["forma de identificação intelectual ou afetiva de um sujeito com uma pessoa, ideia ou uma coisa", de acordo com definição do "Dicionário Priberam da Língua Portuguesa"], começamos a estabelecer um tipo de "ponte emocional".

Quando conseguimos nos colocar no lugar do outro, nem que seja por um breve momento, adquirimos mais habilidades para entender as coisas por outro ponto de vista, o que dá um passo significativo adiante para a construção de qualquer relacionamento, por mais fugaz que seja.

Assim, é possível, igualmente à pesquisa, que tenhamos uma parcela de pessoas difíceis em nossa vida – ou seja, nossos 15% "resistentes" aos contatos –, mas também é possível que *fracassemos* nessas mesmas ações de diminuir a tensão.

Quantas vezes esperamos que os outros mudem sem que, pelo menos, nos habilitemos sinceramente a tentar mudar? Quantas vezes não estamos nos 15% do grupo dos outros, sem saber?

30
PSICOLOGIA DA INFIDELIDADE: A TRAIÇÃO É MUITO MAIS COMUM DO QUE SE IMAGINA

É exatamente isso: provavelmente você já flertou, ainda que apenas em seu imaginário, com a infidelidade. Embora o tema seja rodeado por uma série de questões morais, a grande maioria das pessoas, segundo pesquisas da América do Norte e da Europa, acredita que a infidelidade, de fato, não é muito aceitável. Por outro lado, muito embora se perceba uma censura social bastante ampla, a infidelidade é mais comum do que se imagina, principalmente no Brasil e na América Latina, onde há um traço cultural geral nas pessoas, presente igualmente nos espanhóis, italianos e franceses, que aceitam a experiência como algo normal.

Estimativas americanas sugerem que de 10 a 25% dos casados já cometeram, pelo menos uma vez, algum tipo de traição.[1,2] Outros autores já apontam para estatísticas bem mais generosas, pois citam que nada

---

[1] Blow, A. J., & Hartnett, K. (2005). Infidelity in committed relationships ii: a substantive review. *Journal of Marital and Family Therapy, 31*(2):217-233.

[2] Atkins, D. C., Baucom, D. H. & Jacobson, N. S. (2001). Understanding infidelity: correlates in a national random sample. *Journal of Family Psychology, 15*(4):735-749.

menos do que de 50 a 75% já teriam sido infiéis.[3,4] Aqui no Brasil, uma outra investigação aponta que, entre os homens, o percentual daqueles que dizem já ter traído pelo menos uma vez na vida chega a 70,6% e, entre as mulheres, o número é de 56,4%.

Ainda que as motivações sejam bem conhecidas por todos nós, uma coisa é clara: a traição ocorre pelo simples fato de alguém não se sentir bem com o cônjuge, o que, obviamente, não é novidade para ninguém, entretanto, **em uma grande parte das vezes, a culpa recai, quase que exclusivamente, sobre as faltas exibidas pelo parceiro ou pela parceira.**

Os relatos apontam que o comportamento infiel seja normalmente justificado em razão direta de ser "algo aceitável" ou, ainda, em função direta das necessidades individuais não satisfeitas. Portanto, a busca por outro alguém ocorreria, ainda que de maneira "ilegítima", como uma forma genuína de solução dos problemas matrimoniais.[5]

A discussão é ampla para ser esgotada aqui em poucas linhas, entretanto, seja esse comportamento entendido pela "falta de caráter" ou, ainda, uma maneira de tornar a relação em casa mais "sustentável", uma coisa sempre passa despercebida aos nossos olhos.

TRAIÇÃO REVELA INABILIDADE DE LIDARMOS COM NOSSOS PROBLEMAS MAIS ÍNTIMOS

Antes de a infidelidade ser uma maneira comum de se lidar com os problemas conjugais, o que muita gente ainda não se deu conta é de que a traição, na verdade, revela uma inabilidade pessoal de lidarmos com os nossos problemas mais íntimos.

Antes de imputarmos a alguém a responsabilidade de não nos preencher plenamente – o que, diga-se de passagem, é um pensamento totalmente mágico, pois nunca existirá alguém que tenha essa real possibilidade –,

---

[3] Scheeren, P., Apellániz, I. A. M. & Wagner, A. (2018). Marital Infidelity: The Experience of Men and Women. *Trends in Psychology, 26*(1), 355-369. Recuperado de http://www.scielo.br/scielo.php?pid=S2358-18832018000100355&script=sci_arttext&tlng=en.
[4] Snyder, D., Baucom, D., & Gordon, K. (2007). Getting past the affair: a program to help you cope, heal, and move on – together or apart. New York: The Guilford.
[5] Cidade verde. (2015). *Infidelidade entre casais já atinge 70% dos brasileiros.* Recuperado de https://cidadeverde.com/noticias/186545/infidelidade-entre-casais-ja-atinge-70-dos-brasileiros.

deveríamos pensar o que nós, do ponto de vista privado, fazemos para manejar nossas sensações de frustração e de incompletude.

Obviamente, uma união mais duradoura não é tarefa para amadores, entretanto, no momento em que apontamos as falhas dos outros, deixamos de assumir as "nossas responsabilidades" no processo de realização pessoal/conjugal.

Assim, a traição, antes de ser algo com o outro, é, antes de mais nada, um ato injusto para conosco. Nós nos traímos.

Ao apontarmos no outro as falhas existentes, **nos eximimos da responsabilidade real** que temos sobre nossos sentimentos e sobre nossa verdadeira capacidade de nos tornarmos um pouco mais felizes. Assim, ao assumirmos uma posição de vítima, muitas vezes, permanecemos por longos períodos – até por uma vida toda, quem sabe – dizendo que, em "função das crianças", "dos problemas econômicos que isso criaria" ou qualquer outra razão, não somos felizes como um dia sonhamos.

Portanto, se você não se encontra tão satisfeito em sua parceria afetiva, peço licença para lhe dizer que, em última instância, a responsabilidade é totalmente sua. Evidentemente que nossos cônjuges também participam na equação da realização do casal, mas tente não cair no erro de responsabilizar apenas e tão somente o outro pelas suas frustrações.

Se, eventualmente, você perceber que está legitimamente insatisfeito – o que é absolutamente normal, pois pode acontecer –, faça alguma coisa. Mude sua vida pela porta da frente, não assumindo alternativas paralelas que, momentaneamente, podem servir de remédio para sua infelicidade.

Um antigo psicólogo já dizia: "se lidássemos com nossos problemas com o intuito de resolvê-los, possivelmente, eles não seriam tão grandes".

A psicologia da infidelidade aponta para a tomada de consciência de que nossa vida, antes de mais nada, é de nossa inteira responsabilidade.

Pense nisso e exercite olhar as coisas por outro ponto de vista.

31
A PSICOLOGIA POR TRÁS DO BBB: O QUE ACONTECE QUANDO PESSOAS SÃO CONFINADAS?

De um lado, nós, espectadores, seguindo de perto a vida de outras pessoas dia após dia de maneira sem precedentes. Do outro, os moradores da "casa mais vigiada do Brasil", sendo observados 24 horas por dia, sete dias por semana. Os *brothers* sabem disso e acabam adaptando seu comportamento à situação em que se encontram. Assim como na vida aqui do lado de fora, ocorrem fofocas, conchavos, intrigas e disputas, mas tudo com uma pitada a mais de tensão e inquietude.

Para nós, toda essa apreensão pode parecer normal, mas, na verdade, há uma série de efeitos psicológicos que esses participantes sofrem sem ter muita consciência. **Apenas uma coisa é certa: há mais angústia e inquietação do que o normal.** Por que isso acontece?

Acompanhe-me, que lhe darei algumas pistas.

SOBRE SER OBSERVADO

Um grupo de pesquisadores da Universidade de Newcastle, no Reino Unido, identificou três pontos no campus com taxas extremamente elevadas de roubo de bicicleta. Com essa informação em mãos, eles afixaram desenhos de "olhos abertos" em cada local onde os roubos ocorriam, juntamente com um cartaz em que se lia: "Ladrões: nós estamos de olho em vocês".[1] **Descobriu-se algo incrível: o experimento produziu um efeito inesperado e impressionante.** A redução nos roubos em cada um dos três locais foi nada menos do que 62%! Isso só pela presença de um desenho – veja bem, desenho – de olhos abertos.

Agora, imagine o que acontece com os participantes do *reality*, que sabem que existem dezenas de câmeras registrando todos os seus movimentos. Se já é constrangedor para muita gente ver-se em evidência em uma situação social momentânea, como, por exemplo, dar uma aula ou expor sua opinião em uma reunião, o que dizer do fato de ter milhões de pares de olhos observando seus passos durante semanas?

Sentir-se observado tem forte impacto no comportamento humano. E, no caso do programa, ser observado por três meses seguidos tem dois efeitos:

1. tentar controlar atitudes e reações nos momentos em que estão conscientes das câmeras;
2. agir de maneira mais livre quando se esquecem das câmeras.

Não se engane achando que "nada" mudaria em sua conduta se você estivesse lá. Saiba que não está tanto assim em suas mãos. É seu cérebro primitivo que reage a um possível estímulo.

SOBRE ESTAR CONFINADO

Viver em um ambiente não natural também interfere muito nas estratégias de enfrentamento. Ambientes excepcionais, como uma base polar,

---

[1] Goldman, J. G. (2014). How being watched changes you – without you knowing. *BBC*. Recuperado de http://www.bbc.com/future/story/20140209-being-watched-why-thats-good.

uma estação espacial, um submarino, uma prisão, uma UTI ou sala de isolamento, entre outros, podem propiciar o aparecimento de perda de identidade, como uma espécie de anestesia emocional.

Entre prisioneiros confinados em solitárias, por exemplo, há relatos de ansiedade extrema, raiva, mudanças mais intensas de humor e, finalmente, diminuição do controle dos impulsos, levando as pessoas a assumirem comportamentos de maior risco. Muitas vezes, concluem os pesquisadores, ataques de pânico e níveis mais altos de depressão e de perda de memória estão igualmente mais presentes.[2]

Voltando aos nossos *brothers*, quem eles se tornariam depois de algum tempo? Embora não vivam uma situação tão extrema quanto a dos prisioneiros, a noção de autonomia pessoal está diretamente atrelada à noção de autoestima, a qual, nessas circunstâncias, possivelmente decai de maneira vertiginosa.

SOBRE PERDER A PRIVACIDADE

Os efeitos psicológicos são imediatos. Na vida real, quando não gostamos de alguém, podemos nos afastar e, assim, neutralizar sentimentos e emoções ruins – o que diminui de maneira expressiva nossos níveis de tensão e de ameaça.

Como sabemos, herdamos de nossos antepassados o mecanismo de "luta ou fuga", um poderosíssimo recurso de sobrevivência que nos incita a dar fim a um estímulo ameaçador (ou desagradável) a todo custo, seja fugindo, seja atacando.

Na casa do Big Brother, a possibilidade de fuga é confiscada dos moradores. Se a pessoa não pode fugir, só lhe resta atacar. É por isso que os motivos mais triviais geram respostas hostis ou exacerbadas, ainda que reagir daquela maneira não seja do estilo pessoal.

---

[2] Leach J. (2016). Psychological factors in exceptional, extreme and torturous environments. *Extreme physiology & medicine*, 5, 7. Recuperado de https://www.ncbi.nlm.nih.gov/pmc/articles/PMC4890253/.

Dessa forma, quanto mais tempo permanecerem nesse local, mais irritadiços, impacientes e intolerantes com o outro se mostrarão.[3,4]

CONSIDERAÇÕES FINAIS

Em um ambiente monitorado 24 horas por dia durante três meses, podemos imaginar quanta tensão se acumula entre os *brothers*. Por se sentirem observados, **perdem sua espontaneidade**, ao passo que o confinamento produz neles irritação e estresse e, com a falta de privacidade significando intimidade totalmente devassada, a possibilidade de se tornarem mais agressivos é grande, bem como, por se sentirem sempre em risco, o instinto de luta é constantemente ativado.

De fato, o que se vê é um verdadeiro caldeirão de processos psicológicos. E os resultados são imprevisíveis, como comprova um experimento que simulou uma prisão com voluntários universitários na Universidade de Stanford.[5]

Bem, depois disso tudo, se você ainda acha que seria fácil encarar um programa como este, pense melhor. Eu posso lhe assegurar que viver um "Big Brother Brasil" não é para qualquer um.

---

[3] Keim, B. (2013). The horrible psychology of solitary confinement. *Wired*. Recuperado de https://www.wired.com/2013/07/solitary-confinement-2/.
[4] Chambers, C. (2013). NSA and GCHQ: the flawed psychology of government mass surveillance. *The Guardian*. Recuperado de https://www.theguardian.com/science/head-quarters/2013/aug/26/nsa-gchq-psychology-government-mass-surveillance.
[5] McLeod, S. (2018). The Stanford prison experiment. *Simply psychology*. Recuperado de https://www.simplypsychology.org/zimbardo.html.

32
POR QUE VOCÊ DEVERIA PENSAR DUAS VEZES ANTES DE QUERER SE VINGAR DE ALGUÉM

Aqui está um dos comportamentos mais primitivos exibidos pelo homem. E, vale dizer, não precisamos de muito esforço para encontrar relatos de vingança ao longo de toda a história da humanidade.

A Babilônia já tinha em seu código de Hamurabi (1770 a.C.) a máxima "olho por olho, dente por dente" para descrever a lei de talião (ou lei da "retaliação") como forma de "acerto de contas", ao passo que a Grécia antiga nos deixou de herança várias tragédias, comédias e outras histórias que falam de injustiça e, em resposta, alguma forma de vingança para reparar o mal feito.

Na Idade Média, famílias feudais se envolviam em guerras sangrentas para "lavar a honra", entre outras justificativas para um ato vingativo. E, se vasculharmos um pouco mais os escritos de filosofia, religião ou mesmo literários, encontraremos mais e mais narrativas relativas à vingança motivada por uma injustiça.

O homem de hoje está mais amadurecido, mais evoluído e, portanto, mais civilizado. Este sentimento tão primário ficou para trás.

Certo? Totalmente errado. E as estatísticas mostram.

De todos os homicídios registrados nos Estados Unidos na década passada, 2 a cada 10 tiveram essa motivação. Relatos adicionais mostram, inclusive, que o comportamento de "pagar na mesma moeda" não dá sinais de diminuição; muito pelo contrário, aumenta expressivamente no mundo moderno.[1] Enquanto isso, no Brasil, as estatísticas de 2012 revelaram que a vingança foi o principal motivo dos assassinatos no país.[2]

Vejamos o que diz o *Dicionário On-line de Português*: o vocábulo é definido como "ação de se vingar, de causar dano físico, moral ou prejuízo a alguém para reparar uma ofensa, um dano ou uma afronta causada por essa pessoa".[3]

A CIÊNCIA DA VINGANÇA

Muitas vezes disfarçada de justiça, a vingança tem sido usada como forma de restabelecê-la e como uma tentativa de reparar os danos causados por outras pessoas.

Para entender melhor esse fenômeno, um grupo de pesquisadores suíços quis saber o que acontece no cérebro quando alguém se vinga. Então, eles examinaram os cérebros de pessoas que haviam sido intencionalmente injustiçadas durante um jogo de laboratório. O experimento dava ao participante prejudicado a chance de punir a outra pessoa, e, durante um minuto, enquanto as vítimas conduziam sua vingança, sua atividade cerebral era registrada. O resultado mostrou que a parte acionada nessas circunstâncias é o núcleo caudado, uma região do cérebro associada ao processo de recompensas.[4]

Outra descoberta interessante desse estudo foi que, de fato, a vingança era bastante gratificante, pois trazia uma certa forma de alívio; no entanto, passado algum tempo, outro problema tomava lugar.

---

[1] Burke, D. (2017). The four reasons people commit hate crimes. *CNN*. Recuperado de https://edition.cnn.com/2017/06/02/us/who-commits-hate-crimes/index.html.
[2] Acayaba, C.; & Passarinho, N. (2012). Em SP, 83% dos homicídios são por motivos fúteis ou por impulso, diz MP. *Globo.com*. Recuperado de http://g1.globo.com/brasil/noticia/2012/11/em-sp-83-dos-homicidios-sao-por-motivos-futeis-ou-por-impulso-diz-mp.html.
[3] Disponível em: https://www.dicio.com.br/vinganca/.
[4] Science of people (2011). The psychology of revenge. Recuperado de https://www.scienceofpeople.com/the-psychology-of-revenge/.

A RESSACA DO DIA SEGUINTE

Os suíços descobriram que o gesto vingativo deixava de ser satisfatório a médio prazo e, em vez de pacificar os sentimentos negativos, estendia e perpetuava o desagrado gerado pela ofensa original. Ou seja: ao "fazermos justiça", reiniciamos um novo ciclo interno de retaliação.[5]

De acordo com as pesquisas, dar vazão aos sentimentos de raiva e de indignação fez as velhas feridas serem, na verdade, novamente abertas – desta vez, por nós mesmos. Assim, o gesto inicial de desforra acarretou "o despertar" daqueles sentimentos novamente. Uma vez terminada a vingança, uma sensação de autopunição tomava lugar, inclusive, muitas vezes acompanhada de novos sentimentos de ruminação.[6]

Pode parecer piegas ou autoajuda, mas é um fato comprovado cientificamente. A raiva expressa por meio da desforra potencialmente evoca novos sentimentos pessoais de vergonha e culpa, criando um verdadeiro círculo vicioso de mal-estar.

O QUE FAZER, ENTÃO, PARA NOS LIVRARMOS DESSES SENTIMENTOS?

A primeira coisa a saber é que nossa autoestima realmente não precisa desse recurso externo para ser reparada. Nossa honra e reputação, antes de mais nada, partem de nós mesmos, e não devem ser definidas apenas e tão somente pelos outros. Se, efetivamente, formos esperar que o mundo nos dê o devido valor, creio eu, ficamos em uma posição bastante desvantajosa.

Uma outra investigação demonstrou que indivíduos que escolheram não se vingar apresentavam uma maior satisfação com a vida, um humor mais positivo e menos sintomas psicossomáticos.[7]

---

[5] Carlsmith, K. M., Wilson, T. D., & Gilbert, D. T. (2008). The paradoxical consequences of revenge. Journal of Personality and Social Psychology, 95(6), 1316–1324. Recuperado de.
[6] Schumann, K., Ross, M. (2010). The benefits, costs, and paradox of revenge. *Social and Personality Psychology Compass*, 4(12), 1193–1205.
[7] Bono, G., McCullough, M. E., & Root, L. M. (2008). Forgiveness, Feeling Connected to Others, and Well-Being: Two longitudinal studies. *Personality and Social Psychology Bulletin*, 34(2), 182-195.

Portanto, a revanche carrega um efeito paradoxal que, no início, traz alívio e satisfação, mas, no momento seguinte, suscita sentimentos mais acentuados e prolongados de aborrecimento.

Em última instância, nós, como donos legítimos de nossas vidas, escolhemos como vamos nos posicionar diante das agressões. Se eu me coloco como vítima das situações, seguramente reagirei mal, mas se opto por olhar a situação por outro ponto de vista, mudando minha interpretação, me livro das emoções negativas com mais facilidade.

Saiba, então, que aquele que lhe trata mal, apenas estende a você o mesmo ambiente psicológico que já habita em sua própria cabeça. É pura ignorância e imaturidade. Portanto, o problema é dele, e não seu. Somos apenas figurantes que cruzam, tangenciando, a vida dos outros.

Pense nisso e use sua empatia para compreender melhor as adversidades que recebe dos demais. **Quando não personalizamos as ofensas, abrimos uma real possibilidade de** *desconexão como forma de superação*.

Como já dizia Jean Paul Sartre: "Não importa o que fizeram a você. O que importa é o que você faz com aquilo que fizeram a você".

Use, portanto, o conhecimento que a psicologia nos oferece para dar um novo contorno ao comportamento de vingança. E viva melhor.

33

SELFITIES: O LADO PATOLÓGICO E PERVERSO DAS SELFIES

O ato de autofotografar-se por meio de telefones celulares já é uma prática bastante comum e foi batizada, como bem sabemos, de *selfie*, ou seja, autorretratos extraídos dos mais variados momentos de nosso cotidiano. Até aqui, tudo normal, nenhuma novidade.

Ocorre que esse hábito começa a chamar a atenção, em alguns casos específicos, dado seu exagero. Assim, em 2014, o *site* da Associação Americana de Psiquiatria publica, pela primeira vez, uma crônica, nomeando a conduta exagerada das *selfies* como *selfities*, isto é, um comportamento que revela *um desejo obsessivo compulsivo de tirar fotos de si mesmo e postá-las nas mídias sociais como forma de maquiar a falta de autoestima e, com isso, preencher o espaço, através da exposição da intimidade pessoal*.[1]

O mesmo artigo classifica, então, esses autorretratos como "patológicos" e propõe, assim, três categorias de intensidade, a saber:

---

[1] Pinoy, P. (2014). American Psychiatric Association makes it official: 'selfie' a mental disorder. *The Adobo Chronicles*. Recuperado de https://adobochronicles.com/2014/03/31/american-psychiatric-association-makes-it-official-selfie-a-mental-disorder/comment-page-7/.

1. Um primeiro nível, mais leve, denominado *borderline*, em que a pessoa se autofotografa pelo menos três vezes por dia, mas não posta os retratos nas redes sociais.
2. Um segundo nível, denominado *agudo*, em que a pessoa se autofotografa também as mesmas três vezes por dia, mas, dessa vez, compartilha nas redes sociais.
3. Um nível mais intenso, denominado *crônico*, ou seja, uma necessidade incontrolável de autofotografar-se e de postar as fotos nas mídias sociais, mais de seis vezes por dia.[2]

VAMOS COMPREENDER MELHOR

Embora seja um fenômeno universal, presente em todas as culturas, as *selfies* são encontradas em várias classes, ou seja, cumprem uma função de exaltar certos contextos políticos específicos, sociais, de raça e gênero, luxo e, finalmente, exibem traços ou características pessoais.

Caso você não saiba, em 2016, foram tiradas 93 milhões de *selfies* por dia, o que representaria, aproximadamente, 2.583.333 rolos de filmes.[3] Em 2017, 1,3 trilhão foi o número de vezes que os dedinhos ansiosos dos usuários acionaram a câmera dos celulares.[4]

Talvez você acredite serem apenas fotografias, entretanto, não é o caso. As imagens que vão para a *web*, em sua maioria, são retocadas antes de serem postadas, por exemplo, são adicionados filtros de cores, contrastes, sombras e uma série de efeitos que ajudam a criar uma "aura" de prestígio e reputação daqueles que postam, exaltando, assim, a individualidade e a importância do fotografado.[5]

---

[2] Balakrishnan, J. & Griffiths, M. D. (2017). An exploratory study of "selfitis" and the development of the selfitis behavior scale. *International Journal of Mental Health and Addiction, 16*(3), 722–736..
[3] Cohen, D. (2016). Selfies, narcissism and social media (Infographic). Ad Week. Recuperado de https://www.adweek.com/digital/rawhide-selfies-infographic/.
[4] Cakebread, C. (2017). People will take 1.2 trillion digital photos this year – thanks to smartphones. *Business Insider*. Recuperado de https://www.businessinsider.com/12-trillion-photos--to-be-taken-in-2017-thanks-to-smartphones-chart-2017-8.
[5] Abreu, C. N. (2015). *A psicologia dos "selfies": autoexpressão ou sinal de problemas?* Recuperado de https://cristianonabuco.blogosfera.uol.com.br/2015/01/07/a-psicologia-dos-selfies-autoexpressao-ou-sinal-de-problemas/.

Algumas pesquisas, inclusive, já apontaram anteriormente a existência de uma correlação entre a quantidade de *selfies* tiradas por uma pessoa e certos traços de narcisismo (aqueles que se autovalorizam excessivamente), ou seja, quanto mais fotos, mais narcisista uma pessoa é.[6] Outras investigações, por exemplo, apontam o comportamento exagerado como forte indicativo de indivíduos portadores de sentimentos de menor consideração e de pouca representação social, e, assim, ao se sentirem pouco atrativos e valorizados, "dão uma mãozinha", digamos assim, por meio de uma autopromoção "forçada" nas fotos, usando certos cenários de fundo, exagerando nas emoções e, finalmente, criando um *glamour* artificial.[7]

Lembre-se de que a vida social é, antes de mais nada, um meio onde a competição é uma das marcas mais importantes. Nesse sentido, à medida que se torna cada vez mais difícil competir com aquilo que vemos postado nas redes sociais a respeito da vida dos demais, tentar resgatar um pouco da simpatia pessoal por meio das imagens torna-se, portanto, algo primordial.

Você já deve ter notado isso tudo que estou dizendo.

VAMOS PENSAR, ENTÃO?

É possível que as *selfies* tenham se tornado uma manifestação social que evidencia a obsessão pela aparência, somada à exibição da vida privada na forma de *reality-shows*-pessoais, arquitetando, como resultado, a demonstração da exuberância de um momento (especial) vivido pela pessoa.

Muitas vezes, entretanto, o resultado não sai como gostaríamos.

Ficamos tão ocupados controlando a imagem que revelaremos ao mundo, que acabamos perdendo o verdadeiro contato com os momentos que constituem a singularidade da vida concreta. Quando capturar algo junto ao celular tem a prioridade sobre o que acontece à nossa volta, pode ser um forte indicativo de um problema real, visto que há o risco de passarmos a ficar mais conectados com as imagens e desconectados de nós mesmos.

---

[6] Whitbourne, S. K. (2016). Are Selfie-Takers Really Narcissists? *Psychology today*. Recuperado de https://www.psychologytoday.com/us/blog/fulfillment-any-age/201608/are-selfie-takers-really-narcissists.

[7] Vincent, J. (2014). Obsessive selfie-taking classified as a mental disorder': what we can learn from a hoax. *Independent*. Recuperado de https://www.independent.co.uk/life-style/gadgets-and-tech/obsessive-selfie-taking-classified-as-a-mental-disorder-what-we-can-learn-from-a-hoax-9243442.html.

Vivemos, portanto, um verdadeiro dilema: como eu posso esperar que os outros prestem atenção a mim se nem eu mesmo consigo descrever o que está acontecendo à minha volta? Documentar a experiência não pode, jamais, ser mais importante do que vivê-la. Haveria, então, um limite entre o normal e o patológico, quando o assunto é registrar a vida por meio de imagens?

Em tempos de tecnologia, confesso que não é fácil determinar o que seria uma expressão natural e espontânea de um comportamento social emergente – *selfie* –, e, quando um excesso se transforma em doença – *selfities* –, indicativo, possivelmente, de uma nova patologia.

Se uma pessoa, segundo estimativas, fizer **25 mil *selfies* ao longo de sua vida**, talvez algo não esteja muito equilibrado, não acha?[8]

Para se pensar.

---

[8] Zoldan, R. J. (2017). This is the estimated number of selfies you'll take in a lifetime. *Teen Vogue*. Recuperado de https://www.teenvogue.com/story/samsung-number-of-selfies-lifetime.

34
POR QUE VOCÊ DEVE SABER O QUE É RESILIÊNCIA E COLOCAR O CONCEITO EM PRÁTICA

O termo resiliência quer dizer – em seu significado original, da Física – o nível de resistência que um material pode sofrer frente às pressões sofridas e sua capacidade de retornar ao estado original sem a ocorrência de dano ou ruptura. A psicologia pegou emprestada a palavra, criando o termo "resiliência psicológica", para indicar como as pessoas respondem às frustrações diárias, em todos os níveis, e sua capacidade de recuperação emocional. Falando de uma maneira bem simples, quanto mais resiliente você for, mais fortemente estará preparado para lidar com as adversidades da vida.

Embora exista certa controvérsia a respeito dos indicadores de uma boa resiliência, não se acredita que ela seja resultante de um traço de caráter ou de personalidade; na verdade, a melhor definição da palavra seria o resultado de um processo de aprendizagens de vida. Portanto, você, assim como eu, está apto a desenvolvê-la.

O TREINAMENTO COMEÇA DESDE CEDO

Desde a infância, pessoas que ativamente se esquivam das dificuldades ou são isoladas dos problemas do dia a dia (como fazem alguns pais para "poupar" os filhos) deixam de "treinar" suas habilidades de resiliência. Assim, quando crescem, essas pessoas não conseguem apresentar repertórios adequados de enfrentamento de problemas e perdem a habilidade de atravessar as situações de crise de maneira construtiva.

Sua falta de habilidade as faz reagir em excesso (aumentando, assim, o tamanho das adversidades) ou, no polo oposto, responder de maneira passiva – ou seja, permanecem anestesiados frente aos dilemas, perpetuando-os. Um dos princípios mais importantes neste aprendizado trata do que chamamos de capacidade de enfrentamento.

Podemos compreender as situações adversas de duas formas:

- A primeira é a **interpretação negativa dos fatos**. Ou seja, entendemos que coisas ruins que nos acontecem estão fora do nosso raio de ação, pois não temos nenhuma responsabilidade por sua ocorrência. Nessa posição, como não temos controle sobre o que aconteceu, não exibimos nenhuma atitude de mudança, e, assim, assumimos uma postura de vítima das circunstâncias da vida.
- A segunda é a **interpretação mais ativa dos fatos**. Podemos assumir que parte dos problemas e das dificuldades que vivemos é relacionada à nossa forma de agir no mundo, e, portanto, compreendemos que possuímos alguma responsabilidade sobre o fato.

Assim, quando nos vemos como parte integrante do problema e do que acontece à nossa volta, recuperamos o poder de mudar as coisas que não nos fazem bem. Aqui encontra-se um dos maiores dilemas humanos: **embora muitas pessoas desejem ativamente mudar as situações de sua vida, dificilmente querem se automodificar**. Mudar é, então, apenas um desejo.

Nesse sentido, nossa atitude frente às adversidades é uma das primeiras lições para construir uma boa resiliência psicológica, pois nos possibilita uma postura mais ativa: a de nos tornarmos responsáveis pelo que acontece conosco. Um bom exemplo desse posicionamento pode ser compreendido por meio da conhecida frase, atribuída a Sartre, que diz: **"Não importa o que fizeram conosco, mas sim o que fazemos com aquilo que fizeram de nós"**.

E você, leitor, se situa mais na posição de **vítima** ou de **responsável pela sua vida?** Se optar por entender sua realidade de uma maneira mais ativa e, principalmente, como algo que está sob seu controle, é provável que sua resiliência seja aumentada de maneira expressiva. Pode não ser um pensamento muito comum, mas tente praticá-lo.

BUSCANDO UM SENTIDO: TENHA UM PROJETO PESSOAL

Outra forma de aumentar nossa resiliência de forma significativa é o desenvolvimento de um projeto pessoal de vida. Conhecemos pessoas que vivem apenas contando com o dia de hoje e, assim, passam por sua vida de maneira quase inconsciente, alheias a tudo e a todos. Neste ponto, uma importante lição deve ser aprendida.

Uma história que merece ser contada aqui é a do psicólogo existencialista Viktor Frankl. Prisioneiro nos campos de concentração durante a Segunda Guerra Mundial, ele teve a oportunidade de observar as mais diversas reações dos prisioneiros frente às atrocidades cometidas pelos nazistas. Em seus relatos, Frankl descreve que muitas pessoas, em certo ponto, não conseguiam mais tolerar o sofrimento e, assim, deliberadamente decidiam morrer; faziam isso se jogando contra as cercas elétricas, deixando de se alimentar ou se atirando contra os militares e seus cachorros.

Frankl descreveu, em suas notas, que as pessoas que mais suportavam a dor de uma prisão (e que sobreviveram) eram aquelas que desenvolviam um sentido de vida, como guardar comida para um prisioneiro mais fragilizado ou se mobilizar para conseguir medicações para outro mais necessitado. Segundo ele, essas ações traziam de volta a dignidade humana, pois abasteciam as pessoas com força e determinismo pessoal.

"O sucesso, como a felicidade, não pode ser perseguido; ele deve acontecer, e só tem lugar como efeito colateral de uma dedicação pessoal a uma causa maior do que a pessoa, ou como subproduto da rendição pessoal a outro ser", dizia Frankl. Dessa forma, temos, em nosso cotidiano, que desenvolver projetos que tragam um sentido à nossa existência, pois isso nos torna mais resilientes frente às adversidades da vida. Quando temos um projeto maior para nos apoiar, entendemos que os problemas são apenas obstáculos a serem superados, pois perseguimos algo muito maior.

E você, tem algum grande projeto pessoal? O que você realmente espera de sua existência? Veja que não vale desejar ficar rico, pois sabemos que isso, por si só, não traz dignidade a ninguém. Ter um projeto maior é possuir uma causa que lhe traga sentido, algo que te faça sair da cama todos os dias e que, de quebra, poderá trazer mais resiliência.

ENTENDENDO EMOÇÕES

Finalmente, o tripé da resiliência se apoia na capacidade de compreender o que sentimos – isso pode parecer algo simples, mas não é. Geralmente vivemos sem entrar em contato com nossas sensações subjetivas, e isso pode nos confundir bastante; nos mantermos atentos aos nossos sentimentos é uma das maneiras mais simples de desenvolver nossa capacidade de enfrentamento emocional. Entenda que estar em contato com nossas emoções nos faz ser mais ágeis na busca daquilo que efetivamente nos faz bem, e na evitação das situações que nos fazem mal. É a chamada inteligência emocional.

Por não estarmos habituados a nos conectar conosco, estamos sempre procurando aliviar nossos sentimentos ruins por meio de atitudes externas, como comprar quando não nos sentimos bem, comer quando estamos ansiosos, etc. Ou seja, agimos de uma maneira esquiva, na qual nos protegemos de nossos próprios sentimentos desconfortáveis. O ponto central aqui é perceber nosso estado subjetivo para, então, poder mudá-lo.

E SE EU FOSSE EU?

Caso você esteja achando minha proposta difícil, lhe ajudarei. Usarei uma antiga crônica de Clarice Lispector, intitulada "Se eu fosse eu". Diz ela: "Quando eu não sei onde guardei um papel importante e a procura revela--se inútil, pergunto-me: se eu fosse eu e tivesse um papel importante para guardar, que lugar escolheria? [...] Mas muitas vezes fico tão pressionada pela frase 'se eu fosse eu', que a procura do papel se torna secundária, e começo a pensar, diria melhor SENTIR." A autora, então, questiona: "**Se você fosse você, como seria e o que faria?**", e finaliza: "Logo de início se sente um constrangimento: a mentira em que nos acomodamos acabou de ser levemente locomovida do lugar onde se acomodara."

Portanto, sabemos o que nos incomoda, apenas decidimos não pensar no assunto, anestesiando-nos. Se essa pergunta lhe deu algum frio na barriga, isso definitivamente é um bom sinal. Caso você não tenha percebido, ainda há tempo para mudar – e se não conseguir sozinho(a), lembre-se de que pode buscar ajuda.

Resumindo, então, nossa conversa:

- Desenvolva um papel ativo em sua vida (não se sinta vítima de sua existência);
- Elabore um grande projeto pessoal (caso ainda não o tenha);
- E, finalmente, entenda suas emoções.

Posso lhe assegurar que você desenvolverá de maneira espantosa sua resiliência emocional. Milan Kundera, em seu livro "A Lentidão", afirmou que "[...] cada possibilidade nova que tem a existência, até a menos provável, transforma a existência inteira".

35
POR QUE A CRÍTICA DÓI TANTO?

Pois é, aqui está uma das grandes questões de nossa existência. Desde cedo, somos ativamente educados pelos nossos pais e cuidadores a respeito dos mais variados aspectos de nossas vidas. Somos orientados a praticamente tudo, por exemplo, como nos portar à mesa, como agir com os nossos familiares e com estranhos, como lidar com nossas emoções, etc. E, como bem sabemos, esse processo segue firme e forte, se intensificando nos períodos escolares.

Essa orientação contínua que nos é destinada desde a infância diminui aos poucos, mas, na adolescência, volta a atingir os níveis anteriores, ou mesmo superá-los. Isso nos leva a enfrentar uma fase bastante delicada, marcada pelos grandes antagonismos comportamentais com nosso entorno.

Alguns podem passar ilesos pela adolescência, mas são raras exceções; o sentimento de inadequação, devido aos julgamentos constantes e inevitáveis, trará consequências que poderão ser sentidas ao longo de boa parte de nossa vida adulta.

COMPREENDENDO A ORIGEM DO DESCONFORTO

Na infância, como nosso cérebro ainda não está muito desenvolvido e nosso raciocínio ainda está em processo de construção, as orientações que ouvimos dos mais velhos ficam marcadas em nossa memória de várias formas. Uma delas está relacionada ao registro das "sensações" que experimentamos simultaneamente às dicas que recebemos. Assim, se você teve a sorte de crescer em um ambiente familiar razoavelmente equilibrado, terá experimentado uma alternância entre elogios e reprimendas, por exemplo. Terá também conseguido viver uma alternância de sensações que foram do conforto ao desconforto, criando, possivelmente, um *continuum* de experiências neutras e até mesmo positivas. Em certos ambientes, contudo, a hostilidade familiar é uma tônica, colaborando para que uma sensação (ou uma marca contínua) de mais desconforto emocional seja experimentada.

Pesquisas afirmam que, em ambientes positivos, é favorecida uma possibilidade de recordação mais detalhada das memórias de infância, pois há um "fio" condutor experiencial mais homogêneo. No caso de lares mais instáveis, as memórias de infância não ficam registradas linearmente, e sim episodicamente, pois o desconforto emocional repetitivo cria maiores rupturas cronológicas, favorecendo menores registros emocionais – quem nunca conheceu alguém que tem poucas recordações de sua infância?[1]

Para ficar mais claro, é como se a vida fosse uma viagem, que às vezes é feita em uma estrada pavimentada e segura, onde tudo sai bem, e outras vezes em uma estrada esburacada e perigosa. Na primeira situação, a experiência do trajeto é mais agradável, pois estamos mais relaxados, ao passo que, na segunda, o trajeto é marcado por mais apreensão e estresse.

Portanto, quanto menos críticas e mais orientações cuidadosas na infância, maior será a continuidade mental e a clareza de quem a criança é. Por outro lado, quanto mais censura e desaprovação, maior será a interrupção temporal e, portanto, menor a noção psicológica de quem somos. **É exatamente assim que nossa autoestima é construída: por uma sucessão de estados emocionais que definem quem nos tornaremos.**

---

[1] Abreu, C. N. (2005). A teoria da vinculação e a prática da psicoterapia cognitiva. *Revista Brasileira de Terapias Cognitivas, 1*(2), 43-58. Recuperado de http://pepsic.bvsalud.org/scielo.php?script=sci_arttext&pid=S1808-56872005000200005&lng=pt&tlng=pt.

Somos seres sociais – vivemos em grupos desde os nossos primeiros dias na Terra, pois quanto mais distantes ficávamos dos demais, menores eram as nossas chances de sobrevivência. Com o passar do tempo, desenvolvemos uma reação automática frente a situações de perigo e de ameaça, e, hoje, basta que nosso cérebro identifique uma condição de insegurança para que a função de aproximação seja imediatamente acionada, e busquemos, então, nosso "bando" (família, grupo ou amigos).[2]

E qual é a relação da crítica e da desaprovação com isso?

A reprovação tem o poder de acionar, automaticamente, os "botões mentais" da exclusão do grupo, gerando profundo desconforto psicológico. Sempre que vivemos momentos de crítica, nos sentimos física e emocionalmente ameaçados, como se estivéssemos em risco de sermos "banidos".

Estudos de ressonância magnética demonstraram que durante uma experiência de exclusão ou de afastamento do grupo, as áreas do cérebro que se tornam ativas são as mesmas de quando experimentamos uma dor física. Assim, neurologicamente falando, uma das possíveis explicações de por que se sentir criticado causa dor física – e não apenas o mal-estar emocional – é a ativação das mesmas vias cerebrais.[3,4]

COMO REAGIR À CRÍTICA SEM DOR

Com todo o acesso ao conhecimento que temos nos dias de hoje, já teríamos a capacidade de começar a discernir uma crítica de uma rejeição, certo?

A grande maioria das pessoas ainda reage de forma completamente desadaptativa frente às situações de desaprovação, ou seja, **respondem como se estivessem sendo atacadas e banidas.** Tais circunstâncias continuam tendo o poder de evocar fortes reações de antagonismo e de agressividade interpessoal. E, aqui, está um dos maiores problemas da vida em família,

---

[2] Abreu, C. N. (2010). *Teoria do apego: fundamentos, pesquisa e implicações clínicas.* (2. ed.). São Paulo: Escuta.
[3] Eisenberger N.I., Lieberman M.D. (2004). Why rejection hurts: a common neural alarm system for physical and social pain. *Trends in Cognitive Science, 8*(7),294-300.
[4] Weir, K. (2012). The pain of social rejection. *Monitor on Psychology, 43*(4), 50. Recuperado de https://www.apa.org/monitor/2012/04/rejection.

em grupo e nas organizações: como falar algo para outra pessoa sem que ela se sinta magoada e reprovada?

A maturidade emocional começa exatamente no momento em que conseguimos superar nossos instintos mais primitivos e, portanto, **ouvir com mais neutralidade aspectos relativos aos nossos comportamentos, e não à nossa pessoa**. Saiba, portanto, separar uma coisa da outra.

Mesmo nossos desafetos sempre terão algo a nos pontuar – o que é excelente do ponto de vista de nosso amadurecimento psicológico, desde que consigamos aprender, logicamente, a manejá-los.

Vamos começar a reagir às críticas sem tanta dor?

Como já dizia um antigo ditado budista: "Liberdade é quando não nos sentimos mais vítimas do ambiente".

36
A PERDA DE PESO E A MUDANÇA NOS RELACIONAMENTOS AFETIVOS

É de conhecimento geral o impacto da obesidade em todo o mundo. Considerada uma epidemia global, afeta uma em cada dez pessoas. No Brasil, a obesidade chega a 53,9% da população em geral, levando-se em conta crianças e adultos. Entre os adultos, pouco mais de 50% já são obesos.[1,2]

Ao criar desdobramentos em praticamente todas as esferas de nossa existência, a obesidade interfere nas relações sociais, impacta a economia e se faz notar de maneira expressiva em nossa saúde e em nosso bem-estar mais imediato.[3] De todas as tentativas de controle, a cirurgia bariátrica

---

[1] Lee, B. (2017). Global obesity epidemic: new studies show how big a problem it's become. *Forbes*. https://www.forbes.com/sites/brucelee/2017/06/13/global-obesity-epidemic-new-study-shows-how-big-a-problem-its-become/#60c6e5da2a2c.

[2] Jornal da USP. (2017). *Número de obesos não para de crescer no Brasil*. Recuperado de https://jornal.usp.br/atualidades/numero-de-obesos-nao-para-de-crescer-no-brasil/.

[3] Organisation for Economic Co-operation and Development. (2017). OECD obesity update 2017. Recuperado de https://www.oecd.org/health/obesity-update.htm.

tem sido uma das opções mais discutidas quando o assunto é o alto índice de massa corporal (IMC).[4] Para saber seu IMC, divida seu peso pela sua altura, depois divida o resultado novamente pela altura. Se o resultado estiver entre 18,5 e 24,9, seu IMC está dentro da normalidade. IMC ≥ 25 indica sobrepeso; ≥ 30 indica obesidade. Com um IMC ≥ 35, você pode ser um candidato para cirurgia bariátrica, caso tenha diabetes; com um resultado ≥ 40, porém, a cirurgia seria recomendada mesmo sem nenhuma doença.

No Brasil, um relatório da Agência Nacional de Saúde Suplementar (ANS) aponta um crescimento de 20% no número de cirurgias bariátricas nos últimos dois anos. Já são 100 mil cirurgias por ano no Brasil, segundo a Sociedade Brasileira de Cirurgia Bariátrica, com base em um relatório de 2017.[5]

IMPACTO DA CIRURGIA NOS RELACIONAMENTOS AFETIVOS

Uma nova pesquisa, feita na Suécia, se debruça sobre um aspecto ainda não estudado: os efeitos das cirurgias sobre os relacionamentos afetivos.[6] Pesquisadores descobriram que, em comparação com pessoas que não tinham passado pelo procedimento de cirurgia bariátrica, aquelas que haviam se submetido e eram casadas tinham maior probabilidade de se separar ou se divorciar e, se fossem solteiras, apresentavam maior propensão a entrar em um novo relacionamento ou mesmo se casar.

O primeiro estudo comparou 1.958 pacientes obesos que fizeram cirurgia bariátrica com 1.912 que não haviam feito. No grupo de participantes que fizeram a cirurgia, inicialmente havia 999 pessoas solteiras. Quatro anos após a cirurgia, 21% se casaram ou iniciaram um novo relacionamento; entre os que não haviam feito a cirurgia, o percentual

---

[4] Renew Bariatrics. (2017). *Alarming obesity statistics, rates in 2017 [infographic]*. Recuperado de https://renewbariatrics.com/obesity-statistics/.
[5] Kovalic, R. (2017). Cirurgia bariátrica tem aumento de pacientes no mundo todo. *Jornal Hoje*. Recuperado de http://g1.globo.com/jornal-hoje/noticia/2017/06/cirurgias-bariatricas--cresce-o-numero-de-pacientes-em-todo-o-mundo.html.
[6] Bruze, G., Holmin, T. E., Peltonen, M., Ottosson, J., Sjöholm, K., ... Svensson, P.-A. (2018). Associations of bariatric surgery with changes in interpersonal relationship status: results from 2 swedish cohort studies. *JAMA Surgery, 153*(7), 654–661.

foi de apenas 11%. Uma década depois, as taxas de casamento ou novas relações cresceram ainda mais: foram quase 35% no grupo submetido à cirurgia e 19% no grupo que não havia passado pela cirurgia. Resumindo: houve um aumento expressivo das novas relações junto à população que passou pelo procedimento.

Entre os pacientes que estavam casados, a taxa de divórcio ou de separação após quatro anos da cirurgia foi de aproximadamente 9%, contra 6% no grupo-controle. Após 10 anos, o número subiu para 17% no grupo de cirurgia e 12% no grupo-controle.

No segundo estudo, por sua vez, nos dados obtidos do Registro de Cirurgia de Obesidade Escandinava (SOReg), compararam-se 29.234 indivíduos obesos que passaram pela cirurgia para perda de peso *versus* 283.748 indivíduos pertencentes à população geral. As pessoas solteiras que foram submetidas à cirurgia bariátrica foram 35% mais propensas a se casarem, e, junto aos já casados, os pacientes apresentaram 41% mais chances de se divorciarem do que aqueles que pertenciam à população geral.

CONSIDERAÇÕES FINAIS

Os resultados das investigações, na verdade, vão ao encontro daquilo que já sentimos muitas vezes em nossa prática da psicoterapia: uma perda de peso mais substancial faz com que muitos pacientes, que já se sentiam infelizes há tempos em suas relações afetivas, possam ter na cirurgia uma espécie de "empurrão" ou efeito alavanca em direção às mudanças pendentes em suas vidas.

Entretanto, lembre-se de que, após a perda de peso obtida pela cirurgia, pode haver dificuldades na manutenção do novo peso, pois a modificação externa do corpo não é necessariamente seguida pela mudança interna e psicológica, o que colabora para muitos casos de fracasso do controle de peso.

Mudar o corpo e suas dimensões exige, obrigatoriamente, uma adaptação psicológica progressiva e lenta. Embora muitos pacientes se vejam magros no espelho, o reflexo não tem o poder de mudar a mente dessas pessoas, que muitas vezes continuam a se sentir obesas, ficando, em alguns casos, mais perdidas do que estavam antes.[7] É frequente ouvir relatos de que a autoestima desses indivíduos não foi afetada pelo procedimento cirúrgico; basta pensarmos em pessoas que sofrem de anorexia nervosa para percebermos que nem sempre ficarmos mais magros nos tornará mais satisfeitos com nossos corpos.

Não estou, de forma alguma, falando mal da cirurgia bariátrica; estou apenas tentando lembrar que as dimensões psicológicas não podem ser esquecidas, pois precisam de mudanças igualmente importantes. Assim, se não olharmos para nosso bem-estar interno, o risco de recaídas será imenso.

Que tal, então, mudarmos não só o nosso exterior, mas também o interior?

---

[7] Palazzo, V. L. (c2019). O que é distorção da imagem corporal. Gatda. Recuperado de http://gatda.com.br/index.php/2016/02/26/imagem-corporal/.

37
QUAL SALÁRIO REALMENTE O DEIXARIA FELIZ?

Aqui está um tema que ocupa boa parte de nossos pensamentos e que está entre as preocupações mais comuns da maioria das pessoas ao longo de suas vidas.

É interessante observar que muitas vezes, quando perguntamos a alguém qual seria o valor ideal para trazer a felicidade, muitas pessoas apenas "chutam" uma quantia, sem uma noção mais clara ou uma análise aprofundada.

É como se uma determinada remuneração ou um valor específico assegurado no banco pudesse, magicamente, propiciar a abertura de uma porta por onde a felicidade entraria, e, com ela, a resolução de todos os problemas.

Vejo essa ideia ser transmitida através do tempo, sistematicamente, por fábulas e lendas, pela mídia e por frases como "o dinheiro traz a felicidade", ajudando a criar ainda mais mitos desse famoso imaginário popular.

MAS HÁ UM NÚMERO EXATO?

Aqui, então, entra em cena uma investigação recente, conduzida pelo psicólogo Andrew Jebb e equipe, da Universidade de Purdue, que analisou dados do *Gallup World Poll*, um estudo internacional conduzido junto a mais de 1,7 milhão de indivíduos em 164 países.[1]

Quando as respostas dos participantes a questões relacionadas à satisfação com a vida e ao bem-estar – medidas do que se denomina bem-estar subjetivo – foram examinadas, descobriu-se que há, de fato, um número ideal do contentamento econômico, o qual foi denominado "saciedade de renda".

Uma das descobertas é que, embora seja um fenômeno global perseguir as altas rendas, essas cifras variam de maneira expressiva de lugar para lugar.

Por exemplo, os pesquisadores descobriram que a "saciedade de renda" custa, anualmente, US$ 125.000 na Austrália, US$ 105.000 na América do Norte e US$ 100.000, na Europa Ocidental, mas apenas US$ 70.000 no Sudeste Asiático, US$ 45.000 na Europa Oriental e US$ 35.000 (aproximadamente R$ 137.000), na América Latina.[2]

Do ponto de vista global, a pesquisa também indicou que custa menos para os homens estarem satisfeitos (US$ 90.000) do que para as mulheres (US$ 100.000). Além disso, pessoas com educação superior precisam de mais recursos para se sentirem felizes, se comparadas àquelas com nível educacional mais baixo.

Outro achado importante foi a existência do que se denominou "ponto de inflexão"; para alguns, uma vez que o ponto de saciedade foi atingido, como descrito anteriormente, algo inesperado aconteceu: a curva de satisfação começou a inverter, isto é, quanto mais recursos econômicos se obtinha, segundo a pesquisa, maior era a presença da infelicidade entre essas pessoas.

Teoricamente, imagina-se que os salários mais altos acarretem maiores preocupações e demandas, fazendo jus ao antigo ditado norte-americano: *"more money, more problems"* (tradução: "mais dinheiro, mais problemas").

---

[1] World Poll. (c2019). What If You Were the Leading Source? *Gallup*. Recuperado de https://www.gallup.com/analytics/232838/world-poll.aspx.
[2] Dockrill, P. (2018). This is how much money you need to be happy, according to science. *Science Alert*. Recuperado de https://www.sciencealert.com/how-much-money-you-need-be-happy-according-science-income-satisfaction-well-being.

A possibilidade é que, com as rendas altas, venham maiores exigências de tempo, carga de trabalho, responsabilidades, etc., limitando as oportunidades de desfrutar das experiências positivas da vida. Assim, os problemas continuam a existir, mas vindos de outras fontes não relacionadas ao dinheiro.

Por outro lado, no caso das pessoas com salários mais baixos, boa parte de seu tempo é gasto com preocupações relativas às necessidades mais básicas, como ter comida suficiente, conseguir pagar o aluguel, ter dinheiro para poder cuidar da saúde, etc. Sabemos que o dinheiro alivia esse tipo de estresse, porém basta que esses problemas sejam solucionados para que outras preocupações surjam.

A FELICIDADE PODE SIGNIFICAR COISAS DIFERENTES PARA CADA UM DE NÓS

Isso nos faz pensar, então, que a avaliação que fazemos de nossa vida em relação ao aspecto financeiro-pessoal pode ter diferenças expressivas se levarmos em consideração o bem-estar individual e o momento específico que estamos vivendo.

Uma renda alta pode comprar muito daquilo que nos traz satisfação, mas não conseguirá, por si só, nos trazer a felicidade. Pense com mais atenção e perceberá que uma coisa é completamente diferente da outra.[3]

Assim, uma vez que as pessoas atingirem novos patamares econômicos, inevitavelmente cairão na velha **armadilha da comparação**, a métrica de sua realização começará a mudar e poderá aumentar, pois será baseada em pontos de realização ainda mais altos.[4]

É fácil perceber isso. Nunca lhe ocorreu olhar com mais cuidado o que acontece com alguns jogadores de futebol que nascem em lugares mais simples e, quando ganham dinheiro, se mudam para localidades mais luxuosas e caras? Muitos deles, após viverem por algum tempo nesses ambientes, relatam profunda solidão e insatisfação, o que os faz voltar

---

[3] Wolff-Mann, E. (2015). What the new nobel prize winner has to say about money and happiness. *Money*. Recuperado de http://money.com/money/4070041/angus-deaton-nobel-winner-money-happiness/.
[4] Warley, S. (c2019). How much money you need to be happy. *Life Skills That Matter*. Recuperado de https://lifeskillsthatmatter.com/how-much-money-you-need/.

aos seus locais de origem – mais simples –, pois assim, em comparação aos demais, voltarão a se sentir mais felizes.

A felicidade seria, então, um aspecto derivado da comparação aos demais e, portanto, uma variável determinada socialmente?

CONSIDERAÇÕES FINAIS

Concorde você ou não, todos nós precisamos nos sentir importantes e, mais do que isso, precisamos nos sentir valorizados e admirados; para muitas pessoas, ganhar dinheiro é o atalho para essa condição. Entretanto, essa pesquisa reitera que esse definitivamente não é o melhor caminho. Mais importante do que ganhar dinheiro, é desenvolver um sentido maior para a sua vida além de **apenas** obter mais e mais recursos econômicos.

É claro que todos nós devemos perseguir nosso equilíbrio financeiro, mas aqui vai uma dica: não coloque muita expectativa (ou energia) sobre sua capacidade de se realizar financeiramente, pois seu bem-estar, conforme apontou a pesquisa, não é definido pela quantidade ou tamanho de suas posses.

Por outro lado, quem seguir insistindo nisso correrá o risco de gastar uma vida inteira para descobrir tardiamente – na velhice, talvez de maneira bem amarga – que esse não foi o melhor caminho. Pense nisso.

Mas, voltando à pergunta inicial: qual salário realmente lhe faria feliz?

Deixo a pergunta em aberto para que você possa respondê-la, agora de maneira mais reflexiva. Deixo, também, como pista, uma frase de Érico Veríssimo: "Felicidade é a certeza de que a nossa vida não está se passando inutilmente."

38

O AÇÚCAR CONSUMIDO DURANTE A GRAVIDEZ PODE CAUSAR IMPACTOS SEVEROS NAS CRIANÇAS

Não é de hoje que algumas pesquisas se debruçam sobre os efeitos que certos alimentos consumidos pelas mães durante a gestação podem criar na saúde do feto. Cafeína, gordura, alguns queijos não pasteurizados (como camembert e brie) e carne crua, entre outros, já foram objetos de estudos e de reiterados avisos sobre os impactos na formação do bebê.[1]

Também é de amplo conhecimento que uma alimentação desbalanceada durante a gravidez pode privar o organismo de cálcio, ferro, iodo e outras vitaminas, o que, após o nascimento, leva a deficiências significativas na capacidade de aprendizagem da criança, cria problemas comportamentais que provocam atraso no desenvolvimento da linguagem e causa piora ex-

---

[1] Dreisbach, S., Schlosberg, S. (c2019). What's safe to eat when you're pregnant – and what's not. *Parents*. Recuperado de https://www.parents.com/pregnancy/my-body/nutrition/safe-pregnancy-eating/.

pressiva no desenvolvimento de certas habilidades motoras, se comparadas às de crianças que foram bem nutridas e alimentadas.[2]

Um novo estudo, no entanto, procurou examinar a possível associação entre o **consumo de açúcar** (sacarose, frutose, bebidas adoçadas, refrigerantes dietéticos e sucos de frutas) e as **habilidades futuras de raciocínio**, exibidas após o nascimento da criança.[3] Embora isso já tenha sido pesquisado anteriormente, os achados agora vão um pouco mais além. Ainda que o material não tenha sido publicado, já podemos analisar com mais cuidado os resultados.

A INVESTIGAÇÃO

Pesquisadores coletaram dados a respeito da alimentação de 1.234 mulheres grávidas entre o período de 1999 e 2002. Após o nascimento, a dieta das crianças também foi observada e cruzada, posteriormente, com avaliações de raciocínio feitas nessas crianças aos 3 anos e repetidas aos 7 anos de idade.

Quais foram os resultados dessa pesquisa? Acho que você não vai gostar de saber...

O consumo de açúcar durante a gestação, especialmente por meio de bebidas que contêm adoçantes calóricos (refrigerantes, bebidas de frutas, bebidas esportivas, chás e cafés, bebidas energéticas e leites açucarados), **foi associado a uma cognição infantil mais pobre**, incluindo habilidades não verbais mais fracas e uma memória verbal menos estruturada. Leia-se: **a capacidade da criança de resolver novos problemas foi claramente afetada.**

O consumo desses produtos pela mãe também foi associado a **menor inteligência global da criança** (menor QI). Ou seja: quanto mais açúcar, menores foram as habilidades verbais e não verbais exibidas ao longo das investigações posteriores feitas junto às crianças (até os 7 anos).

---

[2] Raise Smart Kid (2018). *Fetal brain development: what to avoid, what to eat during pregnancy.* Recuperado de https://www.raisesmartkid.com/pre-natal-to-1-year-old/2-articles/19-babys--brain-development-during-pregnancy.
[3] Cohen, J. F. W., Rifas-Shiman, S. L., Young, J., Oken, E. (2018). Associations of prenatal and child sugar intake with child cognition. *American Journal of Preventive Medicine*, 54(6), 727-735. Recuperado de https://www.ajpmonline.org/article/S0749-3797(18)31606-4/fulltext.

E não parou por aí: enquanto as habilidades motoras visuais e espaciais foram mais precárias na primeira infância, as habilidades verbais foram mais precárias na metade da infância. O consumo de açúcar pelas crianças na infância também foi avaliado e esteve associado a uma menor inteligência verbal.

CONSIDERAÇÕES FINAIS

Consumir mais frutas e menos açúcar, bem como evitar refrigerante diet durante a gravidez, pode ter um impacto positivo no funcionamento cognitivo global da criança, em comparação às mães que usaram mais açúcar, conforme demonstrou a investigação.[4]

Por outro lado, o consumo de frutas na primeira infância esteve associado a maiores escores cognitivos em várias áreas (maior vocabulário, melhores habilidades motoras visuais e, finalmente, maior inteligência verbal).

Não sou nutricionista e, portanto, peço desculpas aos colegas por escrever sobre esse tema. No entanto, como psicólogo, me atrevi a apresentar esses achados, pois somos procurados pelos pais de crianças e adolescentes para analisar problemas de ordem psicológica e de desenvolvimento sem saber que, lá atrás, a falta de informação dos pais pode ter colaborado de maneira determinante para o surgimento de problemas psicológicos no futuro. Sendo assim, vamos ficar mais atentos?

---

[4] Maniam, J., Antoniadis, C., Youngson, N. A., Sinha, J. K., & Morris, M. J. (2016). Sugar Consumption Produces Effects Similar to Early Life Stress Exposure on Hippocampal Markers of Neurogenesis and Stress Response. *Frontiers in Molecular Neuroscience*. Recuperado de https://www.frontiersin.org/articles/10.3389/fnmol.2015.00086/full.

39
A ATENÇÃO DOS PAIS PODE INFLUENCIAR NO DESENVOLVIMENTO DO BEBÊ

Não é novidade para nenhum de nós que a primeira infância é de vital importância para o desenvolvimento do cérebro de uma criança.

Investigações já comprovaram que ser criado em um ambiente familiar com mais tranquilidade e equilíbrio tem o poder de transmitir uma dose positiva de segurança emocional às crianças, o que favorece a construção de uma autoestima mais fortalecida e uma melhor capacidade para lidar com o estresse à medida que se desenvolvem, além de boas habilidades para o manejo das situações interpessoais futuras.

Assim, aqueles filhos que são criados em ambientes com mais atenção parental se sentirão mais seguros, aumentando progressivamente a construção da autonomia e da independência, que ainda estão em formação nas fases iniciais da vida.

E o oposto é igualmente verdadeiro: crianças criadas em ambientes caóticos e desorganizados desenvolvem maiores vulnerabilidades emocionais, o que resulta em uma infância e adolescência mais problemáticas; em

uma grande parcela dos casos, essas dificuldades ainda são perceptíveis na vida adulta.[1]
Até aqui, nada de muito novo, certo?

Entretanto, o que ninguém sabia ainda era que esses mesmos estímulos provenientes das relações afetivas, além de conferirem vantagens e/ou desvantagens, também interferem de maneira pontual no crescimento das redes neuronais do cérebro infantil.
Utilizando o modelo animal, uma pesquisa se debruçou exatamente sobre esses aspectos. Descobriu-se que cuidados maternos, quando oferecidos de maneira inconsistente ou fragmentada à prole – decorrente dos ambientes mais estressados –, aumentam exponencialmente a probabilidade de esses filhotes desenvolverem comportamentos de risco.

A INVESTIGAÇÃO

Para averiguar os possíveis impactos da falta de uma atenção contínua das mães às crianças, os pesquisadores criaram um modelo de pesquisa com roedores para compreender melhor o efeito dessas experiências nas redes neuronais.

Para isso, os cientistas separaram dois grupos distintos de filhotes de roedores: um habitando ambientes calmos e tranquilos, com as mães roedoras sempre presentes, e, em outro grupo, animais criados em ambientes caóticos, onde o cuidado das mães era desordenado e tumultuado. Portanto, o ponto central da análise dos pesquisadores era o comportamento de cuidado materno exibido pelas cuidadoras-roedoras com seus filhotes.[2]

Apesar de ser difícil diferenciar a quantidade e a qualidade de cuidados maternos nos dois ambientes experimentais, conseguiu-se avaliar os padrões (e a frequência) de cuidado que as mães ofereciam aos seus filhotes, o que diferiu drasticamente nos dois grupos.

---

[1] Abreu, C. N. (2010). *Teoria do apego: fundamentos, pesquisa e implicações clínicas.* (2. ed.). São Paulo: Escuta.
[2] Molet, J., Heins, K., Zhuo, X., Mei, Y. T., Regev, L., Baram, T. Z., & Stern, H. (2016). Fragmentation and high entropy of neonatal experience predict adolescent emotional outcome. Translational psychiatry, 6(1), e702. Recuperado de https://www.ncbi.nlm.nih.gov/pmc/articles/PMC5068874/.

Enquanto um grupo de roedores recebia um cuidado contínuo e duradouro (p. ex., a mãe os lambia e os agradava por períodos mais extensos de tempo), no outro, os filhotes receberam um cuidado mais fragmentado, em que a cuidadora era interrompida em seus comportamentos de zelo e de atenção aos filhotes.

O resultado foi significativo: a prole criada no ambiente mais calmo e com a presença persistente das mães teve seus sistemas dopaminérgicos (i.e., os sistemas de recompensa) mais ativados do que os roedores que foram criados em um ambiente mais caótico.

Os pesquisadores, dessa forma, acreditam que o sistema de recompensa do cérebro daqueles filhotes mais "carentes" acabou sendo, como resultado, pouco estimulado, comprometendo de maneira significativa o processo de maturação cerebral dos filhotes. Segundo a investigação, isso teria sido responsável por uma espécie de anestesia emocional dos roedores, pois os fazia não responder a estímulos positivos quando estes eram introduzidos no experimento.

Assim, o grupo que recebeu menos cuidado exibiu pouco interesse em atividades naturalmente mais atrativas aos filhotes, como a busca por alimentos mais doces ou as brincadeiras com outros ratos, duas medidas independentes para se avaliar a capacidade dos roedores de sentir prazer (e, obviamente, de recompensa).

CONSIDERAÇÕES FINAIS

Os investigadores agora questionam: o que foi descoberto nos ratos se aplicaria, igualmente, aos humanos? Se assim for, novas estratégias deveriam ser consideradas, a fim de evitar problemas emocionais futuros em crianças e adolescentes.

Atualmente, outras questões também se aplicariam. Como se não bastassem os inúmeros obstáculos encontrados na infância (dos quais todos nós temos um bom exemplo para compartilhar), ainda se somam a isso a falta de tempo dos pais, decorrente do trabalho excessivo, e os problemas cada vez mais frequentes nas interações entre pares na escola. Além disso, as crianças ainda encontram uma nova barreira a ser transposta em sua infância: precisam disputar atenção com *tablets*, celulares e outros dispositivos móveis que estão constantemente sendo utilizados pelos pais.

Pensando na investigação descrita anteriormente, seria correto afirmar, então, que o uso da tecnologia por parte dos pais é prejudicial ao amadurecimento cerebral dos filhos? Nossas crianças estariam sendo igualmente subestimuladas pela atenção fragmentada dos pais em função da tecnologia?[3] São questões nas quais devemos pensar. Seria interessante, portanto, que os pais ficassem atentos, pois se considerarmos os resultados das pesquisas realizadas com roedores, nossas crianças podem estar em risco.

---

[3] Eisenstein, E., Abreu, C. N., & Estefenon, C. G. B. (2013). *Vivendo esse mundo digital: impactos na saúde, na educação e nos comportamentos sociais*. Porto Alegre: Artmed.

40

COMO SERÁ QUE ANDA A SUA FORÇA DE VONTADE?

Há mais de 40 anos, um psicólogo chamado Walter Mischel, da Columbia University, nos Estados Unidos, queria saber qual seria a capacidade das crianças de controlarem seu comportamento. Por isso, bolou um experimento reunindo um grupo em idade pré-escolar e lhes apresentou um prato cheio de doces. O experimento ganhou o nome de "teste do marshmallow".

A dinâmica era a seguinte: as crianças foram informadas de que o pesquisador precisaria sair da sala por alguns instantes. No entanto, o combinado é que elas esperassem até o cientista voltar para terem a permissão de comer dois marshmallows. Caso alguma criança não quisesse esperar, ela poderia tocar uma campainha antes do tempo e o cientista voltaria imediatamente e lhe daria o aval para comer; nesse caso, porém, a criança teria direito a apenas um marshmallow.[1]

---

[1] Palomares, R., & Alverson-Eiland, L. (2012). Willpower and living healthy. APA. Recuperado de https://www.apa.org/helpcenter/willpower-living.

Esse simples experimento deu início a pesquisas envolvendo uma das mais importantes habilidades do ser humano: a capacidade de exercer a força de vontade. O que esse teste deixou claro é que nossa *robustez psicológica* está associada ao nosso autocontrole frente a estímulos que nos trariam prazer imediato, isto é, à nossa capacidade de resistir a esses estímulos em busca de colher melhores recompensas mais tarde. **Pode parecer que não, mas essa força de vontade medida no experimento é colocada à prova praticamente todos os dias em cada um de nós, nas pequenas ações do cotidiano.**

Vejamos alguns exemplos: você decide que vai levantar mais cedo para fazer ginástica, porém, quando o despertador toca, ativa o modo soneca e dorme um pouco mais; quando sai do escritório para almoçar, vai direto na porção de batatas fritas, em vez de escolher o legume cozido e menos calórico; ou, ainda, pede um doce de sobremesa, em vez de frutas, dizendo a si mesmo que é a última vez e que amanhã começará a se cuidar.

Isso não se aplica somente à nossa alimentação – a falta de autocontrole também ocorre em relação às nossas economias, quando decidimos satisfazer nossos impulsos de consumo mais imediatos, em vez de poupar, pois "a vida é curta", quando optamos por não aperfeiçoar nosso segundo idioma, pois "não fará tanta diferença assim", e por aí vai.

Como você já deve ter percebido, esses episódios são bastante corriqueiros; em nosso cotidiano nos são apresentadas diversas situações, e, muitas vezes, em vez de tomarmos escolhas que nos trariam uma maior qualidade de vida, acabamos por tropeçar e adiar nossas ações.

Uma pesquisa recente conduzida pela American Psychological Association revelou que "não ter força de vontade o suficiente" é a razão mais citada pelas pessoas no momento de fazerem mudanças expressivas em suas vidas.[2] O que você provavelmente ainda não sabe é que essa "tendência" tem grandes chances de acompanhá-lo a vida inteira. Eu explico.

Quando o pesquisador Walter Mischel voltou a contatar as crianças de seu experimento inicial, agora na adolescência, descobriu que aqueles que conseguiram se controlar durante o experimento (os que esperaram pelos

---

[2] American Psychological Association (2018). Stress in America™ Press Room: generation Z. Recuperado de https://www.apa.org/news/press/releases/stress/2018/stress-gen-z.pdf.

dois marshmallows) eram os que tinham obtido maiores pontuações em testes de aptidão (SAT, do inglês *Scholastic Assessment Test*).[3] Além disso, segundo os pais desses jovens, seus filhos exibiam uma maior capacidade de se planejar, se comparados aos que tinham sido mais impulsivos. **Portanto, a mera atitude de se autocontrolar colaborou para que o grupo demonstrasse, nessa fase da vida, um melhor manejo do estresse. O motivo? Respondiam melhor aos comandos de sua razão.** Decorridos 40 anos do teste inicial, o Dr. Mischel, ainda curioso, fez uma nova tentativa e localizou 59 participantes do experimento original. Os achados foram surpreendentes.

A força de vontade dos participantes que haviam conseguido se autocontrolar na infância e mantido o mesmo tipo de comportamento na adolescência continuou inalterada por mais quatro décadas, persistindo durante praticamente toda a vida dessas pessoas.

Bem, e aqueles que, quando crianças, não aguardaram pelos dois doces e comeram apenas um? O que terá acontecido com eles? Vou deixar que você, meu querido leitor, imagine como terá sido a vida dessas pessoas.

EXERCITE A RESISTÊNCIA

A força de vontade é a capacidade de resistir à gratificação momentânea em busca de metas ou objetivos a longo prazo. Pesquisas apontam que, quando mantemos o autocontrole, atingimos resultados mais positivos, como melhores habilidades psicológicas, maior autoestima, menores taxas de abuso de substâncias, maior segurança financeira e, finalmente, melhora de nossas condições física e mental.

Como um músculo que exercitamos para obter maior resistência e condicionamento físico, também é possível treinar nossa mente para melhorar nossa qualidade de vida.

Pense nessa frase, de Albert Einstein: "Há uma força motriz mais poderosa que o vapor, a eletricidade e a energia atômica: a força de vontade".

---

[3] Wikipedia (2019). *SAT*. Recuperado de https://pt.wikipedia.org/w/index.php?title=SAT&action=history.

41
O QUE ESTÁ POR TRÁS DA FOFOCA?

Embora muitas vezes passe totalmente despercebida, a fofoca está presente em toda parte. **Apesar de ser vista como algo ruim e de conotação negativa, ela cumpre um papel social de extrema importância.**

Segundo os antropólogos, esse fenômeno tem suas raízes em nossos antepassados mais distantes; assim, para entendermos o presente, vale a pena olharmos para trás.

Nos primórdios, vivíamos em comunidades de até 150 indivíduos e, entre eles, alguns se destacavam por suas habilidades de caça e de proteção do bando – os chamados "machos-alfa". Eles eram poucos e desfrutavam de um *status* elevado por terem um papel vital para a comunidade, já que a vida dos demais dependia diretamente de suas aptidões físicas e de seus esforços contínuos.[1]

---

[1] Xavier, T. (2019). Sapiens – O Veredito. *Blog da Ciência*. Recuperado de http://www.blogda-ciencia.com/sapiens-o-veredito/.

Como nem todos possuíam destreza para caça e/ou força, os menos hábeis acabavam por desempenhar papéis menores na pirâmide social. Tenha em mente que, em épocas de difícil sobrevivência, qualquer informação a respeito dos colegas ou do ambiente se tornava fundamental, e, mais do que isso, virava uma moeda de troca e de poder.

É muito provável que tenha surgido nesse momento a fascinação por pessoas mais importantes. Os feitos dos machos-alfa possivelmente alimentavam sonhos e esperanças – coisa que se mantém viva até os dias de hoje.

Mas não eram apenas as habilidades físicas dos machos-alfa que ganhavam destaque – saber algo a respeito de alguém também evocava prestígio e encantava os pares, pois era uma demonstração de inteligência social. Essa inteligência trazia muito poder ao indivíduo, que era capaz de influenciar ou mesmo predizer o comportamento de outros.

Assim, possivelmente, nasceu a fofoca: como uma maneira alternativa de assegurar nossa posição social por meio do poder de revelar informações pouco conhecidas, exercendo, assim, algum tipo de influência pública e obtendo relevância dentro do grupo.

De lá para cá, nada mudou. Esse tipo de comportamento continua servindo, inclusive, como um importante tipo de "cola social" e, às vezes, uma ferramenta de manipulação para isolar aqueles que o "fofoqueiro" não apoia ou com quem não concorda. Embora saibamos muito bem que devemos ter cuidado com aquilo que falamos a respeito dos outros, é praticamente impossível não se envolver nessas ações em nosso cotidiano.

Uma equipe de pesquisadores da Universidade de Amsterdam descobriu que 90% do total de conversas em uma empresa se qualifica como fofoca.[2] Mais um número: pesquisas do Instituto de Tecnologia da Geórgia concluíram que a maledicência representa 15% dos e-mails trocados dentro de uma corporação.[3]

Tanto a pesquisa quanto as experiências daqueles que têm sido alvo de falatório, porém, ressaltam que esse tipo de comportamento pode prejudicar os relacionamentos e criar um clima de medo e ressentimento,

---

[2] Psychology Today (c2019). *How people work together.* Recuperado de https://www.psychologytoday.com/intl/basics/teamwork.
[3] Drexler, P. (2014). Why we love to gossip: the pros and cons of talking about other people, for men and women. Recuperado de https://www.psychologytoday.com/intl/blog/our-gender-ourselves/201408/why-we-love-gossip.

alimentando o estresse (que, como sabemos, causa desde um declínio na produtividade até um aumento nas doenças e no absenteísmo).

Em geral, as fofocas têm as seguintes características:

a. dizem respeito a uma pessoa que não está presente no momento da conversa;
b. versam sobre algo que não é ainda muito conhecido e está relacionado com algum tipo de julgamento moral;
c. aparentam ser inerentemente incontroláveis e irresistíveis.[4]

Embora muito tempo tenha se passado desde os primórdios, quando esse comportamento pode ter sido, de alguma forma, funcional, é importante observar que ainda hoje carregamos as mesmas tendências de nossos ancestrais; mais do que isso, exercitamos nossa indiscrição sobre os demais sem muita consciência – sem contar as pitadas de perversidade, presentes em grande parte das vezes.

Em minha visão, nossas "opiniões" exibem muito pouco da pessoa da qual falamos. Na verdade, elas são muito mais reveladoras de nossas próprias fraquezas, pois usamos esse tipo de recurso para influenciar aqueles que ouvem nossas revelações. Ou seja: a fofoca é um verdadeiro jogo de poder entre aquele que fala e aquele que escuta.

É claro que, nos dias de hoje, não precisamos mais caçar para conseguir um *status* social elevado, mas nossa mente ainda busca atrair a consideração dos demais – de forma tão primitiva quanto nossos distantes ancestrais.

Na verdade, ainda que esse seja um comportamento inerentemente social, ele revela a necessidade inconsciente e perpétua dos seres humanos de procurar sempre se sentirem importantes e aceitos, e, na ausência de feitos prodigiosos, criam-se fatos pouco verídicos sobre a vida dos demais. Essa é, possivelmente, uma característica indicativa de baixa autoestima.

---

[4] Mc Andrew, F. (2008). *The psychology of gossip*. https://www.researchgate.net/publication/235910138_The_Psychology_of_Gossip.

TRÊS PENEIRAS

É famosa a história do aluno que procurou o grande filósofo grego Sócrates, dizendo-lhe que precisava contar algo sobre alguém. Sócrates levantou os olhos do livro que lia e perguntou ao rapaz:
– O que você vai me contar já passou pelas três peneiras?
O aluno, então, indagou:

– Três peneiras?
– Sim! A primeira peneira é a da **verdade**. O que você quer me contar sobre essa pessoa é um fato? Caso tenha apenas "ouvido falar", o assunto deve morrer aqui. Supondo que seja verdade, deve passar pela segunda peneira: a da **bondade**. O que você vai contar é uma coisa boa? Ajuda a construir ou destruir o caminho e a fama do próximo? Se o que você quer contar é verdade e é uma coisa boa, deverá passar ainda pela terceira peneira: a da **necessidade**. Convém contar? Resolve alguma coisa? Ajuda a comunidade? Pode melhorar o planeta?

E Sócrates finaliza:

– Se passou pelas três peneiras, conte! Tanto eu quanto você iremos nos beneficiar. Caso contrário, esqueça e enterre tudo. Será uma fofoca a menos para envenenar o ambiente e fomentar a discórdia entre os irmãos e os colegas do planeta.[5]

---

[5] Sócrates (399 a. C.). *As três peneiras*. Recuperado de https://www.pensador.com/frase/NTU5ODg/.

42
COMPREENDENDO O PAPEL DA ESPIRITUALIDADE NA VIDA

É impossível falar de espiritualidade sem falarmos da crença no divino. Embora ninguém tenha dados precisos a respeito da primeira adoção do conceito de "deus", a relação entre o homem e a divindade é uma das vivências mais antigas, que nos acompanha desde os registros mais antigos de que se têm conhecimento.

Alguns exemplos: na mitologia grega, como rei dos deuses e ocupando o trono dourado no topo do Olimpo, Zeus foi reverenciado por todos como o deus mais importante entre as crenças religiosas, possuindo muitos títulos que enfatizavam diferentes aspectos de sua autoridade;[1] na Bíblia

---

[1] Hipercultura. (2017). *Conheça a história de Zeus, o maior deus da mitologia grega*. Recuperado de https://www.hipercultura.com/a-historia-de-zeus/.

hebraica, são encontradas passagens sobre a existência do primeiro deus do judaísmo;[2] e o culto egípcio se refere ao Deus Sol como o grande criador.[3] A descoberta de concentrações de pólen em túmulos de Neandertais mostra que os cadáveres eram ornamentados com flores, mostrando preocupação com uma possível existência pós-morte e o contato com uma força sobrenatural maior. Além disso, temos artes rupestres e objetos representando o divino que datam de 40 a 50 mil anos atrás.[4]

Um fato, portanto, é certo: o "criador", de uma forma ou de outra, sempre esteve presente, e a percepção de sua existência pelos seres humanos ocorreu graças aos nossos cinco sentidos ou, como descrevem alternativamente alguns, por meio de um "sexto sentido ou canal" que, transcendendo os anteriores, proporcionaria igualmente a vivência da espiritualidade.[5]

ESPIRITUALIDADE

O conceito de espiritualidade amplamente reconhecido envolve a crença em uma força poderosa que controla o universo e o destino da humanidade. Além disso, exercer a espiritualidade no cotidiano está relacionado às maneiras pelas quais as pessoas cumprem o que consideram ser seu propósito maior, ou seja, uma busca pelo sentido mais amplo da vida, pois isso evoca um senso de conexão com o universo.

Assim, a universalidade da espiritualidade pode se estender por meio dos diferentes credos e culturas, mas, ao mesmo tempo, é sentida de forma muito pessoal e única por cada um, pois se relaciona com o sagrado da experiência humana em nossa maior intimidade. A religião é uma forma

---

[2] Biblioteca Nacional de Israel. (1300?). *Bíblia Hebraica*. Recuperado de https://www.wdl.org/pt/item/11363/.
[3] Diana, D. (2018). Rá, Deus do Sol. *Toda Matéria*. Recuperado de https://www.todamateria.com.br/ra-deus-do-sol/.
[4] NPR.org. (2016). *Descoberta aponta que neandertais praticavam rituais religiosos*. Recuperado de https://br.historyplay.tv/noticias/descoberta-aponta-que-neandertais-praticavam-rituais-religiosos.
[5] Spiritual Science Research Foundation. (c2019). What is a spiritual experience. Recuperado de https://www.spiritualresearchfoundation.org/spiritual-practice/spiritual-experiences/spiritual-experience/.

de também exercermos nossa espiritualidade, é claro, porém de maneira mais institucionalizada.[6]

MAS QUAL É A IMPORTÂNCIA DA ESPIRITUALIDADE EM NOSSO COTIDIANO?

Pesquisas já apontaram que nossa relação com a espiritualidade ou religiosidade é favorável ao manejo das tensões da vida e, mais do que isso, benéfica para nossa saúde mental.

Por exemplo, descobriu-se que a religiosidade impedia que as crianças fumassem, bebessem e usassem drogas, amenizando o impacto dos estresses da vida. Uma investigação descobriu que os pais que estavam mais envolvidos nas atividades religiosas eram mais propensos a ter relacionamentos conjugais harmoniosos e melhores habilidades parentais, o que aumentou a competência das crianças, sua regulação emocional, o ajuste psicossocial e, finalmente, o desempenho escolar.

Outro estudo relatou que o baixo nível de religiosidade estava associado ao maior abuso de substâncias em adolescentes. Em um estudo epidemiológico britânico, as práticas ativas envolvendo igreja e religião foram consideradas "protetoras" contra a depressão. Em uma pesquisa sobre o suicídio, na Holanda, foi demonstrado um declínio expressivo na taxa de suicídio após o início das práticas religiosas.[7]

E os resultados positivos não param por aí: níveis mais elevados de religiosidade estão associados a uma melhor saúde mental geral. Em particular, as investigações sugerem que níveis mais altos de crença no divino estão associados a taxas mais baixas de depressão, ansiedade, transtorno do uso de substâncias e comportamento suicida. A religiosidade também está associada a melhor saúde física e bem-estar subjetivo.[8]

---

[6] Verghese, A. (2008). Spirituality and mental health. *Indian journal of psychiatry, 50*(4), 233–237.
[7] Koenig, H. G. (2009). Research on religion, spirituality, and mental health: a review. *The Canadian Journal of Psychiatry*, 54(5), 283-291.
[8] Jablensky, A., Sartorius, N., Ernberg, G., Anker, M., Korten, A., Cooper, J., . . . Bertelsen, A. (1992). Schizophrenia: manifestations, incidence and course in different cultures: a World Health Organization Ten-Country Study. *Psychological Medicine. Monograph Supplement, 20*, 1-97. Recuperado de https://www.cambridge.org/core/journals/psychological-medicine-monograph--supplement/article/schizophrenia-manifestations-incidence-and-course-in-different-cultures--a-world-health-organization-tencountry-study/4C45DDB6CAB367EB9A2DD91E4FEF13C9.

Da mesma forma, outras pesquisas mostram que a presença do sagrado pode melhorar a recuperação de doença mental, ao auxiliar de maneira importante o processo de cura. Por exemplo, um estudo mostrou que a recuperação de doenças mentais graves, como a esquizofrenia, é melhor em países com níveis mais altos de religiosidade.[9] Conclui-se, portanto, que o compromisso "existencial" com uma força divina pode fornecer um maior "senso de coerência", transmitindo um significado profundo à nossa vida cotidiana e uma estrutura organizacional pessoal maior para lidarmos com nossas experiências de vida.[10]

E, finalmente, outros achados indicam que a espiritualidade pode ser importante em momentos de maior estresse e vulnerabilidade, ao se vivenciar mudanças de vida como divórcio ou luto. Nesses casos, a religiosidade aparece como um recurso importante, que auxilia as pessoas a se ajustarem mentalmente às novas e mutantes realidades.[11]

ALGUMAS REFLEXÕES

Ao nos debruçarmos sobre as diversas investigações científicas, torna-se notório a importância da crença em algo superior e o quanto esse processo influencia e altera, positivamente, nossa capacidade de superação, dotando-nos de uma maior resiliência frente às marolas emocionais da vida.[12]

Talvez a dimensão espiritual seja, para muitos, algo desnecessário e irrelevante, que não está presente nas experiências do cotidiano – essa visão é bastante comum. Muitas vezes, porém, essas são as mesmas pessoas que, em momentos de angústia e desespero e quando não têm mais a quem recorrer, se voltam ao sagrado, buscando alguma forma de alívio e conforto. Talvez isso demonstre que até nos níveis mais inconscientes

---

[9] Lindström, B.; & Eriksson, M. (2010). Health assets for young people's wellbeing: the salutogenic perspective. Recuperado de http://grupo.us.es/estudiohbsc/images/pdf/eventos/The%20Salutogenic%20Perspective.pdf.
[10] Whitley, R. ; Drake, R. E. (2010). Recovery: a dimensional approach. *Psychiatric Services, 61*(12), 1248–1250.
[11] Abreu, C. N. (2018). *Por que você deve saber o que é resiliência e colocar o conceito em prática*. Recuperado de https://cristianonabuco.blogosfera.uol.com.br/2018/03/27/por-que-voce-deve-saber-o-que-e-resiliencia-e-colocar-o-conceito-em-pratica/.
[12] Associação Brasileira de Logoterapia e Análise Existencial Frankliana. (c2019). *Viktor Emil Frankl*. Recuperado de https://www.logoterapia.com.br/conteudo.php?cod=viktor.

nossa atonia espiritual funciona como uma forma reprimida de aceitar a espiritualidade como uma importantíssima força latente.

CONSIDERAÇÕES FINAIS

Minha longa jornada como psicoterapeuta – atendendo pacientes de todos os níveis – tem me mostrado, repetidamente, que a grande maioria dos desejos e realizações de nosso cotidiano, quando atingidos, rapidamente perdem o sentido e o propósito, deixando-nos com uma sensação de vazio.

Muitos definem novas metas e dão início a um novo processo de busca, até que, mais uma vez, atinjam o propósito e voltem a ter a sensação de vazio e incompletude. Assim ocorre com o aumento do salário, com promoção no trabalho, com a troca de carro, com a compra de um apartamento, e por aí vai.

É possível, portanto, que o **sentido da vida** seja o grande pano de fundo de nossa existência e que, se não nos preocuparmos verdadeiramente com ele, nossa vida sempre nos parecerá incompleta. As experiências espirituais podem não advir, necessariamente, da religiosidade – um exemplo é o sentimento de unidade que, muitas vezes, experienciamos ao fazer algo maior.[13]

A propósito, se você me permite uma pergunta: como anda a sua espiritualidade?

Pense nisso!

---

[13] Miller, L., Balodis, I. M., McClintock, C. H., Xu, J., Lacadie, C. M., Sinha, R., & Potenza, M. N. (2018). Neural correlates of personalized spiritual experiences. *Cerebral Cortex,* bhy102. Recuperado de https://academic.oup.com/cercor/advance-article-abstract/doi/10.1093/cercor/bhy102/5017785?redirectedFrom=fulltext.

43
POR QUE ALGUMAS PESSOAS USAM MAIS AS REDES SOCIAIS DO QUE OUTRAS?

Essa é uma das questões que mais preocupam os pesquisadores e cientistas do comportamento, e tornou-se uma inquietação ampla e geral: conseguir manejar a tecnologia de maneira adequada.

Em função disso, algumas medidas vêm sendo postas em prática em vários países, como a proibição dos celulares em escolas nos ensinos fundamental e médio,[1] restrição de acesso a alguns *sites* a partir dos computadores de empresas,[2] *softwares* de controle parental instalados nos celulares de crianças, etc. Na maioria das vezes, porém, esses esforços parecem ser ineficazes.

E uma coisa é indiscutível: os usuários claramente "perderam a mão".

---

[1] Chrisafis, C. (2018). French school students to be banned from using mobile phones. *The Guardian*. Recuperado de https://www.theguardian.com/world/2018/jun/07/french-school-students-to-be-banned-from-using-mobile-phones.

[2] Smith, M. (2012). Accessing blocked websites at work – is it worth getting fired over? [Opinion]. *Muo*. Recuperado de https://www.makeuseof.com/tag/accessing-blocked-websites-work-worth-fired-opinion/.

Mas, afinal, o que estaria nas bases do uso descontrolado por parte de algumas pessoas? A pergunta – que até então seguia sem solução – agora é respondida por uma nova pesquisa, apresentada a seguir.

PERSONALIDADE

Descobriu-se que as pessoas mais altruístas e humanitárias apresentam uma menor atração às redes sociais, ou seja, são mais desprendidas; psicologicamente falando, criam um efeito autoprotetor maior frente aos efeitos exercidos pela *web*. Como resultado, tais indivíduos acabam por gastar menos tempo navegando nos *sites*, se comparados àqueles que possuem personalidades mais egocêntricas.[3]

E a razão é bastante simples: pessoas que possuem maiores níveis de altruísmo naturalmente carregam uma habilidade maior de se colocar no lugar dos outros (mais empatia) e, assim, conseguem conectar-se com as pessoas do entorno físico com mais facilidade. Por outro lado, as que são classificadas como possuindo traços de personalidade com maior egoísmo recorrem às conexões digitais, pois, por meio dessas plataformas, conseguem regular com mais facilidade o nível de exposição pessoal, sem tanta ameaça e risco exagerado de revelação.

Esses resultados, porém, não são novidade – pesquisas anteriores já haviam demonstrado que pessoas mais narcisistas usam mais as redes sociais do que pessoas menos narcisistas.[4]

INTELIGÊNCIA EMOCIONAL

Como sabemos, a capacidade de perceber nossas próprias emoções e reagir de maneira adequada a elas (sem muito receio ou insegurança) prediz maiores habilidades de superação das dificuldades cotidianas.

---

[3] Luna, K. (2018). Dealing with digital distraction. *APA – Press Release*. Recuperado de https://www.apa.org/news/press/releases/2018/08/digital-distraction.
[4] University of Würzburg. (2017). Narcissism and social networking. *ScienceDaily*. Recuperado de https://www.sciencedaily.com/releases/2017/04/170418094255.htm.

Assim, as pessoas que foram classificadas com maior grau de manejo de sua emoção, relataram os pesquisadores, usaram as mídias sociais com menor frequência do que aquelas que apresentaram níveis inferiores de inteligência emocional.

Sabe por quê? As pessoas "mais travadas", digamos assim, por se sentirem desconfortáveis em expressar suas emoções e sensações pessoalmente, em vez de fazê-lo de maneira aberta e direta por meio da fala, o fazem melhor por meio das mensagens de texto.

As interações digitais lhes permitem maior tempo para processar informações sociais e, assim, podem escolher com mais cuidado as palavras que serão usadas para denotar seus estados emocionais, sem muito medo e risco.

Portanto, uma menor capacidade de se colocar no lugar dos outros (menor empatia e menor habilidade de transitar pelas próprias emoções), causa uma tendência ao uso das plataformas digitais para os relacionamentos sociais.

ENTENDA O ESTUDO

Para chegar a essas conclusões, os pesquisadores se basearam em quatro pesquisas que compuseram uma amostra total de 1.200 adultos e, assim, utilizaram escalas que avaliavam narcisismo, empatia, inteligência emocional e habilidade de reconhecer as emoções.

A partir dessas variáveis, mediu-se a frequência pela qual os participantes verificavam e postavam nas três maiores plataformas do momento: Facebook, Twitter e Instagram.

O resultado?

Descobriu-se que as pessoas mais empáticas, por exemplo, usaram o Twitter com menor frequência do que aquelas que não eram tão atentas e sintonizadas aos outros. Além disso, aqueles indivíduos que eram mais propensos a se colocar no lugar das outras pessoas não passavam tanto tempo no Facebook e no Instagram quanto os menos empáticos.

Outra descoberta interessante foi que as pessoas que pontuaram alto em um teste de leitura das emoções dos outros também usaram o Twitter e o Facebook com menor regularidade, se comparadas às que pontuaram menos nas escalas de empatia e de inteligência emocional.

CONSIDERAÇÕES FINAIS

O resumo de toda essa discussão revela que quanto mais habilitados formos para interagir cara a cara com as pessoas e com nossas próprias emoções, menor será nossa necessidade de recorrer às plataformas digitais para socializar. Assumimos, inclusive, que o uso das plataformas da *web* seja algo "natural" aos dias de hoje, entretanto, o uso demasiado e sem controle revela certas vulnerabilidades de nossa personalidade e, mais que isso, denota algumas dificuldades do nosso "jeito" de funcionar. É por essa razão que algumas pessoas usam mais as redes sociais do que outras. Tome cuidado, então, com aquilo que você pode, sem muita consciência, estar revelando sobre si mesmo na *web*.

44
COMO MELHORAR NOSSA FORÇA DE VONTADE?

Essa pergunta não interessa apenas a nós, pessoas comuns, mas também a um grande número de pesquisadores que têm, nos últimos anos, realizado investigações para tentar explicar as facetas que compõem nossa habilidade de nos manter firmes em busca de nossos objetivos. A maioria dos cientistas do comportamento, inclusive, tem procurado compreender como a determinação pessoal, que carregamos ao longo de toda a vida, pode ser fortalecida.

Como vimos anteriormente, um experimento clássico, realizado há mais de 40 anos, usou marshmallows para dar início a essas investigações. Nele, se ofereceu a crianças em idade pré-escolar a opção de consumir um doce imediatamente, ou tentarem se controlar para, depois de um determinado tempo, poderem pegar dois.

Descobriu-se que as crianças que olhavam diretamente para os doces apresentavam um menor poder de resistência à tentação, se comparadas àquelas que fechavam os olhos, se afastavam, ou, ainda, se distraíam. Ou seja, as que ficavam mais próximas e em contato direto com os doces fracassavam mais frequentemente. Concluiu-se que manter os estímulos "perigosos" afastados de nossa visão tem o poder de aumentar nosso autocontrole.

A partir desse momento, outros achados importantes começaram a ser descobertos e, atualmente, nos auxiliam no manejo das mais variadas situações. Por exemplo, outra tática útil para melhorar o autocontrole é a "intenção de implementação", que consiste em nos prepararmos antecipadamente para as situações que vão nos colocar em teste, e, por meio desse um simples recurso, aumentarmos a nossa força de manejo. Imagine que você está tentando não beber, mas tem uma festa para ir. De acordo com as pesquisas, descobriu-se que recorrer a certas autoinstruções (pensamentos) pode se tornar uma ferramenta bastante útil.

Nesse caso, poderíamos nos preparar e organizar nossos pensamentos da seguinte forma: "Se alguém me oferecer uma bebida, eu não aceitarei e pedirei uma água ou um refrigerante". Assim, descobriu-se que ter em mente um plano prévio de contra-ataque, empregado por meio das autoafirmativas – do tipo "*se* tal coisa acontecer, *então* agirei desta outra forma" –, permite que tomemos decisões mais sensatas no calor do momento, aumentando, portanto, nossa capacidade de sustentação comportamental e de enfrentamento.

Em outro experimento, pesquisadores pediram aos voluntários que fizessem um regime de duas semanas para medir a ingestão de alimentos, melhorar o humor e aprimorar a postura individual de cada um. No primeiro grupo, os participantes haviam praticado alguns exercícios de autocontrole, ao passo que, no outro grupo, nenhuma técnica foi treinada. O resultado mostrou que os participantes que haviam efetuado os exercícios foram os menos propensos a desistir das tarefas, e, portanto, sua força de vontade se tornou mais robusta.

Em outra investigação similar, descobriu-se que fumantes que praticaram táticas de autocontrole durante duas semanas foram mais bem-sucedidos em parar de fumar do que os de outro grupo, que não praticaram nenhuma atividade.

Um ponto interessante a ser ressaltado é que, ao tentarmos adiar nossas gratificações, não ganhamos apenas robustez psicológica junto aos estímulos situacionais, mas essa "habilidade" se expande para outros níveis de nossa vida.

SISTEMA QUENTE E FRIO

Os experimentos com marshmallows levaram os pesquisadores a desenvolver uma estrutura mais detalhada para explicar a capacidade de retardar nossa gratificação. Denominada "sistema quente e frio", essa metáfora explica por qual razão nossa força de vontade pode ser bem-sucedida ou fracassada.

O sistema "quente" seria o responsável por respostas rápidas, decisões emocionais e impulsivas frente a certos gatilhos – como no caso do exercício dos doces, levar o marshmallow à boca sem refletir muito a respeito das implicações a longo prazo. Já o sistema "frio" é um sistema de pensamento que, incorporando um conhecimento lógico sobre nossos sentimentos, sensações, ações e objetivos – por exemplo, ao lembrar por que não deveríamos comer o marshmallow –, nos faz ter uma previsão mais clara e racional dos desdobramentos futuros de certas ações que tomamos no presente. Enquanto o sistema "frio" é reflexivo, o sistema "quente" é impulsivo e emocional.

Usando uma velha alegoria, o sistema "frio", portanto, seria o anjinho sentado em nosso ombro direito que nos induz a pensar duas vezes antes de agir, ao passo que o sistema "quente" seria o diabinho em nosso ombro esquerdo nos dizendo para agir imediatamente e não pensar nas consequências. Dessa forma, quando nossa força de vontade (sistema "frio") falha, o comando do sistema "quente" anula o sistema frio, levando-nos a agir de maneira mais impensada.

O que não se sabia, mas foi então descoberto, é que a habilidade de manejar os sistemas "frio" e "quente" não influenciou as pessoas apenas durante os experimentos, mas permaneceu ativa nos sujeitos durante toda a vida.

Quando os pesquisadores do experimento do marshmallow buscaram as crianças novamente, descobriram que aqueles que tinham esperado mais pelos doces na fase pré-escolar agora, já na adolescência, se saíam melhor em testes gerais de habilidades; seus pais relatavam suas habilidades em lidar com as situações, sendo mais propensos a classificá-los como tendo uma maior capacidade de planejamento, enfrentamento do estresse e exibição de maior autocontrole, se comparados aos demais.

Mas o estudo dos marshmallows não terminou aí. Recentemente, os pesquisadores buscaram e conseguiram achar 59 das crianças que participaram dos experimentos, agora com 40 anos. Os pesquisadores, claro, não deixaram a oportunidade passar e testaram novamente a força de vontade dos participantes, por meio de uma tarefa de laboratório que tinha como objetivo medir o autocontrole em adultos. Os achados? Veja que interessantes: a força de vontade dos participantes se manteve inalterada por mais de quatro décadas – em geral, as crianças que tiveram menor sucesso em resistir aos marshmallows foram as que menos pontuaram nas tarefas que avaliavam o autocontrole em adultos, revelando que essa habilidade, na verdade, pode persistir por muito tempo.

CONSIDERAÇÕES FINAIS

Assim como nosso corpo, que é reforçado pelo exercício regular, o autocontrole psicológico pode melhorar nossa força de vontade ao longo do tempo, se praticado e empregado com a devida consciência. Mais do que isso, a robustez de empenho que mostramos das menores às maiores coisas, no fundo, nada mais é do que a capacidade de resistirmos às gratificações de curto prazo para que possamos colher metas e objetivos maiores a longo prazo. Estamos falando, em outras palavras, da resiliência psicológica, tão importante atualmente.

A força de vontade, conforme vimos, não só revela uma capacidade de manejo pontual em situações específicas, mas também está correlacionada a resultados positivos em vários outros domínios de nossa existência, como melhor desempenho acadêmico, maior autoestima, menores taxas de abuso de substâncias, maior segurança financeira e melhor saúde física e mental, conforme apontam várias pesquisas científicas.

Assim, se a habilidade de nos autocontrolarmos se torna incorporada em nossa personalidade, por que não tentamos, de uma vez por todas, começar a executar nossas pendências, em vez de sempre procrastinarmos com uma desculpa qualquer?

Caso você ainda não tenha se dado conta, é possível que todas as vezes em que falhamos nas pequenas coisas de nosso cotidiano – por exemplo, fazer uma pequena dieta ou estudar um pouco mais –, na verdade, estejamos consolidando uma tendência enfraquecida, que trará dificuldades a longo prazo.

Pense nisso como um estímulo para aperfeiçoar sua força de vontade e, mais do que nunca, melhorar a si mesmo.

45
O QUE AS MÍDIAS SOCIAIS ESTÃO FAZENDO COM NOSSA AUTOESTIMA E BEM-ESTAR?

Cerca de 3 bilhões de pessoas, ou seja, 40% da população mundial, usam as mídias sociais *on-line* o tempo todo. De acordo com alguns relatórios, estamos gastando em média duas horas por dia compartilhando, curtindo, tuitando e atualizando todas as plataformas das quais participamos.

Caso você ainda não saiba, isso representa cerca de meio milhão de *tweets* e fotos do Snapchat sendo compartilhados a cada minuto.[1] Com as mídias sociais desempenhando um papel tão importante em nossas vidas, estaríamos gastando o nosso tempo de maneira inútil e afetando, assim, a nossa autoestima e o nosso bem-estar?

---

[1] Brown, J. (2018). Is social media bad for you? The evidence and the unknowns. *BBC*. Recuperado de http://www.bbc.com/future/story/20180104-is-social-media-bad-for-you-the-evidence-and-the-unknowns.

AUTOESTIMA

De acordo com uma pesquisa realizada junto a 1.500 pessoas, metade dos jovens – com idades variando entre 18 e 34 anos – diz que navegar nos *sites* de mídia social faz com que se sintam pouco atraentes e inadequados.[2] Outro estudo sugeriu, ainda, que a visualização de *selfies* de outras pessoas desencadeava uma diminuição imediata da autoestima. Basicamente, porque acabamos nos comparando aos demais, que, além de serem mais atraentes, parecem estar mais felizes.

Investigações conjuntas de três universidades (Universidade de Strathclyde, Ohio e Iowa) também descobriram que, em um grupo de 881 mulheres, aquelas que olhavam *selfies* de outras mulheres acabavam por se sentir inferiorizadas.[3] O mesmo aconteceu em outra pesquisa, conduzida na Suécia, junto a mil usuárias do Facebook.[4]

E por que isso acontece?

Se formos tomar por base a mídia tradicional impressa, por exemplo, as modelos usadas são pessoas distantes de nosso convívio – e são exemplos de beleza e sucesso. Entretanto, nas mídias sociais, aqueles que vemos como bonitos e bem-sucedidos são, muitas vezes, pessoas que já conhecemos. Isso contribuiria para a construção de um processo de inferiorização pessoal.

Preciso lembrar, ainda, que nossa imagem corporal é parte central de nossa autoimagem, pois é também a partir dela que construímos nosso senso de identidade. Ou seja: não se trata de uma questão de simples vaidade pessoal, mas algo real e muito importante para nós. Em um momento em que estamos amadurecendo e buscando consolidar maneiras de assegurar nossa aceitação grupal, acabamos por sentir uma imensa pressão social para estarmos equiparados aos demais, o que podemos acabar não conseguindo. E, ao termos nossa autoestima afetada, também sentimos abalado o nosso senso de bem-estar.

---

[2] Briggs, H. (2014). 'Selfie' body image warning issued. *BBC*. Recuperado de https://www.bbc.com/news/health-26952394.
[3] Arampatzi, E., Burger, M. J., Novik, N. (2018). Social network sites, individual social capital and happiness. *Journal of Happiness Studies, 19* (1), 99–122.
[4] Denti, L., Barbopuolos, I., Nilsson, I., Holmberg, L., Thulin, M., Wendeblad, M., ... Davidsson, E. (2012). Sweden's largest facebook study. *Gothenburg Research Institute*. Recuperado de https://gupea.ub.gu.se/bitstream/2077/28893/1/gupea_2077_28893_1.pdf.

BEM-ESTAR

Um estudo mais antigo se debruçou sobre essa dimensão. Para avaliar o bem-estar dos internautas, montou-se um grupo de 80 pessoas para um experimento com duração total de 14 dias. Nele, os pesquisadores enviaram mensagens de texto cinco vezes por dia a cada participante. A cada mensagem, eles eram questionados sobre (a) como se sentiam e (b) quanto tempo haviam usado o Facebook desde a última mensagem que haviam recebido.

SABE DO RESULTADO?

Quanto mais tempo as pessoas passavam navegando no *site*, pior se sentiam. Ou seja: com o passar do tempo, a satisfação que tinham com a própria vida diminuía. No entanto, em ciência, nem sempre os achados são compatíveis e lineares. Um exemplo é outra pesquisa, realizada pelo Departamento de Marketing da Universidade da Pennsylvania, nos Estados Unidos. Nela, os pesquisadores descobriram que, para algumas pessoas, as mídias sociais podem ajudar a aumentar o bem-estar.[5]

Os pesquisadores revelaram que as redes sociais, muitas vezes, podem reproduzir alguns mecanismos de uma psicoterapia. Ou seja, aquelas pessoas que já são emocionalmente mais instáveis são as mesmas que exibem uma maior propensão de postar sobre suas emoções negativas, o que pode, muitas vezes, ajudá-las a receber um maior apoio e atenção. Isso, teoricamente, exerce uma função positiva no processo de recuperação das vivências negativas.

CONSIDERAÇÕES FINAIS

No geral, os efeitos da mídia social sobre nossa autoestima são negativos e, no que diz respeito ao nosso bem-estar, ambíguos. Contudo, existem mais

---

[5] Buckingham, D., & MacArthur, C. T. (2007). Why youth (heart) social network sites: the role of networked publics in teenage social life. *Berkman Center Research Publication*, 16. Recuperado de https://papers.ssrn.com/sol3/papers.cfm?abstract_id=1518924.

evidências consolidadas do impacto negativo sobre o bem-estar daquelas pessoas que são naturalmente mais isoladas do ponto de vista social.

Como conseguimos manipular a imagem social que veiculamos a nosso respeito – se comparada à nossa realidade da vida concreta – pensamos que nossos relacionamentos virtuais talvez sejam mais marcados pela autodecepção e pelos sentimentos negativos do que ocorre na vida real.

Em um estudo conduzido em Berlim, envolvendo 600 adultos, os usuários do Facebook foram pesquisados em relação a seus sentimentos. Cerca de um terço afirmou que as mídias sociais os fizeram sentir mais emoções negativas – principalmente frustração – do que positivas. Além disso, a inveja foi a principal delas (lembre-se de que hoje temos informações privilegiadas a respeito dos outros).[6]

Nesse sentido, é importante que tenhamos consciência ao usar essas plataformas, pois de que vale transitarmos por elas se não saímos nos sentindo bem?

Enquanto adultos, talvez tenhamos mais maturidade e bom senso, mas e as crianças e jovens, que gastam muito mais do que duas horas *on-line* todos os dias?

Acredito que é muito importante ficarmos atentos. Afinal, as mídias sociais estão mexendo, definitivamente, com nossa autoestima e nosso bem-estar.

---

[6] Bruxmann, P.; Krasnova, H. (2013). Facebook makes users envious and dissatisfied. Humboldt-Universität. Recuperado de https://www.hu-berlin.de/en/press-portal/nachrichten-en/archive/nr1301/nr_130121_00.

46
A PSICOLOGIA POR TRÁS DA DEMISSÃO PROFISSIONAL

Uma das questões que mais afeta nossa saúde mental é viver uma ameaça na identidade profissional. Lidar com a possibilidade de uma demissão pode ser altamente desorientador, e, caso sejamos de fato afastados, **a sensação é a de que o chão está se abrindo sob os nossos pés.**

Como se não bastasse lidar com essa montanha-russa de sentimentos, vivemos em um momento no qual todos compartilham praticamente tudo nas redes sociais, o que gera ainda mais constrangimento e inibição, já que é quase impossível manter o ocorrido em segredo.

Um estudo conduzido pelo Bureau of Labor Statistics, dos Estados Unidos, mostra que **uma pessoa mudará de emprego cerca de 12 vezes em sua carreira, em média.** Contudo, ainda que seja algo "esperado" e até natural na vida profissional de todos, isso não diminui a tensão envolvida nas rupturas dos planos profissionais.[1]

---

[1] Doyle, C. (2019). How often do people change jobs? *Dash*. Recuperado de https://www.the-balancecareers.com/how-often-do-people-change-jobs-2060467.

Ainda que a maioria das mudanças seja originada pelo funcionário, uma vez que o tempo médio de trabalho dos empregados em suas funções, nos dias de hoje, é de aproximadamente 4,2 anos, outras alterações de percurso podem resultar diretamente nessa dispensa profissional.[2,3]

No Brasil, com uma economia incerta, a perda de emprego pode ser devastadora por vários motivos; o mais evidente é o corte súbito de renda em um momento em que as pessoas estão lutando para sobreviver.

OLHANDO MAIS ALÉM

O abalo do *status* é outro problema real com que todos, sem exceção, sofrem. Como sabemos, muito de nossa imagem social está diretamente associado à identidade que cada um sustenta ao longo da vida, e, assim, a perda de um emprego é sentida como **uma supressão concreta de poder e de prestígio**, principalmente por aqueles que conectam o trabalho a outras áreas, como, por exemplo, os círculos sociais.

Outro elemento que provavelmente será afetado é o nosso autoconceito. Para muitas pessoas, ser demitido equivale à remoção súbita do valor pessoal, pois este "núcleo de valor" não desestruturará apenas a identidade profissional, mas também a imagem que sustentamos frente ao mundo. Assim, ser compulsoriamente dispensado de um emprego (e sofrer um corte de renda) também pode levar a um forte sentimento de fracasso e de culpa: fracasso por não conseguir mudar ou mesmo prever o rumo dos acontecimentos, e culpa por não estar mais apto a continuar oferecendo o conforto econômico para a família, tornando-se, dessa forma, o responsável direto pelas ondas de estresse e incerteza vividas por todos.

E, finalmente, a pior parte: lidar com a montanha-russa de sentimentos que começamos a experimentar, sem muito controle ou direção emocional.

---

[2] United States Department of Labor. (2018). *Employee tenure summary*. Recuperado de https://www.bls.gov/news.release/tenure.nr0.htm.
[3] Doyle, C. (2019). The worst times to quit your job. *Dash*. Recuperado de https://www.thebalancecareers.com/worst-times-to-quit-your-job-4137842.

AS MAROLAS EMOCIONAIS

A primeira emoção que pode aparecer naqueles que são demitidos é a sensação de choque, que acompanha, invariavelmente, uma profunda desorientação interna. O que faremos? Será que podemos criar outra oportunidade? E toda aquela avalanche de perguntas e questionamentos que rapidamente cruzam nossa mente, deixando-nos temporariamente atordoados.

Após esse abalo inicial, de maneira inevitável, abre-se espaço para a entrada de outra emoção: a raiva. Possivelmente, sentiremos uma raiva intensa, que será dirigida ao empregador, à empresa e a tudo que envolve a corporação – pelo menos no nível do pensamento. Claro, por mais que algumas pessoas tenham criado condições adversas que levaram à demissão, ninguém tem estrutura emocional para assumir, internamente, o ocorrido. **Assim, o sentimento de indignação permanecerá por algum tempo.**

A terceira etapa desse trânsito emocional é o surgimento de uma sensação de humilhação. Novas perguntas aparecem, como, por exemplo: "como vou dizer isso a outras pessoas?", "depois de tudo que eu fiz para a empresa, como fui demitido?", "justo eu, que tanto fiz por eles", etc. E assim, segue-se outra sucessão de questionamentos.

Nesse momento, é como se nossa "caixa de pandora pessoal" fosse aberta e de lá saíssem, descontroladamente, todos os tipos de pensamentos negativos a respeito de nossa falta de valor, incapacidade e despreparo, reavivando fortemente nossos antigos e primitivos esquemas mentais de desvalia.

Embora muitos desconheçam, a raiva não expressa leva à depressão, e, com ela, surge uma grande onda de desapontamento com a vida profissional e com nós mesmos. Começamos, muitas vezes, a pensar que nunca fomos felizes, e uma série de julgamentos ácidos surgem a nosso respeito.[4]

E, claro, o desapontamento abre espaço para a sensação de culpa, ou seja, pesar por não termos previsto a demissão, arrependimento por não termos feito nada para evitá-la e, finalmente, lamentação por não termos saído antes e com a cabeça erguida.

---

[4] Greenberg, L. S.; Paivio, S. C. (2003). *Working with emotions in psychotherapy*. New York: The Guilford.

Muitos permanecem nesse círculo vicioso por longos períodos de tempo, o que tem a força de aniquilar algumas das tentativas e dos ensaios mentais de mudança.

DE OLHOS ABERTOS

Portanto, embora todos esses sentimentos citados sejam completamente normais, eles também podem, em função da situação, ser autodestrutivos, no sentido de que essa negatividade cria um impacto perigoso no resultado de nossas ações frente às demissões.

Sabemos que nossas percepções dos fatos têm um impacto poderoso em nosso pensamento e comportamento, e, assim, quanto mais inativos permanecermos nesse momento, maiores serão as chances de ficarmos em um estado de anestesia emocional, diminuindo a probabilidade de um resultado positivo.

Em contrapartida, se a negatividade for substituída por uma perspectiva mais proativa de pensamentos e emoções, maiores serão as chances de realizarmos um trânsito emocional mais ágil e adaptativo.

O QUE FAZER, ENTÃO?

A psicologia científica sugere que a "ação" é uma das mais poderosas armas de confronto e de contorno dos períodos mais difíceis de nossa vida. Assim, tenha em mente:

a. **Evite o pânico, pense.** Embora um grau moderado de ansiedade tenha sido consistentemente considerado um motivador, o pânico só piorará a situação. Ninguém faz boas escolhas enquanto está em estado de pânico e aflição psicológica, e, assim, as boas oportunidades podem ser perdidas se agirmos apenas pelo calor do momento.[5]
b. **Evite o isolamento, conecte-se.** Embora "dar um tempo" a si mesmo para refletir sobre o passado e descobrir novas direções para o futuro

---

[5] Carter, S. B. (2011). Seven things to avoid after being fired. *Psychology today*. Recuperado de https://www.psychologytoday.com/us/blog/high-octane-women/201108/seven-things-avoid-after-being-fired.

seja importante, isso **não deve** ser feito com o sacrifício das conexões com as pessoas queridas, com amigos e colegas que, quase sempre, forneçam apoio e, mais do que isso, novas ideias e oportunidades futuras de emprego por meio da sua rede de relacionamentos.[6]

c. **Evite deixar as emoções negativas te consumirem, controle-se.** Embora você não deva, necessariamente, ficar gestando emoções assim, é importante não permitir que elas se tornem predominantes em sua mente. Raiva, amargura e tristeza são emoções comuns vivenciadas após uma demissão, mas permanecer nesses sentimentos negativos pode roubar uma energia valiosa que poderia ser melhor utilizada para encontrar outras oportunidades.[7]

d. **Evite pensamentos rígidos, atenção.** Por exemplo, você pode achar que não vale a pena buscar um trabalho temporário, mas isso pode ser necessário se estiver precisando de dinheiro. Além disso, as oportunidades transitórias, às vezes, abrem as portas para oportunidades permanentes. Assim, como diz o velho ditado, tentar pensar "fora da caixa" poderá trazer bons resultados.[8]

e. **Evite letargia e inatividade, mova-se.** É natural ficar inativo quando você está deprimido, mas, se possível, resista a essa tendência. Faça tudo o que puder para manter ou iniciar algum tipo de programa de atividades físicas, por exemplo. Isso será um valioso aliado na distração dos pensamentos negativos, bem como terá efeitos fisiológicos positivos, pois melhora nosso autoconceito.[9]

Se nenhuma dessas ideias funcionar e a negatividade continuar presente, abra-se emocionalmente sobre suas sensações para sua família e/ou para amigos íntimos, pois **essa é uma estratégia fundamental.** Em alguns

---

[6] Brody, J. E. (2017). Social interaction is critical for mental and physical health. *The New York Times.* Recuperado de https://www.nytimes.com/2017/06/12/well/live/having-friends-is-good-for-you.html.

[7] Halvorson, H. G. (2017). Yes, you can stop thinking about it. *Psychology today.* Recuperado de https://www.psychologytoday.com/us/blog/the-science-success/201004/yes-you-can-stop-thinking-about-it.

[8] Growth Engineering (2017). Why you should think outside the box. Recuperado de https://www.growthengineering.co.uk/thinking-outside-the-box/.

[9] Whitbourne, S. K. (2014). Build your self-esteem with these 3 simple exercises. *Psychology Today.* Recuperado de https://www.psychologytoday.com/us/blog/fulfillment-any-age/201404/build-your-self-esteem-these-3-simple-exercises.

casos, buscar algumas consultas pontuais com um psicólogo poderá fazer toda a diferença.

CONSIDERAÇÕES FINAIS

Para a maioria das pessoas, uma demissão normalmente é vista, depois de um tempo, como um importante divisor de águas em nossa vida. Embora seja muito desconfortável no momento em que ocorre, é um ótimo ensejo para que se descubram novas oportunidades.

Lembre-se: muitas vezes, aprendemos mais com os reveses do que com os períodos de bonança.[10] Assim, use suas paixões e seus pontos fortes para começar uma nova jornada. Nunca se sabe, de fato, aonde podemos chegar – pense nisso.

---

[10] Vozza, S. (2015). Why Getting Fired Can Be Critical To Success As A Leader. *Fast company*. Recuperado de https://www.fastcompany.com/3052250/why-getting-fired-can-be-critical-to--success-as-a-leader.

47
A RADIAÇÃO DO CELULAR PODE PREJUDICAR SUA MEMÓRIA

Não é de hoje que alertas a respeito dos efeitos negativos da exposição à radiação eletromagnética não ionizante – aquela emitida pelos telefones celulares – têm sido repetidamente veiculados.

Problemas ligados aos maiores riscos de aborto espontâneo durante a gravidez, por exemplo, já foram descritos como consequência desse uso; outras pesquisas apontaram que a utilização do celular na gestação aumenta a probabilidade de as crianças apresentarem hiperatividade e falta de atenção na primeira infância; outra, ainda, estabelece que o uso excessivo de celular por mulheres grávidas foi associado ao baixo peso entre os recém-nascidos, embora alguns pesquisadores considerem os resultados inconclusivos.[1,2,3,4]

Um novo estudo, entretanto, procurou analisar o efeito da exposição às radiações emitidas pelo celular na memória de um grupo de jovens. A investigação, realizada junto ao Swiss Tropical and Public Health Institute, na Suíça, analisou a relação entre a exposição à radiação e o desempenho da memória de 700 adolescentes, com idades entre 12 e 17 anos, durante 1 ano.[5]

Apontou-se que o efeito dessa radiação pode ser, sim, acumulativo (ao longo dos 12 meses, conforme avaliou a pesquisa) e que pode ter um resultado negativo no desenvolvimento e no desempenho da memória "figurativa" desses adolescentes, ou seja, um efeito nocivo àquele tipo de arquivo mental que retém a "representação" das experiências da vida (sons, cores, odores e suas associações).

Ainda segundo a investigação, uma vez que, quando fazemos uma chamada, usamos o telefone muito mais do lado direito da cabeça – local onde ocorrem os registros desse tipo de memória no cérebro –, a radiação recebida poderia criar um prejuízo nessas funções cognitivas. Outra pesquisa já havia relatado a redução do desempenho da memória (figurativa e verbal), ao longo de 1 ano, junto a um outro grupo de 439 adolescentes suíços.[6]

---

[1] Kogan, S., Zeng, Q., Ash, N., & Greenes, R. A. (2001). Problems and challenges in patient information retrieval: a descriptive study. *Proceedings. AMIA Symposium*, 329-333. Recuperado de https://www.ncbi.nlm.nih.gov/pmc/articles/PMC2243602/.

[2] Abreu, C. N. (2017). *Celular e gravidez: quanto maior o uso, maiores são as chances de problemas*. Recuperado de https://cristianonabuco.blogosfera.uol.com.br/2017/08/09/celular-e-gravidez-quanto-maior-o-uso-maiores-sao-as-chances-de-problemas.

[3] Lu, X., Oda, M., Ohba, T., Mitsubuchi, H., Masuda, S., & Katoh, T. (2017). Association of excessive mobile phone use during pregnancy with birth weight: an adjunct study in Kumamoto of Japan Environment and Children's Study. *Environmental health and preventive medicine*, 22(1), 52. Recuperado de https://www.ncbi.nlm.nih.gov/pmc/articles/PMC5664573/.

[4] Naeem, Z. (2014). Health risks associated with mobile phones use. *International Journal of Health Sciences*, 8(4), V–VI. Recuperado de https://www.ncbi.nlm.nih.gov/pmc/articles/PMC4350886/.

[5] Foerster, M.,Thielens, A., Joseph, W., Eeftens, M.,& Röösli, M. (2018). A prospective cohort study of adolescents' memory performance and individual brain dose of microwave radiation from wireless communication. *Environmental Health Perspectives*, 126, 7.

[6] Schoeni, A., Roser, K., & Röösliab, M. (2015). Memory performance, wireless communication and exposure to radiofrequency electromagnetic fields: a prospective cohort study in adolescents. *Environment International*, 85, 343-351. Recuperado de https://www.sciencedirect.com/science/article/pii/S0160412015300659?via%3Dihub.

Em resumo: enquanto esperamos que novas pesquisas possam nos oferecer melhores diretrizes e mais segurança no uso desses aparelhos, vamos usar e abusar dos fones de ouvido e das chamadas no viva-voz – principalmente quando o sinal do celular estiver nos níveis mais baixos, pois é quando a radiação aumenta.

48
A DIFÍCIL TAREFA DE CONVIVER COM OS "DONOS DA VERDADE"

Você já deve ter cruzado com uma pessoa dessas em sua vida – talvez até tenha alguém assim próximo a você –, e, portanto, sabe o quanto é delicada a interação com aqueles que se acham os detentores da verdade. Podemos até tentar expor nossa opinião ou ponto de vista, mas, no fim das contas, o outro sempre acabará puxando a linha de raciocínio para o seu lado e tentará, a todo custo, nos convencer de que estamos errados.

E você, leitor, sabe o que está por trás desse tipo de personalidade? É algo bem simples, me acompanhe.

Como você já deve saber, o cérebro, ao longo de seu desenvolvimento, vai interpretando as situações à sua volta e, assim, elaborando as crenças – que no começo são mais primitivas, e depois se tornam mais complexas – sobre as pessoas e o meio em que vivem. Esses "juízos de valor", como são chamados, são pacotes de informação que nos acompanham ao longo de nosso crescimento e vão, aos poucos, se aglutinando, criando um amplo e poderoso sistema de interpretação mental, ou seja, um verdadeiro filtro pelo qual passam todas as nossas experiências de vida.

Nele, há opiniões a respeito dos mais variados assuntos, como nossa orientação religiosa, política, afetiva, comportamental, de gênero, entre outros. Para que esse sistema possa funcionar adequadamente, procuramos sempre manter uma coerência entre todos esses valores.

Vamos a um exemplo: um homem machista, para preservar sua opinião de superioridade perante as mulheres, sempre apontará em sua parceira algum aspecto que "justifique" a ideia de desigualdade. Assim, poderá dizer que seu trabalho é "mais importante do que o dela"; que "sem ele, a família estaria em dificuldade"; ou ainda, acreditar que é papel exclusivo da esposa cuidar integralmente da educação dos filhos, uma vez que ele já colabora financeiramente.

Perceba que tais julgamentos, neste caso, se baseiam o tempo todo em uma premissa inicial da existência de um desnível entre gêneros, que reforça a posição "natural" de inferioridade da esposa, perpetuando, dessa maneira, a "coerência" desse sistema mental de julgamentos e interpretações.

MAS O QUE MUDA NAS PESSOAS "DONAS DA VERDADE"?

O processo de busca de harmonia de nossas crenças é bastante comum e natural a todos, pois sempre procuramos agir de forma a manter essa integridade entre as ideias. Junto às pessoas mais radicais e inflexíveis – as "donas da verdade" –, porém, essa "estabilidade" de juízos, digamos, é muito mais quebradiça, gerando, frente às ideias existentes, concepções e modelos mais rígidos e inflexíveis à mudança.

O processo é semelhante às cordas de uma raquete de tênis, por exemplo: quanto menos cordas existirem nesse encordoamento, mais "esticadas" elas precisarão estar para poder dar conta de rebater as bolas que lhe serão arremessadas. Por outro lado, no caso de um encordoamento com mais fios, essa disposição exigirá uma menor "tensão" (ou tração) entre todos eles, pois são mais eficazes no conjunto.

A personalidade mais rígida, assim, deriva de um sistema interno de coesão de valores que é estruturado com "menos cordas", o que colabora para que seus princípios se apoiem em apenas alguns fios de tensão, fazendo a raquete ser mais exigida durante o jogo e, portanto, mais vulnerável a ficar danificada (se comparada àquelas que são mais flexíveis e com mais cordas).

Vejo isso todos os dias em meu consultório: as pessoas mais radicais em suas opiniões são aquelas que apresentam os maiores graus de inseguranças e inquietudes. As pessoas mais equilibradas e mais maduras, por outro lado, são aquelas que mesmo após cometer erros de comportamento, que são inevitáveis, ainda conseguem rir de sua insensatez, sem que suas identidades sejam abaladas.
Fez sentido agora?

COMO A INTOLERÂNCIA ENTRA NESSA EQUAÇÃO

Infelizmente, esse tipo de "limitação" ou viés de interpretação – algo aparentemente tão pequeno – também é encontrado nas engrenagens de um problema muito maior: a intolerância.

Eu explico. Essa falta de aceitação da diferença constitui as maiores tragédias registradas pela humanidade, já que muito sangue foi derramado sob a justificativa de uma presumida "superioridade" de um povo em relação a outro, da "supremacia" de certa cor de pele ou gênero, da "hegemonia" de uma linhagem religiosa sobre as demais, etc.

Assim, no dia em que conseguirmos desenvolver um pouco mais de empatia e formos capazes de entender que não existe apenas um *uni*verso, mas sim um *multi*verso – ou seja, infinitas possibilidades e ilimitados pontos de vista –, conseguiremos incluir as diferenças, vê-las como ameaças diretas à nossa identidade.

Para concluir, eu diria que a difícil tarefa de conviver com os donos da verdade denuncia, igualmente, um pouco de nosso despreparo em aceitar pontos de vista que não estão alinhados ao nosso. Assim como eles, nós também precisamos urgentemente entender que, no fundo, o homem expressa muito mais suas limitações do que suas possibilidades. Portanto, podemos oferecer apenas o que possuímos. Um posicionamento distinto do nosso é apenas uma opinião divergente, e compreender isso já é um grande passo. É possível que nós, muitas vezes, sejamos os "donos da verdade", mesmo sem perceber.

49
CELULAR E *TABLET* ESTÃO ASSOCIADOS AO ATRASO NA FALA DAS CRIANÇAS

Talvez não seja nenhuma surpresa nos depararmos com crianças segurando celulares, *tablets* e computadores em restaurantes, parques e outros espaços.

E os pais, de maneira orgulhosa, estimulam essa prática por acreditarem que o contato precoce com os eletrônicos pode levar seus filhos a um melhor desenvolvimento cognitivo ou, muitas vezes, por terem alguma necessidade extra de tempo para se dedicarem às tarefas pessoais ou domésticas.[1]

E, dessa forma, a vida segue. Crianças interagindo com os eletrônicos, o que traz entretenimento e sossego. Certo?

Errado. Apesar de ser algo comum, é extremamente errado.

---

[1] Eisenstein, E., Abreu, C. N., & Estefenon, C. G. B. (2013). *Vivendo esse mundo digital: impactos na saúde, na educação e nos comportamentos sociais.* Porto Alegre: Artmed.

Uma pesquisa conduzida em Toronto, no Canadá, examinou 894 crianças, com idades variando entre 6 meses e 2 anos, por um período de 5 anos.[2] Os pais, quando entrevistados, relataram a quantidade de tempo que seus filhos, aos 18 meses de idade, gastavam usando os dispositivos. Na sequência, os pesquisadores utilizaram alguns critérios científicos de avaliação para mensurar o desenvolvimento de linguagem que essas crianças apresentavam, incluindo, por exemplo, a utilização de sons ou palavras para chamar a atenção dos pais ou pedir ajuda, entre outras ações e comportamentos frequentes nessa fase.

A investigação revelou que 20% das crianças gastavam, em média, 28 minutos por dia junto aos eletrônicos. **A cada aumento de 30 minutos nesse tempo diário foi associado um acréscimo de 49% no risco de atraso no desenvolvimento da fala.** O estudo, entretanto, não encontrou qualquer ligação entre o uso de dispositivos portáteis com outras áreas de comunicação, como linguagem corporal e interação social e com o entorno.

Nessa fase, o tipo de estimulação recebida pelo cérebro infantil deixará impressões (positivas e negativas) no cérebro da criança até o fim da adolescência, ou seja, quanto maior for a incitação resultante dos contatos e das interações sociais, maior será a possibilidade de um melhor desenvolvimento intelectual da criança.[3]

Os cientistas descobriram que quanto maior for o estímulo mental recebido pela criança na primeira fase da vida, mais desenvolvidas serão as partes de seu cérebro dedicadas à linguagem e à cognição.

No trato com as crianças, portanto, em vez dos eletrônicos, priorize as atividades infantis mais tradicionais, como livros (que ensinam sobre cores, números, letras...), desenhos, brinquedos educativos e instrumentos musicais.[4]

E o mais importante: lembre-se de que quanto mais apoio emocional e cuidado a criança receber, maiores serão suas habilidades emocionais,

---

[2] American Academy of Pediatrics (2017). Handheld screen time linked with speech delays in young children. *EurekAlert*. Recuperado de https://eurekalert.org/pub_releases/2017-05/aaop-hst042617.php.
[3] Jha, A. (2012). Childhood stimulation key to brain development, study finds. The Guardian. Recuperado de https://www.theguardian.com/science/2012/oct/14/childhood-stimulation-key--brain-development.
[4] National Literacy Trust. (2017). *10 reasons why play is important*. Recuperado de https://literacytrust.org.uk/resources/10-reasons-why-play-important/.

que continuarão presentes ao longo de toda a vida.[5] O desenvolvimento do córtex cerebral no fim da adolescência está intimamente correlacionado com a estimulação recebida na infância.[6]

CONSIDERAÇÕES FINAIS

Os primeiros anos de vida são, definitivamente, determinantes; portanto, não deixe que um eletrônico ocupe o lugar de um pai ou de uma mãe.

E não esqueça: quanto maior o tempo gasto na frente da tela dos computadores ou celulares, maior a probabilidade de seu filho apresentar atrasos expressivos na fala.

É bem provável que estejamos entrando em uma fase da humanidade em que tudo vai nos empurrar em direção à tecnologia; isso pode ser muito interessante, desde que seu uso seja equilibrado e sensato – o que não parece estar ocorrendo.[7]

---

[5] Abreu, C. N. (2010). *Teoria do apego: fundamentos, pesquisa e implicações clínicas.* (2. ed.). São Paulo: Escuta.
[6] Young, K. S., Abreu, C. N. (2019). *Dependência de internet em crianças e adolescentes: fatores de risco, avaliação e tratamento.* Porto Alegre: Artmed.
[7] Alves, T. (2016). The Problem With Technology In Today's Society. *Odyssey.* Recuperado de https://www.theodysseyonline.com/problem-technology-todays-society.

50
CONTROLE SUA RAIVA, ANTES QUE A RAIVA CONTROLE VOCÊ

Aqui está um sentimento frequente em nosso cotidiano – mais do que deveria, acredito. Mas, por várias razões, é ainda uma questão desconhecida pela maioria das pessoas, mesmo que quase todos experimentem essa reação vez ou outra.
  Creio que vale a pena saber um pouco mais a respeito. Acompanhe-me.

A NATUREZA DA RAIVA

A raiva é uma emoção básica produzida pela nossa amígdala cerebral – o centro identificador do perigo –, e, uma vez disparada, pode variar de intensidade, começando em uma leve irritação, passando por uma frustração mais intensa e até mesmo atingindo um grande estado de fúria.
  Assim como nas outras emoções mais primitivas – a tristeza e o medo –, sua manifestação é acompanhada por importantes mudanças fisiológicas,

como frequência cardíaca aumentada, pressão sanguínea elevada e intensa liberação de alguns hormônios.

Proveniente de vários estímulos, ela pode ser "acionada" por fatores externos, como uma exaltação causada por alguém que nos trata de maneira desrespeitosa, ou por fatores internos, como nos recordarmos de um evento passado do qual nos arrependemos por ter agido de "cabeça quente".

Em outras palavras, a raiva tem como função colocar o corpo em prontidão para agir, ou seja, lutar ou fugir frente às ameaças; esse foi um relevante recurso biológico herdado dos nossos ancestrais. A raiva foi fundamental em nosso processo evolutivo e, por essa razão, ainda é muito presente em nosso repertório comportamental.

O IMPULSO DA RAIVA

Há aproximadamente 200 mil anos, a expressão da raiva assegurava uma importante forma de controle, sobrevivência e regulação social.

Frente aos problemas mais imediatos que nos circundavam – como lutar por um pedaço de território ou brigar por comida –, a forma mais natural de garantir nossa respeitabilidade era mostrando nosso poder de combate, e, assim, a raiva, manifestada por meio de comportamentos intimidadores, era uma maneira de ganhar respeito e prolongar nossa sobrevivência.

Muito tempo se passou de lá pra cá, mas nosso cérebro guardou esse importante princípio de manutenção da vida, e, ainda hoje, quando alguém "invade nosso território" ou nos ameaça por meio de condutas mais ofensivas, como quando nos fecham no trânsito ou quando alguém fura a fila no cinema, nosso cérebro dispara os velhos mecanismos de raiva, que entram prontamente em ação.

Embora nossas emoções às vezes nos digam para agir de forma impiedosa, felizmente temos outras regiões do cérebro que executam o chamado "freio comportamental", que comanda nosso comportamento e nos conduz de maneira mais civilizada e sensata, para mantermos presentes as bases de um convívio social pacífico.

Conforme evoluímos, a manifestação da raiva deveria ter também sido alterada e adaptada para o contexto atual; porém, as vias cerebrais da raiva ainda estão prontas para serem ativadas, e, infelizmente, muitas pessoas ainda não têm consciência e controle sobre essas vias.

A EXPRESSÃO DE RAIVA

Em geral, as pessoas usam uma variedade de estratégias conscientes e inconscientes para lidar com seus sentimentos de raiva. Como ser agressivo, nos dias de hoje, não é lá uma boa estratégia de *marketing* pessoal, muitos tentam suprimir essa emoção. Nos menores patamares de indignação isso pode até ser uma tarefa fácil, entretanto, quando nos sentimos efetivamente desconsiderados ou desqualificados de maneira injusta e evidente, "engolir" a frustração não é muito simples.

A esse respeito, Aristóteles já dizia: "Ficar com raiva é fácil. Mas ficar com raiva da pessoa certa, no momento certo, pela razão certa, do jeito certo – isso não é nada fácil".

Assim, muitos indivíduos em situações de raiva ou a engolem ou, deliberadamente, não freiam suas reações – muitos dizem que não conseguem – agindo de maneira impulsiva e bastante destrutiva, como nossos ancestrais faziam. Depois voltam atrás, muitas vezes após os estragos terem sido feitos, sentindo culpa e tentando se justificar.

Portanto, o ponto central, aqui, seria a capacidade de se autocontrolar.

COMUNICANDO ADEQUADAMENTE A RAIVA

Tornar-se *assertivo* – e não agressivo – é uma das maneiras mais saudáveis de expressar nossa indignação. Para fazer isso, temos de aprender a deixar claro quais são nossas necessidades, sem que, com isso, tenhamos que ferir os outros pelas palavras ou pelos atos. Ser assertivo, então, não significa ser confrontador, mas sim ser transparente, de maneira pontual, em relação a si mesmo e aos outros.

Sentir raiva e expressá-la não requer, necessariamente, que sejamos agressivos. E aqui está a "elegância" do processo. Há uma maneira mais adequada de comunicar nosso sentimento e neutralizar as agressões do ambiente.

Vamos a um exemplo. Imagine a seguinte situação: você está em uma conversa em grupo e sempre que verbaliza alguma coisa, uma pessoa em particular o ignora ou faz piada de suas colocações. Essa situação vai crescendo e nos provocando um grande desconforto e, de duas, uma: ou você se cala e engole – e sai falando mal da pessoa depois –, ou para e pontua seus sentimentos.

E a pergunta clássica é: "Como fazer isso?". Eu respondo.

Quando você estiver se sentindo enfurecido/desrespeitado, use a seguinte regra para expressar seu sentimento: pontue, primeiramente, o comportamento que o deixa mal – da forma mais neutra possível – e, em seguida, diga como se sente. Isto é, algo mais ou menos assim: "quando X acontece, eu me sinto Y".

Na situação descrita, por exemplo, você poderia dizer: "Fulano, quando você *faz piada de meus comentários*, eu me sinto *desrespeitado*".

Veja que o processo é expressivamente diferente de quando estamos nessa situação e ficamos em silêncio – o que não é saudável para nossa saúde e nosso equilíbrio psicológico – ou dizemos: "*não gosto de você*". Ao expressarmos nosso desconforto de maneira clara, pontual e direta, não damos margem para réplicas ou discussões, pois é o relato do que sentimos e ponto. Mas, ao agir agressivamente, *acusando e responsabilizando o outro*, além de mostrar falta de controle emocional, fazemos o processo de discussão se tornar interminável, pois normalmente ninguém tem coragem de assumir a culpa pela agressão inicial.

A responsabilidade pelo que sentimos é, em última instância, nossa, mas, ao afirmar que esse desconforto pode estar sendo criado pelo ambiente (ou por alguém), normalmente temos o poder de interromper as agressões externas.

Expressar nossos sentimentos de raiva de maneira correta e adequada é um dos grandes diferenciais das personalidades mais maduras. Assim, falamos de nossa raiva e de nosso desconforto sem sermos agressivos e ajudamos nosso cérebro primitivo a nos proteger, restituindo o controle das situações desconfortáveis.

CONSIDERAÇÕES FINAIS

Quando conseguimos perceber – sem suprimir – nosso desconforto, manejamos a raiva de modo a redirecioná-la (positivamente) a nosso favor.

Raiva não expressa pode criar outras formas de problemas, como somatizações de várias ordens. Pode também levar às expressões patológicas de raiva, como comportamento passivo-agressivo (voltar-se indiretamente às pessoas, em vez de confrontá-las), desenvolvendo uma personalidade que parece perpetuamente cínica e hostil. Pessoas que estão constantemente colocando os outros para baixo, criticando tudo e fazendo comentários cínicos não aprenderam a expressar sua raiva de forma construtiva.

Propiciar os quadros de transtorno explosivo intermitente, ou a síndrome do pavio curto, pode levar também aos quadros de depressão, pois raiva não expressa, com o passar do tempo, provavelmente se tornará tristeza.

Assim, da próxima vez que começar a se sentir incomodado, lembre-se da regra: "quando *X acontece*, eu *me sinto Y*". Você pode até mesmo completar: *"eu não gosto de me sentir assim"*.

Preste atenção a essas situações e trabalhe com essa ideia, e tenho certeza de que você irá se surpreender com a força que uma colocação bem-feita de seus sentimentos poderá provocar no ambiente e dentro de você.

Não deixe que sua raiva controle você. Aprenda a expressa-la e use isso a seu favor.

51

POR QUE GUARDAMOS RANCOR? UM EXERCÍCIO SIMPLES REDUZ ESSE SENTIMENTO

Aqui está um tema que deve fazer parte da vida de quase todo mundo. Aliás, considero quase impossível não experienciarmos algum tipo de situação na qual nossa expectativa seja quebrada e, assim, fiquemos desapontados e magoados com alguém.

Em certos casos, as pessoas não guardam contrariedades em relação a uma única pessoa, mas dezenas de ressentimentos relacionados a vários desafetos que, de maneira inadvertida, nos decepcionaram e, por alguma razão, permanecem vivos em nossa memória – como se fossem feridas abertas que nunca cicatrizam.

Em parte, talvez até seja algo comum, pois muitas vezes entre as relações que desenvolvemos, nossas ideias e preceitos não se encaixam perfeitamente à visão que as outras pessoas têm da realidade, e, assim, esse "desajuste" de expectativas acaba por ocasionar um tipo de atrito existencial.

O problema, entretanto, é que o rancor tem uma vida muito longa e raramente a pessoa que nos atingiu fica sabendo do ocorrido, e, dessa forma, dificilmente poderá "consertar" as coisas e se retratar. Lembre-se de que é impossível que alguém nos peça desculpas por um erro que não tem consciência de que cometeu.

As pessoas começam, então, a retaliar (mental ou concretamente) aquele que as ofendeu, gerando um círculo vicioso interminável de mágoa, dor e raiva. Dessa forma, pessoas com quem um dia nos relacionamos intimamente agora passam a ser veementemente afastadas de nosso círculo de relações. É dessa forma que longas amizades se perdem, famílias se desmantelam e pessoas importantes são afastadas para sempre.

Nossa capacidade mental de revisitar memórias passadas é uma característica milagrosa, evolutivamente falando, e adaptativa de muitas maneiras. No entanto, a função cerebral envolvida na recordação dos fatos está longe de ser confiável.

Estudos indicam que, quando vasculhamos nossas recordações para obter as reminiscências, dificilmente teremos acesso à situação como realmente ocorreu, e, assim, acabamos por acessar versões imprecisas. Além disso, toda vez que resgatamos uma velha memória para a superfície, alteramos ligeiramente o fato original a partir de nosso humor do momento presente, criando o que chamamos de "memória reconstrutiva". Assim, toda vez que recordamos o ocorrido, acabamos criando uma nova versão; isso consolida ainda mais nossa sensação de desconforto, além de impedir nossos processos de superação e de esquecimento.

Portanto, uma coisa é certa: o elemento original da animosidade vai, aos poucos, perdendo sua raiz primária e ganhando, com o passar do tempo, um novo contorno a cada nova recordação, e isso reforça nossas mágoas mais antigas.

Dessa maneira, seguimos por longos períodos vivendo um tipo de luto ou melancolia dirigida a alguém, e usando nossos sentimentos de raiva, muitas vezes inconscientemente, mantemos vivas as nossas mágoas, perpetuando nossas aflições.

AFINAL, POR QUE ISSO ACONTECE?

O ponto central a ser compreendido aqui é que a mágoa (ou seja, a "raiva") que dizemos sentir por alguém não é um sentimento que tem a indignação como base, mas, na verdade, carrega um forte sentimento inicial de desilusão, por termos sido desconsiderados, desassistidos e negligenciados por alguém que não atendeu às nossas necessidades mais básicas.

Dessa forma, então, é que a tristeza antecede a raiva ao se tornar uma fase embrionária da mágoa. Além disso, como a infelicidade é uma emoção muito profunda e intensa para ser sentida por longos períodos, nosso cérebro, de maneira acelerada e em "modo de segurança", muda a polaridade inicial, fazendo o sentimento de desconsolo se transformar em cólera e repulsa, agora redirecionados não mais a nós, mas àqueles que não nos deram o devido cuidado, possibilitando-nos, então, uma recuperação parcial de nossa "dignidade pessoal".

Assim, deixamos de ser vítimas para nos tornar algozes daqueles que nos entristeceram, e, o pior, nos envenenamos continuadamente pela nova roupagem raivosa do sentimento.

O fato a ser compreendido aqui é que, na maioria das vezes, aqueles que nos magoaram agem no limite de suas possibilidades e, se não nos entregaram aquilo que precisávamos na ocasião, muito provavelmente é porque foram incapazes de perceber ou não dispunham do cuidado que nos era tão necessário (leia-se: tinham "limites" psicológicos).

O QUE FAZER, ENTÃO, PARA NOS LIVRARMOS DESSE SENTIMENTO?

Um exercício terapêutico muito valioso para removermos esse tipo de desilusão e de peso emocional é o da "escrita da carta".

Quer tentar?

Faça o seguinte, então: pegue uma folha de papel e escreva uma carta direcionada à pessoa que um dia o frustrou. Descreva (a) o que houve, (b) o que você esperava receber dela e o que aconteceu com você como resultado, ou seja, (c) o que você sentiu. Ao fazer isso, finalize sua narrativa, descrevendo da forma mais simples (d) o que, de fato, você gostaria de receber dessa pessoa.

O segredo aqui é que você nunca entregará essa carta, mas o exercício de colocar as ideias no papel ajudará seu cérebro a trabalhar com seus sentimentos mais básicos, mudando, e possivelmente revertendo, a polaridade inicial de suas emoções.

Faça isso por três dias seguidos.

No segundo dia, pegue outro pedaço de papel e tente fazer a mesma descrição, mas sem olhar a primeira carta; faça o mesmo no terceiro dia.

Ao finalizar, você perceberá que o conteúdo mais intenso e indigesto presente no início irá, aos poucos, se acomodar internamente e assumir um novo contorno experiencial.

CONSIDERAÇÕES FINAIS

Ao realizarmos esse exercício, muitas vezes deixamos de ver os outros como os verdadeiros causadores de nossos infortúnios e passamos a nos importar mais conosco do que com aquilo que, de fato, aconteceu.

Pense em nossa conversa, reflita, escreva as três cartas e, depois, me conte como se sentiu. Dessa forma, você irá compreender os mecanismos psicológicos da mágoa e, seguramente, mudá-los. Tenho certeza de que você irá se surpreender muito com o resultado final!

52
CERCA DE 40% DE NOSSAS MEMÓRIAS SÃO FALSAS

Pesquisadores realizaram uma das maiores investigações sobre as primeiras memórias que as pessoas têm e descobriram que quase 40% de nossas recordações, na verdade, nunca existiram.

Pesquisas atuais indicam que as primeiras memórias que as pessoas possuem datam, aproximadamente, da fase dos 3 aos 3 anos e meio de idade. Entretanto, um novo estudo, conduzido junto a uma amostra de mais de 6.500 pessoas, apontou que as coisas são um pouco distintas.[1]

Eu explico.

Para investigar as primeiras recordações que os sujeitos traziam, os pesquisadores pediram, inicialmente, que cada um dos participantes detalhasse suas primeiras memórias, bem como a provável idade em que estas teriam acontecido. Em seguida, foram informados de que a memória recordada precisava possuir um registro claro, ou seja, não deveria ser

---

[1] Akhtar, S., Justice, L. V., Morrison, C. M., & Conway, M. A. (2018). Fictional First Memories. *Psychological Science, 29*(10), 1612–1619.

baseada em alguma fotografia, história familiar ou qualquer outra fonte que não fosse a experiência concreta vivida por cada um.

A partir desses relatos, os pesquisadores examinaram o conteúdo, a linguagem, a natureza e os detalhes descritivos dos eventos relatados pelos entrevistados, atestando (ou não) a autenticidade desses acontecimentos. Descobriu-se que uma parte expressiva dessas memórias datava de um período anterior aos 2 anos de idade, o que levou os pesquisadores, então, a perceber que essas recordações, na verdade, não eram baseadas nas vivências particulares em si, mas nos fragmentos de acontecimentos anteriores – como, por exemplo, a cor de um determinado brinquedo ou alguma situação – "ouvidos" por essas pessoas em algum momento da vida.

Como resultado, chegou-se ao fato de que muitas lembranças que vemos como "episódios verdadeiros" de nosso passado são, a rigor, representações mentais que foram sendo associadas pela nossa mente, transformando-se, posteriormente, nos acontecimentos "reais" que relatamos – não são, portanto, recordações derivadas de fatos claros e pontuais.

Os pesquisadores descobriram que essas memórias muito antigas foram vistas com mais frequência nos adultos e nos idosos, com 4 a cada 10 pessoas revivendo memórias "fictícias" em vez dos verdadeiros registros das experiências reais pelas quais haviam passado.

CONSIDERAÇÕES FINAIS

Já não é de hoje que sabemos que nossas recordações pessoais, além de serem, muitas vezes, falsas, também sofrem uma profunda alteração de conteúdo, derivada de nosso estado de humor. Isto é, se uma pessoa estiver deprimida, a chance de ela se recordar de mais eventos negativos de seu passado é muito maior do que se ela estiver vivendo momentos de felicidade ou de euforia.

É por essa razão que precisamos sempre ouvir com muita cautela aquilo que pensamos ter sido uma verdade.

Grande parte de nossas lembranças passadas são, no fundo, reconstruções de memória a partir de nossa experiência presente, e esse processo de recordação, portanto, se parece mais com um ato de ficção do que com uma lembrança legítima de algum evento vivido.

Resumo da conversa: reconstruímos nossa vivência a partir de como nos sentimos e do que acreditamos ocorrido, e não a partir do que realmente passamos.

Imagine se sua lembrança de rejeição ou de pouca consideração não for verdadeira, mas uma reconstrução atual? Quanto sofrimento poderia ter sido evitado?

O QUE FAZER?

1. Mentalmente, foque mais nas suas possibilidades do que nas suas limitações.
2. Passe menos tempo de sua vida rememorando os acontecimentos adversos e não os mantenha tão presentes em sua consciência.
3. Como jamais saberemos se algumas das nossas experiências passadas foram reais ou imaginárias, reinvente-se a partir do que deseja viver agora.

53
A PSICOLOGIA DA DECEPÇÃO AFETIVA: POR QUE NOS DESAPONTAMOS COM OS OUTROS?

Uma das questões mais frequentes que envolvem o cotidiano de nossos relacionamentos diz respeito a saber manejar, de maneira sensata, os recorrentes desapontamentos que as pessoas nos causam em nosso dia a dia. Assim, quando isso ocorre, somos visitados por emoções que nos remetem a uma frustração inicial e que podem levar, mais tarde, a uma intensa sensação de indignação, por perceber que alguém de nossa confiança, consciente ou inconscientemente, deixou de atender às nossas expectativas pessoais.

E o pior: esse desencantamento que experimentamos, em alguns casos, pode se tornar devastador, a ponto de ficarmos temporariamente atordoados por perceber que aquilo que tínhamos como certo em termos de cumplicidade e consideração sequer existe sob o ponto de vista do outro.

Nesse momento, é como se ocorresse um tipo de choque de realidade, e esses acontecimentos abalam profundamente as crenças de respeito e de confiança que imaginávamos poder receber em troca de nossa afeição, mas que agora, forçosamente, somos obrigados a rever, alterando de maneira pontual nossos conceitos de amizade e integridade.

Certos indivíduos podem, em alguns casos, agir de maneira intencional para nos frustrar. Entretanto, em uma parcela expressiva dos casos, aqueles que nos decepcionam não têm uma noção muito clara a respeito dos impactos que essa desilusão pode ter em nosso mundo interno e do o desdobramento emocional derivado dessa quebra de expectativa. Esses momentos, todos nós sabemos muito bem, tornam-se verdadeiros divisores de águas e nos modificam de maneira irreversível.

COMPREENDENDO UM POUCO MELHOR

A decepção, segundo a psicologia científica, refere-se, tecnicamente, ao ato – grande ou pequeno, cruel ou generoso, casual ou premeditado – de termos sido levados a acreditar em algo que não é verdadeiro.

A decepção pode envolver até as pequenas mentiras que às vezes contamos aos demais, como uma valorização excessiva de nossa personalidade. Entretanto, há também as mentiras que contamos a nós mesmos – o chamado autoengano – e que, diferente do que imaginaríamos, também exerce uma importante função na manutenção da nossa imagem social. Assim, com mais frequência do que percebemos, inventamos pequenas histórias "necessárias" – mas nem sempre verdadeiras –, para assegurar nossa aceitação grupal.

Entretanto, por trás desse processo de desencantamento, há algo muito mais sutil e que as pesquisas sobre o comportamento humano ainda não captaram.

A CRIAÇÃO DAS INTERPRETAÇÕES PESSOAIS

Não é de hoje que algumas formas de psicoterapia vêm detalhando o processo pelo qual nossa mente desenvolve, de maneira automática, as chamadas interpretações da realidade. E assim, desde cedo, nosso cérebro vai desenvolvendo crenças – "pacotes" de juízos e de valores –, que utilizamos para auxiliar a lidar com o mundo à nossa volta (algo semelhante a uma "bússola comportamental", que norteia o caminho de nossas escolhas e ações futuras).

Lembre-se de que esse recurso, que foi herdado de nossos ancestrais, a rigor, tem uma função adaptativa extremamente importante, pois nos ajuda a prever ou mesmo antecipar os desafios que encontraremos ao longo de nossa rotina.

Tomemos um exemplo: quando saímos de casa pela manhã para ir a um compromisso importante, já visualizamos – ou prevemos, por assim dizer – de maneira antecipada o caminho que utilizaremos, os possíveis pontos de trânsito, as melhores opções e alternativas, caso seja necessário, e, com base nessas construções mentais, agimos com o intuito de cumprir nossos objetivos.

Ocorre que, junto a esse princípio de antecipação ou de resolução dos problemas, também se encontram as previsões e expectativas que fazemos a respeito do comportamento alheio. Assim, da mesma maneira que planejamos uma série de pequenas ações em nosso cotidiano, também criamos os "contornos imaginários" de como se darão as interações junto àqueles que nos cercam. E, aqui, se encontra uma poderosa armadilha que raramente percebemos.

Da mesma forma que, em certas ocasiões, somos pegos de surpresa por termos feito uma escolha equivocada, digamos, de um novo trajeto para o trabalho, também somos muitas vezes surpreendidos quando alguém não se comporta como imaginamos.

Assim, quando uma pessoa não consegue se adequar aos modelos já criados em nossa mente e, por isso, nos frustra ou nos decepciona, nossa mente é obrigada a rapidamente realizar um tipo de atualização ou de "ajuste forçado". Nesse momento, conseguimos ter a súbita percepção da dissonância causada entre o que imaginávamos que ocorreria (no que tange aos comportamentos) *versus* o que estamos percebendo de diferente na conduta alheia.

O pior é que esse processo aciona, inconscientemente, alguns dos mecanismos mais primitivos de rejeição pessoal, causando-nos uma grande desorientação psicológica, pois, ao serem disparados, esses sinais trafegam pelas mesmas vias neurais da dor física, provocando-nos também um desconforto biológico.

Aqui, portanto, caberia uma pergunta importante: como nos proteger das criações ou expectativas mentais irreais que desenvolvemos, inadvertidamente, a respeito das pessoas que, de alguma maneira, nos são importantes?

MUDANDO O PONTO DE VISTA

Algo bem simples pode ser adotado para nos poupar desses desencantamentos recorrentes. Lembre-se de que, a rigor, a quebra dessas expectativas que vivenciamos faz parte de um processo que tem início e fim em nosso próprio cérebro, e, portanto, cada acontecimento externo apenas mostra que nossas construções imaginárias, no fundo, são falhas, e são de nossa única e inteira responsabilidade (e não dos demais).

Portanto, não são os outros que nos decepcionam, mas nós mesmos que, ingenuamente, atribuímos qualidades inexistentes e ficamos "magoados" quando os outros não se encaixam nessas idealizações pessoais, culpando-os.

A saída é tentarmos estar conscientes ao máximo a respeito desse recurso de atribuição imaginária e, ao percebê-lo em funcionamento, tentarmos minimizá-lo tanto quanto possível, evitando, assim, os costumeiros dissabores das relações.

A dica é clara: procure conter, um pouco que seja, suas expectativas. Eu lhe asseguro que, ao fazer isso, você estará protegendo-se das traiçoeiras armadilhas em que ingenuamente entramos. Assim funciona a psicologia da decepção afetiva.

Torne-se consciente de si mesmo e de seus pensamentos, pois, ao fazê-lo, você estará se poupando de muita consternação e sofrimento futuro.

54
O SOFRIMENTO PSICOLÓGICO É IMPORTANTE PARA O DESENVOLVIMENTO; ENTENDA POR QUE

É possível que o título desse capítulo já lhe soe absurdo logo à primeira vista, mas essa é uma grande verdade, a qual muitos de nós simplesmente desconhecem.

Desde a infância, uma das coisas que mais nos impacta é a frustração emocional. Respondemos com esquiva e refração às punições comportamentais de nossos pais e professores, que procuram, de maneira bem-intencionada, corrigir nossas condutas e nossos comportamentos. A tensão psicológica criada nesses embates tem a força de modelar nossas ações e nossos pensamentos futuros, e, assim, aos poucos vamos nos desenvolvendo e internalizando importantes lições.

Na adolescência, fase na qual temos mais consciência dessas instruções acumuladas no passado recente, trazemos sempre à tona esse "manual mental de conduta", e certamente o consultaremos quando formos confrontados pelos dilemas da vida. Nem sempre, porém, serão encontradas as respostas necessárias, e sentiremos aflição quando nossa educação e nossos aprendizados – assimilados a duras penas, diga-se de passagem – se mostrarem ineficazes e falhos nessa "navegação existencial".

Na maioridade, momento em que somos definidos pela suposta consciência e demais capacitações que o pensamento equilibrado nos oferece, fatalmente encontraremos novas ocorrências que são apresentadas pela vida e que, incompatíveis com os princípios morais e éticos trazidos, nos farão viver renovados momentos de amargura e consternação.

Assim se dá nossa estruturação emocional: a partir de uma pressão inicial intervalada, que em estágios mais avançados nos propicia um discernimento de como nossa vida deve ser vivida e que, na fase adulta, consolidará nosso código interno de valores. Todavia, como sempre, há um outro lado: grande parte dessa aprendizagem não será tão adequada assim.

PRECISAMOS TROCAR NOSSOS CASCOS

Muitas vezes descobre-se que, em meio a essa navegação experiencial, certas coordenadas que recebemos e que são carregadas com apreço, na verdade, não se mostrarão muito efetivas na travessia de algumas das marolas psicológicas que nos atingem.

O ponto central a ser percebido aqui é o de que a frustração, a angústia e o sofrimento vividos por essa inexatidão entre o que acreditamos ser correto e o que a vida nos cobra de volta, na verdade, apenas denunciam que nossos rumos – e tudo aquilo que acreditávamos ser acertado e verdadeiro – necessitam de importantes atualizações.

E, assim, uma coisa é certa: o incômodo e o estresse sempre estarão por perto nos momentos mais agudos de nosso viver, ao mesmo tempo que tais circunstâncias sempre estarão revestidas de poderosas oportunidades e de janelas de melhoria e de expansão de nossa consciência.

Abraham Twersk, um velho rabino, ao falar sobre as dificuldades de enfrentamento emocional pelas quais passamos, utiliza uma valiosa metáfora para entendimento desse processo. Ele pergunta: "Como cresce uma lagosta?".

A lagosta, responde ele, é um animal com uma composição muito frágil, mas que vive dentro de uma carcaça rígida – que é o invólucro de seu corpo –, e essa casca grossa tem o poder de proteger o animal de ataques. Isso é muito bom, porém essa cobertura externa jamais se expande.

E aqui, um questionamento é lançado: se a carcaça é rígida, como, então, a lagosta pode se desenvolver? À medida que a lagosta cresce esse casco começa a ficar apertado, e, sentindo essa pressão, ela se sente confinada, o que traz extremo desconforto.

Para resolver o problema o crustáceo nada, então, para baixo das pedras – para se proteger dos predadores – e se liberta da casca antiga para dar início à produção de uma nova, maior e mais adequada ao seu tamanho atual. E assim ocorrerá novamente: quando crescer, esse revestimento ficará em algum momento apertado, e, novamente, a lagosta terá de voltar para baixo das pedras e repetir todo o processo. O animal repetirá esse procedimento várias vezes, sempre que o desconforto for experimentado por ele.

Compreenda, então, a grande lição: o estímulo para que a lagosta possa crescer ocorre quando ela se sente desconfortável.

Temos de perceber, portanto, que os momentos de tensão e de estresse são também momentos que sinalizam as possibilidades de crescimento. Ou seja, se usarmos a adversidade de forma correta, podemos nos aperfeiçoar por meio das contrariedades e dos dissabores que a vida nos apresenta.

Muito embora todos nós fujamos da dor e do desconforto emocional, apenas essas situações terão a força e o poder de abrir as janelas de conexão com o que há de mais profundo em nós mesmos.

Assim ocorrerá sempre que perdermos um ente querido, vivenciarmos um acidente ou adoecermos gravemente, apenas para citar alguns exemplos. Todavia, à medida que o tempo decorre e a vida volta ao seu curso natural, normalmente vamos apagando as situações, e nossa mente volta para um estado automático de inconsciência, até que novas adversidades "nos despertem" de novo.

Émile Zola, romancista francês do século XIX, dizia: "O sofrimento é o melhor remédio para acordar o espírito".

PARA SE PENSAR

Com todas essas questões apresentadas, segue aqui, prezado leitor, minha indagação: o que você tem feito para permanecer acordado entre as intermitências do sofrimento?

Posso lhe ajudar a responder?

Ou desenvolvemos em nossa existência um sentido maior de propósito – nem que seja, pelo menos, o do autoaprimoramento –, ou, fatalmente, passaremos nossa vida tentando sobreviver ao sofrimento psicológico humano, desorientados e perdidos.

E, claro, a escolha será sua.

Lembre-se apenas de uma coisa: é somente por meio das altas pressões que os diamantes são formados.

55
POR QUE BRIGAMOS TANTO NAS ELEIÇÕES? A PSICOLOGIA DA DISCÓRDIA

Os últimos tempos não têm sido muito fáceis, e, assim como eu, você também já deve ter percebido isso. Como se não bastassem as inquietudes pessoais e os dilemas da vida cotidiana, sempre tão intensos, agora também se somam as questões políticas, que contribuem de maneira marcante para que o presente fique ainda mais conturbado.

São opiniões incessantes sobre as eleições enviadas pelos aplicativos de mensagens, redes sociais que transbordam afirmações de rancor e de indignação, matérias na mídia que expõem essa "ferida social" aberta, etc., e mesmo que não deseje participar dessa correnteza turbulenta, não há muita escolha, você será arrastado.

Do ponto de vista da saúde mental, ninguém se deu conta, ainda, de que esse bombardeamento de informações negativas inevitavelmente cria efeitos bastante nocivos à nossa mente. Não é de hoje que se sabe que, quanto mais notícias ruins são veiculadas, maiores serão as chances de o nosso cérebro reagir de forma protetora, liberando hormônios do estresse que aceleram nossos batimentos cardíacos, aumentam a pressão sanguínea, mudam os padrões de alimentação e de sono e alteram de maneira expressiva o nosso humor.

Caso você não saiba, os fatores apresentados no último parágrafo são, sem dúvida, a receita certa para que alguém possa desenvolver depressão e ansiedade, além de vários outros problemas de saúde psicológica decorrentes desse clima insalubre.

Assim, muito embora tenhamos uma legião de especialistas políticos tentando descrever as razões pelas quais vivemos tanta tensão, ninguém se deu conta de que existem importantes mecanismos psicológicos por trás de tanta preocupação coletiva.

A CONSTRUÇÃO DE NOSSAS OPINIÕES

Sabe-se que o cérebro, em suas trocas com o ambiente, desenvolve o que chamamos de crenças pessoais. Tais "pacotes de informação" são desenvolvidos a partir de nossa história de vida e, em última instância, representam as interpretações que uma pessoa desenvolve a cada momento de sua vida sobre os fatos que a cercam.

Tais crenças, com o passar do tempo, se tornam poderosos filtros que nos ajudam a lidar com o nosso entorno. Dessa forma, nossas opiniões a respeito das mais diversas questões da vida aos poucos são edificadas, e criamos uma verdadeira rede de explicações mentais a respeito de praticamente tudo.

Desenvolvemos, assim, perspectivas daquilo que consideramos ser certo ou errado, bom ou mau, moral ou imoral, e tudo a partir de um ponto de vista idiossincrático, ou seja, único e com um valor altamente particular.

Dessa forma, esse tapete de opiniões cria uma lógica maior, tornando-se um importante veículo de desenvolvimento de nosso conhecimento e, é claro, onde nossa razão trafega.

A filosofia de Kant, em seu clássico livro "Crítica da Razão Pura", menciona a ideia de que nosso conhecimento racional sempre apresentará certos limites, pois a apreensão plena da realidade sempre estará subordinada à percepção pessoal (ou dos sentidos, como ele diz) a respeito das coisas.

Assim, podemos dizer, de uma maneira bem ampla, que a "verdade" – ou as opiniões finais que temos a respeito das coisas – apenas poderão ser criadas a partir do contato de nossa experiência pessoal, criando uma opinião exclusiva daquilo que entendemos.

E qual seria, assim, a relação dessas questões com o momento de maior tensão social?

Ocorre que, cada vez que lidamos com algum fato externo, principalmente nos dilemas da política atual, a preferência a um determinado candidato, seja ele A ou B, na verdade, é decorrente desse sistema de atribuição de valores em funcionamento. Como resultado, cada um terá uma opinião, que será sempre diferente da dos demais.

Ingenuamente tentamos provar que a nossa verdade e as nossas opiniões são "mais legítimas" do que aquelas que os outros nos apresentam.

E, assim, ficamos profundamente incomodados, irritados e mesmo indignados quando alguém não partilha do mesmo ponto de vista.

Sinto, então, lhe dizer que ninguém – absolutamente ninguém – conseguirá ter uma visão igual à sua, de qualquer coisa que seja. E a razão é bastante clara: isso ocorre porque nossas construções (ou interpretações mentais) dos acontecimentos captam apenas um recorte momentâneo do fenômeno (ou da política, se você preferir) que acreditamos ser correto.

Um antigo paciente meu, filósofo, sempre dizia: "um ponto de vista nada mais é do que a vista de um determinado ponto".

A própria ciência do cérebro já demonstrou, há tempos, que todas as nossas opiniões pessoais, são, na verdade, o resultado de um processo interpretativo da realidade, do qual se retira apenas 20% dos estímulos do ambiente e os 80% restantes são preenchidos única e exclusivamente por nossa mente (leia-se: a construção é mais interna do que externa).

Resumo da ópera: não adianta brigar com alguém que tem uma visão diferente da sua, pois cada um carrega suas premissas do que é a verdade.

Há uma metáfora clássica a respeito da formação do conhecimento que propõe a seguinte situação: se tivéssemos vários indivíduos cegos apalpando um elefante, cada um tocando uma parte distinta do animal, qual das opiniões seria a mais descritiva, ou a mais correta, acerca do que é um elefante?

É claro que nenhuma delas será mais verdadeira do que a outra, pois cada cego apenas descreverá o elefante a partir de sua experiência pessoal.

PARA SE PENSAR

Nos tempos atuais, portanto, não tenha a ingenuidade de tentar confrontar alguém e sugerir que a visão do outro está equivocada, pois cada um estará oferecendo uma possibilidade descritiva dentre as várias outras existentes a respeito do mesmo assunto.

Falamos muito em democracia, mas estamos nos tornando incapazes de aceitar uma opinião que não esteja alinhada com a nossa. Com tanto ódio sendo propagado por aí, lembre-se de que nenhum candidato tem o poder, individualmente, de criar tanta marola social negativa – a não ser que você também propague a visão dele como a "mais verdadeira" e mais adequada.

Assim, eu e você com certeza temos uma parcela expressiva de culpa na atual condição de desentendimento que é atribuída, erroneamente, aos políticos.

Um biólogo chileno, chamado Humberto Maturana, certa vez afirmou: "Não existe um *uni*verso, mas sim, um *multi*verso", ou seja, tantas possibilidades quanto pudermos imaginar. Assim, se temos 7,7 bilhões de pessoas no planeta, teremos, então, 7,7 bilhões de visões distintas a respeito do mundo que nos cerca.

Talvez, no fundo, o problema não esteja tanto na política e nem nos candidatos, mas sim, em nós mesmos, que temos tanta dificuldade em captar verdadeiramente o conceito de diversidade existencial.

CONSIDERAÇÕES FINAIS

Vamos tentar nos acalmar e compreender que a História, a exemplo da política, é composta por ciclos, e todos eles serão, de alguma maneira, importantes para o amadurecimento coletivo.

Observemos, portanto, além da discórdia pelo menos por um momento, se formos capazes, pois, ao fazermos isso, poderemos compreender melhor por que estamos brigando tanto.

56
POR QUE TEMOS PESADELOS? SONHOS RUINS TÊM UMA FUNÇÃO IMPORTANTE PARA O CÉREBRO

Os pesadelos são experiências mentais vividas de maneira realista e experimentadas durante o sono profundo. Muitas vezes, eles nos fazem acordar com o coração batendo mais rápido, com a respiração alterada e transpirando.

Pesadelos tendem a ocorrer predominantemente durante a fase REM (do inglês *rapid eye movement*, i.e., quando estão presentes os movimentos oculares rápidos) e quando se atinge um relaxamento muscular absoluto.

Como os períodos de sono REM se tornam mais frequentes à medida que a noite avança, temos a impressão de que os pesadelos ocorrem com mais frequência nas primeiras horas da manhã.

Algumas das funções atribuídas ao sono REM incluem a manutenção do equilíbrio geral do organismo, a liberação de substâncias que regulam o ciclo vigília-sono e a temperatura corporal, a consolidação da memória, entre outros.

Embora seja verdade que os pesadelos são mais comuns entre as crianças, sabe-se que 1 a cada 2 adultos tem pesadelos de vez em quando, e entre 2 e 8% da população adulta é atormentada por pesadelos mais frequentes.

É claro que ninguém gosta de ter sonhos violentos ou assustadores, mas esses acontecimentos podem ter um propósito importante para a saúde mental.

QUAL É A FUNÇÃO DOS PESADELOS?

Embora sua função ainda não seja totalmente compreendida, existe uma teoria que procura esclarecer esses acontecimentos.

Veja só que interessante: como somos visitados por uma quantidade imensa de emoções ao longo de nosso cotidiano, muitas vezes ficamos confusos e não sabemos lidar com os vários aspectos de uma determinada situação. Em função de vivermos muitas dessas aflições enquanto estamos acordados, tais preocupações são, naturalmente, levadas para a cama na hora de dormir. Assim, segundo pesquisadores, os sonhos ruins entrariam exatamente nesse momento, funcionando como um tipo de processador emocional.

Como nosso cérebro tem de manejar medos vagos e imprecisos que sentimos no dia a dia, ao serem montados em forma de histórias fantasiosas um pouco mais elaboradas, nossa mente consegue criar um melhor contorno de interpretação. Assim, as inquietudes incompreensíveis, ao se tornarem componentes de uma experiência sonhada, ainda que fictícia, se tornam mais facilmente superáveis por nossa mente consciente.

É dessa forma, então, que as emoções difusas se tornam mais inteligíveis, ou seja, nossos pesadelos podem ser compreendidos como "laboratórios" ou "fábricas de sentidos" ao ajudar nossa mente a criar uma ideia mais clara a respeito daquilo que nos aflige (por isso são, muitas vezes, bizarros ou inimagináveis, pois unem coisas que não podem ser logicamente unidas).

Portanto, ao que tudo indica, uma das funções do sonho atribulado seria a de transformar nossos temores mais vagos em memórias.

Além disso, como o pesadelo é vivido como um fato que já aconteceu (i.e., ficou no passado), nossas aflições são naturalmente trasladadas para a memória, removendo, então, os medos de nosso presente e futuro. Pesadelos nos ajudam, dessa maneira, a nos distanciar de nossos temores.

Portanto, se você é uma das pessoas que, às vezes, são importunadas por essas vivências, não se aborreça tanto.

CONSIDERAÇÕES FINAIS

Na verdade, ao sonhar coisas ruins, você está apenas tomando consciência do mecanismo emocional que não seria facilmente executável enquanto se está acordado. Assim, precisamos dos sonhos ruins para processar as coisas negativas que ocorrem conosco, tornando-nos, portanto, mais fortes.

É nosso cérebro, mais uma vez, nos dando uma "mãozinha" ao criar um lado positivo para as coisas.

57

POR QUE EXISTEM PESSOAS PRECONCEITUOSAS? ENTENDA POR QUE JULGAMOS O OUTRO

Imagine uma criança que acabou de nascer e, sem experiências anteriores, começa a interagir com o meio ambiente. Como se sua mente fosse ainda um papel em branco, sem qualquer registro anterior, as vivências vão, aos poucos, criando um pequeno rastro de experiências, que vai sendo registrado. É dessa forma que a vida compila as primeiras memórias no cérebro infantil.

Obviamente, a consciência, como a entendemos na idade adulta, está longe de existir, e apenas as impressões do que estamos passando são vagarosamente catalogadas. Como estamos em pleno crescimento, ainda não enxergamos bem, não ouvimos corretamente e nossa coordenação motora ainda não é satisfatória.

Apenas próximo aos 2 anos de idade é que a nossa autoconsciência surge e, com ela, seguimos a passos largos, aprendendo e aprimorando as experiências de vida pelas quais vamos nos submetendo.

É assim que adquirimos repertórios dos mais variados comportamentos, como, por exemplo, como reagir frente às pessoas conhecidas, como interagir com os estranhos, como obter o que desejamos de nossos pais (p. ex., fazendo "gracinhas" ou birra), e compomos, assim, um esquema mental maior de ações, sempre à disposição para ser consultado quando uma nova situação se apresenta.

Semelhante a um computador, à medida que crescemos nosso cérebro passa a classificar as lições de vida em categorias maiores, as quais são agrupadas e se tornam as chamadas crenças – ou pacotes de valores –, que, catalogadas em nossa consciência, tornam-se os "mapas do mundo" que carregaremos, à medida que o tempo transcorre.

Aos poucos, nossas funções mentais se aprimoram um pouco mais ao longo da primeira década de vida, até que, próximo à maioridade, estaremos quase em pleno funcionamento cognitivo e aptos, portanto, para trazer à tona, sempre que necessário, nossos registros passados, contidos nesses esquemas de ação interiorizados por nossos pensamentos e pelas experiências de vida acumuladas.

Finalmente, após 21 anos, em plena atividade mental, estamos aptos a pensar livremente e agir de acordo com uma consciência pessoal e social maior, irrestrita.

Embora grande parte das vivências pelas quais passamos ao longo dessas duas décadas esteja arquivada nas gavetas de nossa consciência, parte expressiva de nossos impulsos e ações – aquela herdada de nossos antepassados – fica armazenada nos porões de nossa mente e, em algumas situações, assume controle (mais instintivo) de nosso comportamento social.

SOB A INFLUÊNCIA DE SUAS FORÇAS

Dessa forma, muitas vezes agimos e vivemos comandados por uma lucidez e clareza de pensamento, ao passo que, em outras circunstâncias, temos pouca percepção dos ímpetos pelos quais nossas emoções mais básicas nos impulsionam a agir.

Esta arena de encontro de forças, por assim dizer, é derivada de uma consciência mais amadurecida – proveniente das operações de nosso córtex pré-frontal – e influenciada pelos nossos impulsos mais primitivos de ação – originados em nossa amígdala cerebral e de caráter mais biológico.

Isso explica a razão pela qual, em certas circunstâncias, agimos de maneira mais impulsiva e desprovida de maior equilíbrio, ao passo que, em outras situações, somos providos de maior sensatez.

Vários comportamentos do nosso cotidiano claramente retratam esses processos. Por exemplo, quando nos alimentamos, é frequente "perdermos a mão" e, assim, acabarmos por ingerir mais comida do que precisaríamos, pois ainda trazemos o registro indelével de um passado remoto das privações de comida, e, por isso, nosso cérebro se antecipa e nos "protege" de uma eventual falta de alimentação futura ao assegurar uma "reserva extra". Às vezes também agimos de maneira mais descontrolada quando alguém nos frustra por alguma coisa, por menor que ela seja.

Nossa consciência presente, assim, precisa estar sempre atenta para poder modular esses impulsos mais antigos e calibrar nossa vida emocional de maneira mais moderada e prudente, em concordância com os princípios lógicos e morais.

UM POUCO MAIS ALÉM

Torna-se óbvio, assim, que grande parte de nossas ações sofre uma profunda interferência de nossa história pregressa e, ao encontrarmos grupos que partilham de pontos de vista semelhantes, desenvolvemos com mais robustez parte expressiva de nossa rede dos valores que compõem os julgamentos sociais e morais que carregamos ao longo da maturidade.

Portanto, a questão a ser colocada aqui é: se estamos claramente evoluindo enquanto pessoas desde nossos antepassados, por qual razão certas normas e princípios morais – inadequados e disfuncionais, pois promovem o julgamento e a segregação social – ainda estão presentes em nossa mente? Ou, ainda, olhando para trás, qual teria sido a função do preconceito para ainda ser tão forte em nossa sociedade?

Eu explico.

Pesquisadores interessados nas questões que envolvem o preconceito social tentaram descobrir quais seriam as raízes do comportamento de hostilidade e de rejeição social que muitos, amplamente, manifestam até os dias de hoje.

Segundo antropólogos, em épocas remotas, vivíamos em pequenos grupos – contendo, aproximadamente, 130 a 150 pessoas –, e, como as circunstâncias da época eram bastante adversas, permeadas por ambientes inóspitos, achar comida e água, por exemplo, era algo extremamente vital para a sobrevivência de todos. Era muito comum que bandos distintos de pessoas se encontrassem, e, dessa maneira, era comum que competissem uns contra os outros, por um pouco de comida, assegurando, assim, mais um dia de vida.

Estudos recentes, então, revelaram que os preconceitos que carregamos, em muitas situações na verdade operam fora de nosso controle consciente, pois um mecanismo, denominado "tendência implícita", faz com que desconfiemos de pessoas que sejam diferentes de nós. Esse funcionamento de "exclusão social" espontânea teria origem junto aos nossos antepassados, uma vez que pessoas que eram percebidas como estranhas ou "incomuns", por virem de grupos diferentes, poderiam apresentar um sério risco à sobrevivência, ao competirem pela pouca comida disponível.

Pesquisadores consideraram, portanto, a existência de um "viés implícito de avaliação", gravado inconscientemente há centenas de milhares de anos, que faz nossas crenças sociais a respeito das pessoas diferentes de nós refletirem, no fundo, associações ainda enraizadas na biologia de nossos cérebros. Mudá-las, portanto, não seria algo tão fácil assim, pois implicaria em um tipo de "reconfiguração" de nossos processos mentais mais primitivos de conservação da vida.

CONSIDERAÇÕES FINAIS

Essa discussão nos coloca no ponto em que, possivelmente, nossa genética ainda nos faça organicamente estranhar os indivíduos que evoquem de alguma forma a sensação de diferença. Ainda que possamos ser induzidos por essa herança genética de sobrevivência, devemos, a exemplo de tantas outras condutas comuns em nosso cotidiano, exercer o freio mental e silenciar essas "crenças biológicas" de marginalização dos demais. Dessa forma, finalmente conseguiremos compreender que a segregação social precisa urgentemente ser filtrada e superada, de uma vez por todas, pelos níveis mais evoluídos de nosso cérebro atual.

Ao agirmos assim, poderemos entender que todos nós somos derivados de uma mesma origem comum universal, e por isso torna-se imprescindível que derrubemos nossas barreiras mentais, em prol de um convívio mais equilibrado e racional.

O preconceito e a discriminação, infelizmente, apenas encontram guarida em mentes estreitas e primitivas, uma vez que, depois de transcorridos milhões de anos, ainda há pessoas que até o momento não conseguiram compreender que todos os povos e grupos humanos – seja qual for sua composição e origem étnica – contribuem com suas próprias características para o progresso e o avanço e, assim, devem ser vistos como um patrimônio maior da humanidade.

Portanto, caso isso ainda lhe venha à mente, procure ser mais empático com a diferença, e neutralize, pelo menos um pouco, a origem do preconceito social, que, lamentavelmente, por vezes insistimos em carregar.

58
VOCÊ SE VÊ COMO RESPONSÁVEL OU VÍTIMA DAS SITUAÇÕES? ENTENDA A DIFERENÇA

Uma das coisas mais importantes na vida pessoal diz respeito às tentativas contínuas de manter nosso equilíbrio emocional estável. Os eventos do cotidiano, que são sempre muito dinâmicos, oferecem grandes desafios.

Por vezes, lidamos com situações adversas que são originárias de nosso entorno, como as relações interpessoais conflituosas, tão frequentes hoje em dia, ou um trabalho que nos faz exigências excessivas e não nos dá mais qualquer satisfação, para citar apenas dois exemplos.

Na outra ponta, temos as questões internas, como as nossas alterações de humor, angústias pessoais que nos atormentam e exigem um esforço constante de controle. Assim, se quisermos viver bem, teremos que manejar nossas marolas emocionais de maneira satisfatória.

Portanto, sempre estamos sob a influência das forças externas e internas, que tanto colocam em risco essa delicada estabilidade emocional. Dessa forma, como se já não bastasse tentar lidar com as pressões do ambiente, ainda temos a árdua missão de nos autocontrolar. Tarefa nada fácil, não acha?

Perceba, então, que neste cenário não seria muito atípico ficarmos desorientados, pois muitas coisas ocorrem simultaneamente, e as eventuais falhas nessa gerência pessoal podem nos cobrar um preço bastante alto. Neste momento, ou assumimos nossas dificuldades pessoais e tentamos fazer algo a respeito, ou atribuímos a culpa de nossos fracassos a alguém (ou algo) do mundo externo. A propósito, como você se posiciona frente aos acontecimentos de sua vida?

VÍTIMA OU RESPONSÁVEL?

Parte das dificuldades que as pessoas encontram no manejo do cotidiano diz respeito a uma premissa muito simples: a *velocidade* dos acontecimentos.

Eu explico: certas pessoas, pelas mais variadas razões, são mais lentas para perceber as necessidades de transformação exigidas e, como o entorno muda mais rápido do que sua capacidade de compreensão, ficam atrasadas em suas interpretações. Assim, essas pessoas utilizam sempre as mesmas justificativas para seu insucesso, como, por exemplo, não possuírem sorte, serem injustiçadas pela vida ou não terem controle sobre as coisas.

Outras, entretanto, são mais ágeis, e, percebendo as oscilações, rapidamente se adaptam a elas, modificando-se.

Aqui, portanto, se encontra um dos maiores paradoxos da vida: muitos indivíduos desejam ativamente mudar as situações de vida, mas dificilmente querem se automodificar.

Observe que, em qualquer um desses caminhos, você pode escolher enxergar os eventos como alheios a você ou como o resultado de seu próprio controle. Não sei se você já pensou nisso, mas cada posição pode definir de forma determinante seu sucesso ou fracasso a longo prazo.

ONDE ESTÁ SEU *LOCUS* DE CONTROLE?

O *locus* de controle indica o modo como cada indivíduo percebe sua situação pessoal, econômica ou profissional frente aos seus comportamentos ou às forças que o circundam. A percepção disso produz um movimento contínuo de questionamento a respeito de si mesmo e do mundo externo, fazendo nossa vida tomar um determinado rumo. Assim, a forma como escolhemos enfrentar (leia-se: compreender) os desafios da vida é chamada de orientação do *locus* de controle.

Esse termo foi cunhado por volta de 1960, por Julian Rotter, pesquisador do comportamento humano, que tentava entender como as atitudes das pessoas frente ao seu ambiente poderiam influenciar suas vidas. Rotter descobriu o seguinte: pessoas que desenvolviam um *locus* de controle interno se percebiam mais responsáveis pelo seu próprio sucesso. No caminho inverso, aquelas que acreditavam que o ambiente tinha maior influência (*locus* de controle externo) sempre sentiam que o que acontecia a elas era o resultando das forças ambientais que atuavam sobre sua vida e que, portanto, pouco poderia ser feito.

Indo um pouco mais além, para as pessoas que sentiam que seu *locus* de controle era externo, as próprias habilidades pessoais e ações não exerciam muita influência nas respostas positivas que recebiam da vida. Afinal, elas estavam convencidas da sua falta de poder em relação às forças ambientais e, assim, acabavam não se esforçando para tentar mudar ou melhorar suas habilidades de enfrentamento.

De maneira inversa, as pessoas que percebiam a existência do *locus* de controle interno eram mais automotivadas e determinadas, pois se viam como as únicas responsáveis pelo caminho que suas vidas tomavam.

CONSEQUÊNCIAS

Os dados finais foram ainda mais impressionantes: a pesquisa de Rotter demonstrou que as pessoas com *locus* de controle interno tendiam a ser física e mentalmente mais saudáveis do que as outras. Em geral, elas apresentavam pressão sanguínea mais baixa e menores índices de infartos, de ansiedade e de depressão, além de terem sido mais hábeis ao lidar com as situações de estresse. Tinham, portanto, uma maior resiliência pessoal.

O *locus* de controle interno foi também associado a melhores notas na escola e a um sentimento de maior liberdade de escolha, além de maiores índices de sociabilidade e autoestima.

Você consegue imaginar como se saíam as pessoas com *locus* de controle externo? Nesse caso, foram percebidas mudanças mais frequentes de ambiente físico (como mudar mais de casa, cidade ou país), menores níveis de satisfação profissional (ficavam pulando de emprego em emprego), apresentavam um descontentamento constante com suas experiências afetivas (relatavam ainda não ter achado o "amor da vida") e, finalmente, manifestavam hábitos pessoais mais extremados, como se matricular em programas de emagrecimento ou fortalecimento mais radicais, pois, como o *locus* era externo, a busca procurava uma "transformação externa".

Voltando ao presente, você já deve ter visto como algumas pessoas estão sempre engajadas em uma busca incessante por melhores condições de vida, como, por exemplo, uma preocupação desmedida com a beleza, um interminável esforço para adquirir roupas da moda, troca constante das coisas, etc. Ou seja, para esse grupo, melhorar o *status* se torna o grande sentido da vida.

Veja que nem de longe estou dizendo que não devemos tentar melhorar nossas condições econômicas, estou apenas mostrando que esse "norte magnético", na verdade, tem o poder de nos desequilibrar, pois é uma busca externa e erroneamente associada à conquista da felicidade.

E você? Consegue dizer qual é o seu *locus* de controle? É importante pensar no assunto.

Creio que o ponto central de uma vida satisfatória e equilibrada é aquele onde assumimos a responsabilidade dos acontecimentos e, frente às situações das quais não temos efetivamente o controle, nos empenhamos, então, para construir uma postura mais proativa, pois, ao fazermos isso, recuperamos o controle de nosso destino.

Portanto, se você deseja que sua vida melhore, comece percebendo que você é o grande responsável por sua existência e pelo tipo de vida de que desfruta.

59
O QUE A VIDA ESTÁ TENTANDO MOSTRAR? UMA REFLEXÃO SOBRE O QUE SOMOS E BUSCAMOS

Algo bastante curioso é poder observar a vida das pessoas que, de alguma forma, desenrola-se à nossa volta. São existências que invariavelmente se tornam compostas pelas alternâncias de altos e baixos emocionais, o que faz com que, ao trafegarem pela estrada da vida, busquem chegar a algum destino em particular.

Alguns desses viajantes, mais céticos e castigados por sua história pessoal, passam fases expressivas de sua existência atribuindo responsabilidades, ao culpar o mundo por seus infortúnios, ao passo que outros, mais otimistas e perseverantes, tentam, de forma menos derrotista, exercer algum tipo de controle sobre sua trajetória de vida.

Assim se dá o caminhar vivencial de muitos, com alguns descrevendo sua existência com mais leveza e tranquilidade, e outros se referindo ao passado com mais pesar e sofrimento.

Entretanto, uma coisa é certa: a grande maioria das pessoas carrega, em sua bagagem, uma espécie de mapa que indica a direção e o caminho a ser seguido.

Assim operam as coordenadas psicológicas da travessia de nossa vida, ao apontar, entre outras questões, as métricas de sucesso pessoal. Esses indicadores de triunfo incluem, por exemplo, ter um aumento de salário, viajar com mais frequência, comprar melhores roupas, frequentar locais mais famosos e ter quantias expressivas na conta bancária. Esses marcadores de ascensão estão quase sempre associados ao moldar os contornos da felicidade humana.

PARA SE PENSAR

O que ninguém nos contou é que, caso tenhamos a competência de sermos bem-sucedidos, muito provavelmente não conseguiremos nos sentir preenchidos da maneira como um dia, enquanto jovens, imaginávamos poder acontecer.

Pesquisas científicas mostram, por exemplo, que o conceito de satisfação pessoal aumenta, proporcionalmente, em função da rentabilidade econômica que obtemos. Assim, se ganharmos um salário mínimo, atingiremos um determinado padrão de felicidade, e essa ascensão de satisfação aumentará nossa autoimagem, até que, em um determinado ponto, ela se estabilizará.

Cientistas indicam a curiosa marca de vinte salários mínimos para o teto-expansão de nossa autoestima, e, depois disso, quer consigamos 30, 3 mil ou 30 mil salários mínimos mensais, desfrutaremos de um nível muito semelhante de satisfação pessoal.

A conclusão final é que mesmo os mais exitosos carregarão, no fim das contas, um senso limitado de realização, semelhante aos menos exitosos, que ainda brigam presos às circunstâncias da vida.

Assim, uma coisa é certa: em um determinado momento da vida, quer estejamos com nossos bolsos cheios ou vazios, seremos visitados pelo tão conhecido vazio existencial. Isso ocorrerá a todos, mais cedo ou mais tarde, pois aprendemos erroneamente que a robustez emocional provém do acúmulo de bens.

QUE ALTERNATIVA TEMOS?

Muitas pessoas vivem ainda de maneira completamente inconsciente, carregando sua letargia emocional ao longo de toda uma existência, como se vivessem sequestrados de si mesmos. Estou exagerando? Vejamos, então: quais são suas maiores vulnerabilidades psicológicas? O que você faz para se aprimorar e superar suas dificuldades emocionais? Por que você se vê sempre às voltas com o mesmo tipo de problemas? Por que, muitas vezes, acaba agindo de maneira irresponsável como forma de enfrentamento de suas adversidades? Por que você não é honesto consigo mesmo? O que tem feito, efetivamente, para diminuir sua insegurança e poder sentir-se bem no trabalho e em suas relações pessoais mais próximas?

CONSIDERAÇÕES FINAIS

Ou realmente colocamos os pés no chão em algum momento de nossa vida, ou passaremos o resto de nossa existência tentando nos distrair daquilo que, verdadeiramente, nos incomoda.

Muitos, infelizmente, terão pouca consciência, pois despertam tardiamente, ao passo que outros apenas se tornarão um pouco mais lúcidos em alguns dos momentos marcados pelas tragédias pessoais, mas logo em seguida voltarão à letargia.

Seja qual for a sua condição, pare e pense naquilo que você precisa se tornar hoje, assegurando, assim, que sua existência não seja, mais uma vez, desperdiçada. Afinal, o que sua vida está tentando lhe mostrar?

60
AS REDES SOCIAIS AFETAM O SEU RELACIONAMENTO MAIS DO QUE VOCÊ IMAGINA

A maneira como nos relacionamos sofreu modificações importantes nos últimos anos. Se até algumas décadas atrás as pessoas precisavam participar de festas, encontros ou eventos para tentar encontrar novos parceiros(as) amorosos nas interações cara a cara, hoje em dia basta entrar em algum *site* de relacionamento para que se tenha algumas dezenas ou centenas de possibilidades à disposição. Isso tudo sem sair de casa e sem que tenhamos, efetivamente, que estar presentes. De maneira semelhante a como escolhemos um produto em um *site* de compras, grande parte dos relacionamentos interpessoais tem seu início tão logo a outra pessoa seja informada e, claro, corresponda.

Encontrar novos relacionamentos se tornou algo rápido, simples e sem maiores complicações.

Tão fácil que permite aos parceiros insatisfeitos com suas relações mais duradouras a possibilidade de também dar uma rápida olhada, sem maiores complicações. Afinal, ninguém é de ferro, certo?

Errado!

Caso você não saiba, existem algumas estatísticas bastante estarrecedoras sobre o assunto. De acordo com uma pesquisa conduzida por um grande escritório de direito de família dos Estados Unidos, 1 a cada 3 divórcios ocorre por conta das redes sociais. Outro relatório, publicado pelo Google, aponta que 1 a cada 5 divórcios no mundo, atualmente, tem uma correlação direta com os relacionamentos do Facebook.[1]

Como a coisa é séria, o mesmo levantamento apontou que 1 a cada 3 pessoas mantêm suas senhas dos perfis sociais escondidas do parceiro. Assim, ao que tudo indica, as novas plataformas são um solo fértil para os relacionamentos extraconjugais. Tanto é verdade que 14% dos usuários buscam pistas de infidelidade nas contas dos cônjuges, e 30% dessas pessoas, embora formalmente casadas, não se comportam como tal.

Assim, 2 a cada 10 internautas entrevistados afirmam que as redes sociais são perigosas para a saúde de seus relacionamentos. Além disso, **1 a cada 5 entrevistados, em algum momento, chegou a duvidar de seus parceiros em função do que encontram em suas redes sociais.**[2]

A Academia Americana de Advogados de Família cita que 81% dos advogados usam informações contidas nos perfis do Facebook como evidências legais primárias nos processos de separação de seus clientes. Ou seja, o que você posta nas redes sociais poderá ser usado contra você em um eventual processo de dissolução matrimonial, se necessário.[3]

No Reino Unido, as estatísticas não são muito diferentes. Outra fonte aponta que 20% das "petições de comportamento" (que é o jargão britânico para "motivos para pedir o divórcio") continham a palavra "Facebook". Isso indica que o *site* era, de alguma forma, culpabilizado pela dissolução das uniões. Apenas alguns anos depois, essa porcentagem saltou para 33%.[4]

Assim, ao que tudo indica, certos amigos do Facebook possivelmente não são apenas amigos, e isso, muitas vezes, torna-se rapidamente evidente

---

[1] Matthews, D. (2018). 30 percent of divorces involve facebook: what you need to know. *Divorce Magazine*. Recuperado de https://www.divorcemag.com/articles/30-percent-of-divorces--involve-facebook/.
[2] Chatel, A. (2015). Why social media causes divorces, and 7 ways it's ruining your relationship. Recuperado de https://www.bustle.com/articles/100673-why-social-media-causes-divorces-and-7-ways-its-ruining-your-relationship.
[3] American Academy of Matrimonial Lawyers. (2010). Big surge in social networking evidence says Survey of Nation's Top Divorce Lawyers. Recuperado de http://aaml.org/about-the-academy/press/press-releases/e-discovery/big-surge-social-networking-evidence-says-survey-.
[4] Divorce Online (2019). Recuperado de https://www.divorce-online.co.uk/.

aos demais. Além disso, 1 a cada 20 casais relata "ficar chateado" porque o parceiro não publicou nenhuma foto dos dois juntos. Mas não é apenas o que os parceiros estão fazendo nas mídias sociais que causa problemas – os casais também discutem sobre o quanto usam os *sites*.[5]

GATILHO

As mídias sociais fornecem um caminho poderoso para a adoção de comportamentos que podem ser potencialmente prejudiciais aos relacionamentos afetivos, como a comunicação com "amigos" alternativos, que, às vezes, podem criar conflitos de relacionamento, separações ou até mesmo levar ao divórcio. Entretanto, as evidências empíricas disso ainda são bastante limitadas.[6]

Do ponto de vista do comportamento, creio que nada nem ninguém tem, de fato, o poder de afetar quem quer que seja, a não ser que o internauta já carregue essa predisposição ou insatisfação latente, fazendo das plataformas digitais os novos vilões dos relacionamentos do século XXI. Assim, é possível que a suposta "facilidade" de contato sirva, apenas e tão somente, de gatilho para que o descontentamento dos casais se manifeste mais rapidamente.

Para se pensar, não acha?

De qualquer forma, caso não seja sua intenção real a de buscar novas oportunidades românticas *on-line*, seria interessante ter cuidado onde navega e com quem fala, pois tudo que se faz na rede mundial sempre deixará rastros. Isso é fato![7]

Assim, evite que as redes sociais possam, efetivamente, colocar em risco seu relacionamento.

---

[5] Barker, I. (2015). *Social media: destroying marriages since 2015*. Recuperado de https://www.itproportal.com/2015/04/30/social-media-destroying-marriages-since-2015/.
[6] McDaniel, B. T., Drouin, M., & Cravens, J. D. (2017). Do You Have Anything to Hide? Infidelity-Related Behaviors on Social Media Sites and Marital Satisfaction. *Computers in human behavior, 66*, 88-95.
[7] Punch (2017). Protecting your marriage from social media. Recuperado de https://punchng.com/protecting-your-marriage-from-social-media/.

61

DINHEIRO TRAZ FELICIDADE? E CASAMENTO? ENTENDA O QUE PODE INFLUENCIAR NESSA BUSCA

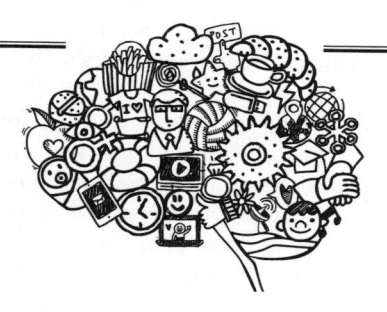

Não é de hoje que a felicidade é perseguida por todos nós, sem exceção. Você, leitor, por acaso, também quer ser feliz? Saiba que durante muito tempo acreditou-se que a felicidade dependia dos desígnios dos deuses. Essa concepção religiosa da felicidade foi presente durante muitos séculos e em várias culturas. Entretanto, no século IV a.C., Sócrates inaugurou uma concepção a partir da qual buscar a felicidade se tornou uma tarefa de responsabilidade do próprio indivíduo.

A Revolução Francesa, por exemplo, também estabeleceu que o objetivo da sociedade devesse ser a obtenção da felicidade de seus cidadãos. E, nos tempos atuais, a felicidade é considerada um valor tão precioso que a Declaração de Independência dos Estados Unidos registra que "todo homem tem o direito inalienável à vida, à liberdade e à busca da felicidade".

No entanto, se a felicidade depende de nós, para buscá-la é preciso primeiro saber o que ela é. Para sanar a dúvida, consultei o dicionário Aurélio e encontrei o seguinte: "s.f. Estado de perfeita satisfação íntima; ventura.

/ Beatitude; contentamento, grande alegria, euforia, grande satisfação. / Circunstância favorável, bom êxito, boa sorte, fortuna".

Veja que as definições de felicidade são múltiplas, e, embora tenhamos esse direito, não parece uma tarefa tão simples encontrá-la. Querido leitor, qual é o seu palpite? Você acredita, por exemplo, que ter dinheiro lhe faria mais feliz? Casar-se e ter filhos também? Ou ter um bom emprego? Vamos observar algumas questões, então.

FELICIDADE E DINHEIRO

Comecemos pela resposta mais óbvia. É possível que você tenha pensado que ganhar mais dinheiro poderia lhe fazer mais feliz. Economistas descobriram que quanto mais se ganha, maior é a satisfação das pessoas com a vida.

Entretanto, o que você ainda não sabe é que o nível de felicidade não aumenta na proporção do ganho econômico, pois, embora possamos ficar mais felizes por ganhar mais, muitas pesquisas afirmam que essa satisfação aumenta até certo ponto e se estabiliza.

Portanto, ainda que você possa acumular cada vez mais dinheiro, sua felicidade não aumentará na mesma proporção. Há um velho ditado que capta intuitivamente essa questão ao dizer: *"more money, more problems"* (tradução: mais dinheiro, mais problemas). Moral da história: talvez o dinheiro não seja a saída.

FELICIDADE E RELACIONAMENTO

É comum que as pessoas busquem a felicidade em relacionamentos. Aqui, encontraremos dados controversos. Em primeiro lugar, não é o casamento que faz as pessoas felizes, mas um casamento feliz é que pode contribuir com o estado de felicidade geral.

As pessoas casadas podem ter níveis de felicidade maiores do que as solteiras (ou separadas), mas a qualidade da relação desenvolvida com o cônjuge ainda é o principal indicador da felicidade humana, segundo pesquisas.

Quanto aos filhos? Aqui vão dados mais polêmicos: a felicidade entre homens e mulheres diminui após o nascimento do primeiro filho, devido ao nível de preocupação e do estresse gerado. Em geral, pesquisadores indicam que casais sem filhos são mais felizes do que casais com filhos. Casais com filhos pequenos são também aqueles com menor índice de felicidade, pois possuem preocupações ainda maiores.

E, apesar de fatos científicos apontarem que filhos não trazem felicidade, talvez o valor afetivo desenvolvido nessas relações (se forem positivas, obviamente) compense as preocupações geradas ao longo da vida junto aos pequenos. Quem sabe...

Bem, se a saída para ser feliz não está fundamentalmente no dinheiro, nos relacionamentos ou na criação dos filhos, é possível que essa busca seja, na verdade, algo interno e individual, dependendo apenas e exclusivamente de nós.

MITO DA CHEGADA

Lembre-se de que a busca pela felicidade já se faz presente desde nossa infância. É bem fácil encontrá-la nos mais variados livros de histórias infantis, em que, invariavelmente, nos deparamos com o "final feliz". É a princesa que recebe o beijo do príncipe e desperta para viver o amor eterno, o pote de ouro que é encontrado ao fim do arco-íris, a intervenção divina fazendo-se presente e salvando o reino em guerra – enfim, todos acabam *felizes para sempre*.

Tais parábolas são importantíssimas, pois têm como função mostrar às crianças desde cedo que o bem triunfa sobre o mal e que existe bondade e justiça, além de ser uma ótima maneira de incutir ideias e valores a respeito da importância de se viver uma vida regida pela boa moral e pela ética. E, até aqui, tudo bem.

Entretanto, deixamos de ser crianças, crescemos, e, por força do hábito, continuamos a acreditar que existe o final feliz das coisas. Assim, aguardamos ansiosos a tão esperada promoção, a viagem dos sonhos, o relacionamento perfeito, a casa nova, etc., e, sem perceber, passamos a vida toda esperando o dia em que nossos esforços serão recompensados, mas isso nem sempre acontece.

SER FELIZ E SENTIR-SE BEM

Sem perceber, acabamos por confundir *ser feliz* com *sentir-se bem*. Veja que, dentro dos termos mencionados, ser feliz sempre envolverá algum acontecimento ou fato externo que nos ajudará na realização dos momentos felizes. Portanto, vivemos com o mito da chegada (ou a busca do final feliz) em nossa cabeça, ou seja, com um pouco de sorte, *é possível* que um dia realizemos alguns de nossos maiores sonhos e possamos, finalmente, ser felizes.

Entretanto, como são fatos externos, não temos o menor controle sobre sua ocorrência, então esperamos, talvez por uma vida inteira. Enquanto isso não acontece, sentimo-nos profundamente incompletos.

Qual é a saída, então? Devemos entender que, para que possamos nos sentir bem, basta que comecemos a cuidar de nós mesmos e nos empenhemos na realização daquilo que pontualmente nos faz bem, pois temos controle sobre isso.

Eu imagino que você esteja pensando que estou simplificando as coisas, mas não é esse o meu objetivo. Ao realizarmos algo que nos faz bem, isso nos sustenta emocionalmente para seguir em frente, pois desenvolve força e virtude, ajudando-nos a desenvolver dignidade pessoal. Dessa forma, aumentamos nosso senso de coerência de sentimentos e de afetos positivos.

O QUE FAZER, ENTÃO?

Veja que não existe uma receita, então seria ingenuidade de minha parte lhe dizer o que fazer. Entretanto, a busca por três necessidades humanas é apontada pelos pesquisadores como parte dessa jornada:

1. Melhore seu senso de pertencimento – um estudo publicado no periódico *Journal of Happiness Studies* aponta que um círculo de amizades ativo está ligado a maiores níveis de bem-estar, habilidades de lidar com o estresse e maior facilidade de engajamento social.
2. Desenvolva seu senso de competência – procure aprimorar as suas habilidades para fazer algo bem feito
3. E, finalmente, fortaleça seu senso de autonomia, que é a capacidade de sentir-se suficientemente bem consigo mesmo.

Eu, pessoalmente, entendo que a busca da felicidade ultrapassa tudo o que foi descrito anteriormente e contém outro elemento, denominado busca de sentido. Não que os pontos explicados não os contenham, mas creio que apenas um propósito maior poderá nos encantar e sustentar efetivamente nossa felicidade.

E você, já achou o sentido de sua vida? Ainda não? É importante pensar no assunto, pois há uma obrigação moral nisso.

62

POR QUE O TEMPO PARECE PASSAR MAIS RÁPIDO DEPOIS QUE FICAMOS MAIS VELHOS?

É realmente curioso observar o que acontece conosco quando nos debruçamos sobre as distintas memórias que vivemos. Não sei se é o seu caso, mas eu, por exemplo, fico me perguntando a razão pela qual o tempo, em diferentes fases de nossa existência, aparenta ter distintos significados e durações.

Quando somos pequenos, é fato que os anos custam muito a passar. Nossas festas de aniversário, de Natal ou de fim de ano na infância são momentos únicos, e, com eles, centenas de memórias são colecionadas nesses períodos.

Recordamo-nos com detalhes das vivências que passamos, das roupas que usávamos, das pessoas envolvidas e de tudo que permeou esses importantes acontecimentos.

Sejam boas ou más, essas reminiscências de nossa primeira década passam devagar, cheias de acontecimentos e de recordações, até que, finalmente, chegamos à adolescência. Nesse momento, alcançar os 18 anos se torna um de nossos maiores objetivos de vida.

É interessante observar que desfrutamos, nesses estágios, de um sentimento muito estranho em relação ao tempo. Se antes pouco percebíamos sua existência, na adolescência nos aborrecemos com sua lenta e demorada passagem, que nos desgasta. Sentimos que os momentos não passam, o que permite que, repetida e continuadamente, façamos planos a respeito do que estudar, onde morar, para onde viajar e, o mais importante, o que poderemos nos tornar.

De tanto imaginar e sonhar, de alguma maneira fazemos as pazes com o tempo, e, assim, ele nos permite chegar aos 18 anos. Nessa ocasião, o que não sabemos ainda é que, passado esse período, nossa relação com a temporalidade começa a sofrer uma significativa alteração.

Os 21 anos, outro marco importante, rapidamente chegam, e com eles a década dos 20 é vivida de maneira um pouco diferente daquela experimentada nas anteriores.

Não sei se é o seu caso, mas dos 20 aos 30 anos, o tempo já não nos aborrece tanto. Estamos tão concentrados nas definições das questões afetivas e profissionais que nem ligamos para a sua duração, e, dessa forma, a barreira dos 30 anos é igualmente cruzada.

Nossas inquietudes pessoais, das mais variadas, nos absorvem de tal forma que dos 30 aos 40 anos o tempo é sentido por nós com um pouco mais de agilidade. Caso você ainda não saiba, essa experiência ocorrerá de forma cada vez mais intensa nas décadas que se seguirão, até que, na terceira idade, muitas pessoas dizem que a vida passou "em um piscar de olhos".

Assim, não é muito difícil perceber que o tempo se apresenta a nós do início ao fim da vida de forma bastante distinta ao sofrermos um verdadeiro afunilamento temporal, lentamente vivido no início da vida, mas rapidamente sentido na vida adulta.

E a pergunta que nos seria muito oportuna é: existe algum elemento responsável pela diferença de percepção temporal em nossa vida nas diferentes idades?

Desconheço uma boa resposta científica a respeito. Entretanto, uma questão bem simples de ser considerada seria o tempo de vida que carregamos em cada fase, o que resultaria em uma distinta percepção do tempo.

Eu explico. Quando somos crianças, os eventos que passamos são carregados de tanta novidade que despertam expressiva curiosidade e atenção, uma vez que, como situações únicas de nossa história, delineiam momentos significativos de nossa vida. Entretanto, à medida que o tempo passa, as vivências deixam, aos poucos, de nos sensibilizar, pois passam a fazer parte da grande coleção mental de lembranças.

Um raciocínio simples que pode lhe ajudar a compreender o que estou tentando dizer seria o seguinte: imagine, por exemplo, em 7 anos de vida, a relevância e o valor que contém cada aniversário que passamos, eventos únicos que nos preenchem de emoções e de vida. Todavia, com 40 ou 50 anos, a importância de uma simples celebração obviamente se dilui nas sucessões de tantos e tantos anos (e celebrações) já vividos. Dessa forma, um dia apreciado em 50 anos de uma vida é completamente distinto de um dia aproveitado com 5, 6 ou 7 anos de idade.

Como a vida vai passando e as situações vão perdendo a força de nos impregnar do ponto de vista emocional, temos a sensação de que as situações importantes diminuem e, assim, o tempo passa mais rápido, uma vez que poucas são as coisas que conseguem ser fortes o suficiente para nos "marcar" de forma expressiva – o que é um processo totalmente natural e adaptativo.

O QUE FAZER?

Uma sugestão derivada do pensamento oriental para frear um pouco a roda da vida seria o desenvolvimento daquilo que se denomina *mindfulness*, ou seja, a capacidade de despertar a atenção ou a consciência plena dos eventos que compõem nosso mundo interno, manifesto por meio de pensamentos, emoções e sentimentos.

Ao prestarmos mais atenção às coisas, reduzimos a velocidade sentida, e, assim, a sensação da passagem do tempo nos devolve a capacidade de voltarmos a nos surpreender com as coisas simples que compõem o cotidiano. A meditação, por exemplo, é tida como um poderoso exercício nessa direção. Outra sugestão? Faça apenas uma coisa de cada vez, colocando nela toda a sua atenção.

Ao fazermos isso, exercemos um tipo de controle sobre a aceleração temporal e voltamos a sentir a vida com nossos próprios olhos e com nosso próprio coração, saindo do clima de anestesia.

Como disse Clarice Lispector: "O tempo não existe. O que chamamos de tempo é o movimento de evolução das coisas [...]. Ou existe imutável e nele nos transladamos."

CONSIDERAÇÕES FINAIS

No carrossel da vida, pouco importa se o tempo, de fato, existe. O que realmente importa é que consigamos utilizar esse lapso temporal de nossa consciência plena para nosso melhor aprimoramento pessoal.

Se formos pensar bem, tudo é realmente apenas uma questão de tempo, e depende absolutamente de nós decidir como passar por ele.

63
CELULAR E GRAVIDEZ: QUANTO MAIOR O USO, MAIORES SÃO AS CHANCES DE PROBLEMAS

Sabe o telefone celular...? Aquele aparelho que usamos dezenas ou até centenas de vezes ao dia...? Aquele, com múltiplas funções...? Pois é, todos nós o conhecemos muito bem. Entretanto, o que pouca gente sabe é que esses dispositivos emitem um campo eletromagnético que, embora considerado "seguro" pela Organização Mundial de Saúde, começa a mostrar implicações mais sérias a longo prazo.

Até o presente momento, ninguém tinha conhecimento de que uma exposição mais prolongada – a exemplo de como utilizamos o celular atualmente – pode ter consequências bastante sérias para a saúde de nossos filhos.

Pesquisadores têm se perguntado sobre as consequências dessas radiações em crianças que, devido ao processo de desenvolvimento neurológico ao longo da gravidez, poderiam ser, de alguma forma, afetadas. Estudos com ratos em gestação, por exemplo, demonstraram que os filhotes mais expostos, ao nascer, exibiam alteração dos neurônios, hiperatividade e déficit de atenção e/ou outros importantes prejuízos nas funções cognitivas (de raciocínio). Outros estudos, entretanto, ainda não confirmavam esses achados.

Recentemente, porém, foi publicada uma pesquisa internacional de larga escala envolvendo quase 84 mil pares de pessoas (mães e seus filhos), junto a populações da Dinamarca, Coreia, Holanda, Noruega e Espanha. Os achados foram inquietantes.[1]

Os pesquisadores da Dinamarca, por exemplo, realizaram duas análises independentes (a primeira com 12.796, e a segunda com 28.745 mães e seus filhos), demonstrando que, quanto mais o telefone celular foi usado pelas mães no período de gestação e até os 7 anos de idade de seus filhos (dois períodos pontuais de avaliação), maiores foram os problemas emocionais e de comportamento apresentados pelos filhos aos 11 anos de idade.

A pesquisa é muito longa e muito detalhada para ser descrita na íntegra neste texto, além do fato de os próprios pesquisadores relatarem que a interpretação dos resultados ainda não é muito clara, devido a vários fatores (p. ex., qual seria a posição do feto na barriga das mães avaliadas e qual interferência isso poderia ter na recepção dos campos magnéticos pelos bebês? Ou, ainda, em qual local essas mães carregavam seus aparelhos junto ao corpo? Isso teria alguma influência?).

Enfim, de uma maneira geral, o que pode ser dito, a partir das investigações e das análises estatísticas individuais dos participantes de todos os países, é que aquelas mães que utilizaram o celular com menos frequência durante a gravidez foram as que apresentaram menores riscos de terem problemas comportamentais junto aos seus filhos.

Ou seja, o aumento do uso do celular durante a gestação pode estar associado a uma maior probabilidade de as crianças apresentarem hiperatividade e déficit de atenção, visto que esses problemas comportamentais e de hiperatividade foram encontrados de maneira bastante expressiva junto às mães que usaram mais o celular durante a gravidez e o período de formação dos bebês.

É importante dizer que esse foi o maior e mais consistente estudo realizado até agora.

O que fazer, então?

---

[1] Birks, L., Guxens, M., Papadopoulou, E., Alexander, J., Ballester, F., Estarlich, M., ... Vrijheid, M. (2017). Maternal cell phone use during pregnancy and child behavioral problems in five birth cohorts. *Environment international*, *104*, 122–131. Recuperado de https://www.ncbi.nlm.nih.gov/pmc/articles/PMC5506372/.

De acordo com a pesquisa descrita, fica claro que as mães precisariam manter uma distância do celular durante a gestação, pois quanto maior for o uso, maiores serão as chances de aparecimento de problemas posteriores. Assim, prefira os telefones fixos e, um palpite pessoal, se me permite, procure ficar longe desses aparelhos enquanto mais pesquisas possam ser conduzidas, para, assim, nos dar um pouco mais de segurança.

Atualmente, os celulares viraram uma das coisas mais importantes na vida de milhares de pessoas – inclusive de crianças – e ninguém se pergunta, de maneira responsável, quais os efeitos disso sobre nossa saúde. Há um "glamour" em torno dos aplicativos de celulares, das redes sociais, etc., e é muito importante ficarmos mais atentos a isso.

64
FICAR EM SILÊNCIO É UM PASSO IMPORTANTE PARA TERMOS MAIS SAÚDE MENTAL

No cotidiano de nossa realidade moderna, somos estimulados das mais variadas formas e de maneira ininterrupta, e, assim, os momentos de quietude e de introspecção, que são tão importantes ao nosso equilíbrio psicológico, tornam-se cada vez mais escassos.

Segundo estatísticas americanas, atualmente os adultos enviam aproximadamente 94 mensagens de texto por dia, e, no caso dos mais jovens, esse número facilmente dobra.[1] No Brasil, as coisas não são muito diferentes: um levantamento apontou que 97% dos usuários de celulares possuem o aplicativo WhatsApp,[2] o que já nos dá uma ideia do quanto estamos absorvidos por esse e outros aplicativos. Cinco segundos, dizem, é o tempo

---

[1] Burke, K. (2016). *How many texts do people send every day (2018)?* Recuperado de https://www.textrequest.com/blog/how-many-texts-people-send-per-day/.
[2] Portal T5. (2018). Mais da metade dos brasileiros admitem fazer uso do Whatsapp. Recuperado de https://www.portalt5.com.br/noticias/geral/2018/9/137360-mais-da-metade-dos-brasileiros-admitem-fazer-uso-do-whatsapp.

médio estimado que uma pessoa leva para dar a resposta a uma pergunta que acaba de chegar através das plataformas digitais.

Isso tudo sem falar nas outras formas de estímulo mais tradicionais com as quais estamos habituados e que nos atingem de maneira ininterrupta, como as conversas contínuas que temos no trabalho e as demandas provenientes da família e da vida social como um todo, que absorvem, de maneira contínua, nossa concentração e nossa atenção. É por isso, inclusive, que temos a clara impressão de que hoje em dia o tempo passa muito mais rápido do que no passado.[3]

Em função de empregarmos, em boa parte do tempo, nossa consciência ativa para solucionar os problemas externos, inevitavelmente sacrificamos a percepção que vem "de dentro" de nós, ou seja, os sentimentos e as emoções que brotam a todo o momento acabam se tornando secundários em nosso fluxo mental. Com nossa atenção quase integralmente absorta, os momentos de quietude desaparecem, e, dessa forma, nossa capacidade reflexiva deixa de ser executada.

Na Grécia antiga, por exemplo, a contemplação ocupava um papel central na vida e no exercício da capacidade intelectual humana; o famoso ócio criativo era, assim, de fundamental importância. Por essa razão, o trabalho era tido como a expressão da miséria humana e, portanto, era pouco valorizado naquela sociedade.

Para famosos pensadores, como Aristóteles e Platão, a atividade laboral estava ligada ao campo das necessidades humanas, como o alimentar-se e o resguardar-se. Curiosamente, a própria origem etimológica da palavra "trabalho", nas línguas latinas, vem do vocábulo latino *tripaliu*, que era um instrumento de tortura formado por três paus que serviam para "estripar" as vísceras dos prisioneiros.[4]

Essa mentalidade se modificou gradualmente, embora alguns pensadores ainda mencionassem, ao longo do tempo, a importância do silêncio e do recolhimento pessoal. Em 1660, o filósofo francês Blaise Pascal afirmou

---

[3] Vasconcelos, Y. (2010). Por que o tempo parece passar mais depressa ultimamente? *Superinteressante*. Recuperado de https://super.abril.com.br/mundo-estranho/por-que-temos-a-sensacao-de-que-o-tempo-esta-passando-mais-depressa/.
[4] Maestri, R. (2015). A etimologia da palavra trabalho para explicar comportamentos. *GGN*. Recuperado de https://jornalggn.com.br/sociedade/a-etimologia-da-palavra-trabalho-uma--forma-de-explicar-comportamentos/.

que "a única causa da infelicidade do homem é ele não saber mais ficar quieto em seu quarto".

E, claro, de lá para cá as coisas se agravaram. Após a Revolução Industrial, para quem não se recorda, ficamos cada vez mais absorvidos, tanto que, nos dias de hoje, ficar ocioso e desocupado pode colaborar com a criação de uma reputação pessoal negativa perante os demais.

A necessidade de ocupação constante chegou a tal ponto que no ano passado, no Japão, o governo passou a solicitar que os empregadores criassem períodos sistemáticos de descanso, como uma forma de contrabalançar a quantidade de horas extras que são realizadas pelos trabalhadores. Em 2016, uma pesquisa japonesa junto a 10 mil trabalhadores descobriu que mais de 20% deles estavam fazendo mais de 80 horas extras por mês.[5]

Não faltarão exemplos dessa sobrecarga de atividades, que ocorre em todo o mundo e em todos os níveis, imagino eu, e praticamente ninguém teria objeções a respeito do fato de termos ficado, efetivamente, muito assoberbados e, por consequência, cada vez mais distraídos e inquietos.

Entretanto, colocando essa situação em perspectiva, eu perguntaria: o que esse excesso de estimulação mental estará fazendo conosco? Existiria algum efeito colateral à nossa vida emocional, além do conhecido estresse e suas variações psicossomáticas?

Infelizmente, a resposta é "sim".

Vamos por partes, pois o assunto é importante.

O PAPEL DA AUTORREFLEXÃO

A razão pela qual devemos incentivar o silêncio e o isolamento é devido à autorreflexão ocupa um papel extremante importante para o desenvolvimento e o aprendizado humanos. John Dewey, um importante psicólogo, já afirmou que as experiências, sozinhas, não são suficientes para provocar a mudança em direção a um maior amadurecimento pessoal.

Assim, uma coisa é estarmos ocupados com os afazeres externos, e outra coisa, completamente distinta, é estarmos assimilando e nos trans-

---

[5] BBC News Brasil. (2018). *Por que o Japão está pedindo que trabalhadores tirem uma manhã de segunda-feira de folga.* Recuperado de https://www1.folha.uol.com.br/mercado/2018/08/por--que-o-japao-esta-pedindo-que-trabalhadores-tirem-uma-manha-de-segunda-feira-de-folga.shtml.

formando (internamente) a partir desses eventos que rotineiramente ocupam a percepção.

Quem está familiarizado com as questões de saúde mental sabe que, à medida que as situações se apresentam, nossa mente precisa de um tempo para poder ancorar as novas informações e, assim, ter a oportunidade de criar novas conexões e sinapses.

Ao respeitarmos esse intervalo de tempo, o cérebro tem mais possibilidades de realizar as associações mais profundas frente às experiências que já temos armazenadas na memória e frente às novas, que estão chegando a cada instante.

Assim, para que possamos dar nomes às emoções que sentimos – e muitas vezes sequer percebemos –, precisamos executar uma função cerebral que compreende duas etapas: (a) precisamos de alguns segundos para uma rápida introspecção e, assim, nos dar conta de como as coisas chegam a nós; e (b) dois milissegundos após, dar ao cérebro a possibilidade de conseguir explicar aquilo que sentimos.

Esse procedimento paralelo de processamento de informações – ou "dialético", como dizem, de construção de significados – está, na realidade, no coração de tudo que se torna importante e significativo para nós.[6]

Como nossa vida nos dias de hoje é, digamos, intensa ao limite, tona-se vital que possamos nos recolher, de tempos em tempos, para podermos deliberadamente deixar a nossa consciência "em pausa" ou suspensão e assim possamos progressivamente compreender aquilo que estamos sentindo.

Como existe esse "tempo" natural cerebral, necessário no processo de interpretação, estarmos em ambientes conturbados e turbulentos faz a nossa mente estar em maior prontidão para responder às demandas externas, ao deixar em pausa, dessa forma, as mais variadas demandas emocionais que tanto necessitam de uma melhor deliberação e de uma acomodação interna mais profunda.

Lembre-se de que nossa capacidade de refletir e pensar de maneira mais precisa e correta precisa, como um exercício físico, ser praticada com certa continuidade, garantindo, assim, que seu aperfeiçoamento possa ser atingido. Tenha em mente, então, que se não usarmos desses períodos intencionais de silêncio e de quietude como uma janela de oportunidade

---

[6] Abreu, C. N. (2014). *Entendendo nossas emoções: do passado ao presente*. Recuperado de https://cristianonabuco.blogosfera.uol.com.br/2014/06/25/entendendo-nossas-emocoes-do--passado-ao-presente.

(para instigar as reflexões mais profundas), corremos o risco de nos tornarmos cada vez mais rasos e superficiais. Está claro?

BENEFÍCIOS DO SILÊNCIO E DA SOLIDÃO INTENCIONAL

Segundo a Associação Americana de Psicologia, o silêncio permite que possamos descontinuar de maneira saudável as atividades que vínhamos fazendo e, assim, possamos "reiniciar" nosso cérebro, reabastecidos de foco e de renovada concentração, o que faz aumentar a produtividade.

Dessa forma, ao intercalar os períodos de atenção com pequenas pausas de quietude e introspecção – removendo ao máximo as distrações e interrupções externas –, a concentração mental desenvolvida após o retorno às atividades será mais robusta.[7]

Outro aspecto de fundamental valor é que, no silêncio e na solidão voluntária, temos a oportunidade de descobrir melhor aquilo que sentimos, ou seja, ao nos observarmos intimamente (sem as constantes desatenções), podemos fazer uma "ligação direta" com o lado emocional do cérebro e, como resultado, pensamos melhor e mais profundamente.[7]

Para concluir, a suspensão mental calculada, além de propiciar uma série de outras vantagens específicas (como a mudança da morfologia cerebral), nos possibilita uma melhor compreensão de quem somos, do que gostamos e, o mais importante, de como desejamos viver nossa vida. E assim, ao perceber esse contorno emocional pessoal com mais clareza, é provável que façamos melhores escolhas existenciais e tenhamos menos arrependimentos.[8]

---

[7] Carter, S. B. (2012). 6 Reasons you should spend more time alone. *Psychology today*. Recuperado de https://www.psychologytoday.com/us/blog/high-octane-women/201201/6-reasons--you-should-spend-more-time-alone?collection=163457.
[8] Vieira, N. S. C. (2016). A meditação desenvolve nossa mente e cérebro. *Diálogo Espaço de Psicologia*. Recuperado de https://www.dialogopsi.com.br/blog/meditacao-muda-cerebro/.

CONSIDERAÇÕES FINAIS

Para quem ainda não percebeu, a pista que estou tentando passar com o que estamos abordando é a de que, no fundo, o silêncio e o isolamento voluntário nada mais são do que oportunidades ou formas alternativas – e extremamente necessárias – de sossegarmos nossa mente e nosso interior, tão vitais ao equilíbrio emocional.

Assim, aquiete-se e diminua o risco de se tornar (ou permanecer) confuso, desorientado e perdido de si mesmo. Aqui vai uma dica: comece, por exemplo, praticando o silêncio uma vez por dia. Tenho certeza de que você irá se surpreender. Não é à toa que um antigo provérbio árabe já dizia: "A palavra é prata, o silêncio é ouro".

65
O EFEITO DO CELULAR SOBRE SEU CÉREBRO, MESMO ESTANDO DESLIGADO

As inúmeras possibilidades que um *smartphone* pode trazer à vida de cada pessoa não são novidade para ninguém. Adoramos nos comunicar com os outros por meio das redes sociais, dar uma olhada nos lugares que planejamos visitar, pesquisar preços de produtos, tirar fotos, filmar e, acima de tudo, nos distrair nos momentos de lazer, inclusive quando estamos presos no trânsito.

Os números apontam que os proprietários de *smartphones* interagem com seus telefones cerca de 85 vezes por dia – imediatamente após o despertar, no banheiro, caminhando na rua ou no metrô, dirigindo, durante as aulas ou reuniões, na cama antes de dormir e, não raro, no meio da noite. Não é de se estranhar, então, que 91% afirmam que nunca saem de casa sem seus telefones e 46% dizem que não poderiam viver sem eles.

Assim, os celulares representam tudo o que o mundo conectado tem para oferecer, condensado em um único dispositivo, que se encaixa na palma da mão e quase nunca sai do nosso lado.

Além de todos os benefícios que a tecnologia nos trouxe, eu, pessoalmente, tenho escrito bastante a respeito dos "efeitos colaterais" que essa utilização contínua criou junto a algumas pessoas que se tornam verdadeiramente dependentes de seus *smartphones*.

Mas, ainda que todos nós saibamos muito bem a respeito dos riscos de uso, uma nova pesquisa se debruçou sobre outro aspecto até então nunca investigado: que efeito um celular pode criar para nós *mesmo estando desligado*.[1]

NOSSO CÉREBRO

É bem sabido que podemos desempenhar várias funções cognitivas, ou seja, nossa "mente" realiza várias operações simultâneas ao longo do dia.

Assim, para vivermos, precisamos nos recordar de situações passadas, fazer inferências a respeito de ações futuras e, ao mesmo tempo, manejar nossa atenção frente aos mais variados estímulos que nos chegam a cada momento. É como se nosso cérebro executasse, portanto, uma função gerencial.

Com todas essas atividades sendo realizadas, obviamente nossa atenção priorizará o que é vital para nós, mesmo que não estejamos muito conscientes dessas ações. Quem nunca viu uma mãe ocupada com alguma tarefa distante de seu filho, quando, subitamente, este chora em outro local e, ainda assim, consegue atrair repentinamente a atenção da cuidadora? Pois bem, é mais ou menos assim que as coisas ocorrem conosco.

Embora tenhamos uma boa capacidade de manejar as coisas, essa capacidade de atenção é *limitada*, o que faz o nosso cérebro, de maneira instintiva, eleger o que é mais significativo em nossa vida, levando nossa atenção a ficar no aguardo de ser solicitada para aquilo que consideramos mais importante.

Tendo isso tudo em mente, pesquisadores procuraram investigar qual o efeito que os *smartphones* – por serem importantes na vida das pessoas – poderiam exercer sobre a capacidade de atenção de nosso cérebro, ou seja, se a sua mera presença no ambiente poderia criar algum tipo de efeito negativo sobre nossa produtividade mental.

---

[1] A. F. Ward, K. Duke, A. Gneezy, & M. W. Bos. (2017). Brain drain: the mere presence of one's own smartphone reduces available cognitive capacity. *Journal of the Association for Consumer Research, 2*(2), 140-154. Recuperado de https://www.journals.uchicago.edu/doi/citedby/10.1086/691462.

A PESQUISA

Dois grupos foram divididos em um experimento, que consistia em realizar tarefas que exigiam a atenção dos participantes. O primeiro grupo de pessoas foi obrigado a deixar seu telefone fora da sala, e o outro grupo pôde ficar com os celulares durante a realização das atividades. Ao final das tarefas de ambos os grupos, avaliou-se o resultado.

O grupo que realizou as atividades com o celular nas proximidades (dentro da bolsa ou com o aparelho virado com a tela para baixo sobre a mesa), foi o que apresentou o menor desempenho nos trabalhos propostos pelos investigadores, se comparado ao grupo que deixou o aparelho em outro ambiente.

A pesquisa identificou que a presença do celular nas proximidades criou um efeito colateral potencialmente danoso, chamado de *desvio atencional*, ou seja, observou-se que sua *mera presença* fez com que um problema maior aparecesse.

A investigação indicou que os sinais sonoros, quando emitidos pelo próprio telefone (mas não os de outra pessoa), acabavam por ativar o sistema de atenção involuntária do cérebro – semelhante ao sistema que responde ao ouvirmos o som de nosso próprio nome –, e, dessa forma, quando esses celulares estavam expostos no ambiente, sua condição de um estímulo de "alta prioridade" fez os participantes ficarem distraídos por eles durante as atividades.

Ainda que as pessoas estivessem envolvidas na resolução das tarefas para as quais seu *smartphone* não era, necessariamente, relevante, como estava nas proximidades, a atenção consciente dos sujeitos desviava-se da tarefa focal para os celulares, de tempos em tempos, *roubando a atenção que seria usada na realização das tarefas centrais*.

A manifestação de pensamentos e dos comportamentos de checagem associados ao celular (p. ex., "será que alguém me passou mensagens?", "será que eu ouvi o telefone tocar?", etc.) passaram a constituir uma verdadeira "distração digital", que afetou negativamente o desempenho das tarefas do segundo grupo.

Além disso, como muitas pessoas têm consciência dessa distração, muitas vezes gastam ainda mais recursos atencionais para procurar inibir a atenção que é voltada naturalmente ao telefone, comprometendo de forma ainda mais intensa a qualidade e a densidade das atividades mentais em curso.

CONSIDERAÇÕES FINAIS

Se você é daqueles que, quando faz alguma atividade que exige mais concentração, vira o telefone com a tela para baixo ou o coloca no modo silencioso para não ser importunado, saiba, portanto, *que isso não tem qualquer utilidade*.

Segundo a pesquisa, apenas uma ação é suficiente para assegurar uma melhora mental: *separe-se de seu telefone*.

Mesmo estando em psicoterapia, é incrível ver a quantidade de vezes que meus pacientes param de falar assuntos verdadeiramente importantes apenas para "dar uma olhadinha" na mensagem que acaba de chegar, atrapalhando o encadeamento emocional dos temas e dos assuntos em questão.

Se você faz isso em sua vida e em seu trabalho, fique atento, pois, sem perceber, sua produtividade pode estar sendo seriamente comprometida.

DICAS

Trabalho

1. Procure se manter afastado de seu *smartphone* e, como relata a pesquisa, mantenha-o distante (não o deixe no mesmo ambiente).
2. Quando for fazer uma pausa para o café ou para ir ao banheiro, dê uma olhada e eleja o que é, de fato, importante para dar uma resposta no momento. Deixe para fazer o que for irrelevante em outro momento.
3. Não o leve para reuniões ou outras situações que exijam concentração máxima.
4. Interaja com seus colegas. A capacidade de poder olhar nos olhos e compreender a emoção alheia é a chave para desenvolver uma boa inteligência emocional, fundamental para seu trabalho.

Escola

1. Procure se manter afastado de seu *smartphone* e, como relata a pesquisa, mantenha-o distante (não o deixe no mesmo ambiente). Caso não seja possível, mantenha-o dentro da mochila, preferencialmente desligado, e deixe-a longe de você.

2. No intervalo, dê uma olhada e escolha o que, de fato, é importante para dar uma resposta no momento. Deixe para fazer o que for irrelevante em outro momento.
3. Interaja presencialmente com seus colegas. As verdadeiras amizades, muitas vezes, nascem nessa fase da vida.

Casa

1. Procure se manter afastado de seu *smartphone* e, como relata a pesquisa, mantenha-o distante (não o deixe no mesmo ambiente).
2. Não deixe o celular no criado mudo e não o use como despertador, coloque-o em outro ambiente, fora do seu quarto (o sinal sonoro que chega ao longo da noite interrompe a entrada no sono profundo, que é o sono verdadeiramente reparador).
3. Não o leve à mesa durante as refeições.
4. Interaja com seus familiares, pois eles precisam de sua atenção.

66
O QUE ESTÁ POR TRÁS DO DESCONTROLE ALIMENTAR? CONHECER EMOÇÕES PODE AJUDAR

Na maior parte do tempo, não estamos conscientes do nosso próprio comportamento e de nossos sentimentos e emoções.

De acordo com um estudo publicado no *Journal of Marketing Research* – intitulado *Emotional Ability Training and Mindful Eating* –, o processo de escolha de nossa alimentação também não foge desse princípio, pois, muitas vezes, comemos mais para satisfazer nossas necessidades emocionais do que as nutricionais.

Muitos estudos, inclusive, já demonstraram que os esforços do *marketing* são direcionados exatamente a capturar esse tipo de deficiência, isto é, fisgar aqueles que praticam a chamada "alimentação hedonista" – voltada primordialmente à satisfação do prazer.

Lembre-se de que, quando vamos a um restaurante, o fazemos para poder comer o nosso prato predileto ou, ainda, saborear aquela sobremesa tão esperada. Assim, decorrente dos hábitos psicológicos e culturais, comemos para festejar momentos alegres, bem como para aplacar nossos sentimentos de infelicidade, tristeza ou angústia. Portanto, o aspecto emocional claramente permeia nossa conduta alimentar.

Dessa forma, tal investigação procurou compreender como os consumidores se portam na hora de exercer suas preferências nutricionais e, ainda, qual seria a influência das emoções pessoais sobre esse processo de escolha.

A PESQUISA

Os pesquisadores defenderam a hipótese de que a "inteligência emocional" – definida pela habilidade que uma pessoa exibe em perceber aquilo que está sentindo em um determinado momento –, se treinada, poderia se tornar uma poderosa aliada no processo de manejo de uma alimentação saudável, menos direcionada pelo impulso e pelo prazer circunstancial.
O experimento consistiu em pesar esses indivíduos e dividi-los em dois grupos. O primeiro grupo recebeu um treino que ajudava a reconhecer suas emoções básicas e, portanto, desenvolver mais inteligência emocional, ao passo que o segundo grupo (o controle), não recebeu essa capacitação. Após esse procedimento, os participantes foram expostos a uma variedade de produtos e de embalagens de alimentos (*snacks*, primordialmente).
Sabe o resultado? Aqueles que receberam o treinamento e conseguiram aprimorar o entendimento de suas emoções demonstraram maior propensão à escolha de itens mais saudáveis, o que resultou na diminuição da alimentação mais "emocional", aumentando o autocontrole e diminuindo a quantidade de calorias consumidas (a do grupo-controle, inclusive, foi bem maior).
Três meses mais tarde, os participantes de ambos os grupos foram novamente pesados: aqueles que receberam a capacitação em reconhecer suas emoções tinham, em média, perdido mais peso, se comparados àqueles que não haviam recebido orientação alguma e que, ao contrário, apresentaram ganho de peso.

CONSIDERAÇÕES FINAIS

Os autores concluem a investigação sugerindo que os programas educacionais de consumo deveriam colocar menos foco na leitura dos rótulos nutricionais e, em vez disso, encorajar a prática de exercícios psicológicos que possam melhorar a consciência emocional.

Por fim, afirmam que, com uma melhor compreensão de como se sentem, as pessoas estarão mais aptas a usar suas emoções na tomada de decisões melhores e mais saudáveis, pois não apenas comerão melhor, mas igualmente conseguirão sentir-se mais saudáveis e mais satisfeitas emocionalmente, aumentando, assim, seu bem-estar geral.

Portanto, da próxima vez que você for se alimentar, pergunte-se antes:

a. O que estou sentindo agora? Tente, com isso, fazer contato com suas emoções imediatas e identificar se o que você está prestes a ingerir irá aliviar sua fome física ou apenas preencher um vazio emocional (fome psicológica).

b. Uma vez identificado o sentimento e a natureza da fome, caso esta seja emocional, pergunte-se se não há alguma alternativa factível para contornar ou manejar esse sentimento de maneira mais equilibrada. Por exemplo, se você está se sentindo irritado(a) ou entediado(a), pergunte-se: "além da comida, o que eu poderia, de fato, fazer para me ajudar?".

c. Uma vez que sua emoção esteja identificada e alguma alternativa de ação possa ser implementada, seguramente seu episódio de fome emocional será mais controlado e consciente.

Posso lhe assegurar que, ao realizar esse pequeno exercício, você terá alguns instantes para reconhecer seu estado emocional interno e, com isso, seu comportamento poderá modificar-se de maneira expressiva.

Ao final, você estará apto a responder se não se controla frente a uma alimentação desequilibrada ou se, na verdade, escolhe não se controlar.

Tudo é uma questão de percepção. Vamos tentar uma alimentação mais consciente?

67

GRAVIDEZ NA ADOLESCÊNCIA TEM INFLUÊNCIA NEGATIVA NAS GERAÇÕES SEGUINTES

De acordo com um estudo publicado na revista *PLOS ONE*, as avós que tiveram seus filhos na adolescência apresentaram, substancialmente, maiores chances de virem a ter netos com menores escores em testes psicológicos, se comparados a uma média padrão.[1]

Estudos anteriores já haviam apontado para o fato de que as crianças nascidas de mães adolescentes se tornam menos preparadas e mais suscetíveis a apresentar piores resultados educacionais, se comparadas às crianças nascidas de mães cuja gestação ocorreu em idade adulta.[2-3]

---

[1] Wall-Wieler, E. Lee, J. B., Nickel, N., Roos, L. L. (2019). The multigenerational effects of adolescent motherhood on school readiness: A population-based retrospective cohort study. *Plos One*. Recuperado de https://journals.plos.org/plosone/article?id=10.1371/journal.pone.0211284.

[2] Loução, P. H. & Oliveira, P. S. N. (2017). *Maternidade na adolescência*. Tese de Doutorado, Instituto Ciências da Saúde, Universidade Católica Portuguesa, Porto. Recuperado de https://repositorio.ucp.pt/bitstream/10400.14/24204/1/Maternidade%20na%20Adolescencia.pdf.

[3] Macedo, E. O. S. & Conceição, M. I. G. (2013). Group actions to promote the adolescents health. *Journal of Human Growth and Development*, 23(2), 222–230. Recuperado de http://pepsic.bvsalud.org/scielo.php?script=sci_arttext&pid=S0104-12822013000200016&lng=pt&tlng=en.

O que não se sabia, entretanto, é que esse efeito poderia advir não apenas dos pais, mas também dos avós, ou seja, uma problemática ainda mais longeva do que poderíamos imaginar.

A PESQUISA

Os autores da investigação usaram dados de uma amostra de 11.326 crianças canadenses de 2000 até 2009, cujas mães nasceram entre os anos de 1979 e 1997, e, para avaliar esse problema, aplicaram-se alguns instrumentos de avaliação (questionários específicos) que medem cinco áreas do desenvolvimento infantil. Com esses dados em mãos, os pesquisadores conseguiram cruzar essas informações com as pontuações gerais da população do Canadá, e o resultado foi impressionante.

Os atuais alunos – aqueles netos de avós que, em sua adolescência, foram mães precoces – exibiram as maiores taxas de inaptidão acadêmica, se comparados aos alunos cujas avós engravidaram do primeiro filho com 20 anos ou mais.

E o mais curioso: ainda que as filhas originadas da gravidez precoce das avós tenham tido uma vida diferente (e tenham tido seus filhos após os 20 anos de idade), a precocidade gestacional das avós, ainda assim, teve seus efeitos passados aos netos. Dessa forma, entre o grupo como um todo, as crianças que tiveram avós com gravidez precoce apresentaram uma pontuação 39% maior de falta de preparo escolar.

Essas crianças, em comparação com outras, também ficaram para trás nos quesitos ligados ao bem-estar físico, competência social, linguagem e desenvolvimento cognitivo (i.e., índice que mede a capacidade de uma criança realizar as mais diferentes operações mentais).

Muito sério, não acha?

CONSIDERAÇÕES FINAIS

Os pesquisadores concluem o estudo dizendo que são necessárias políticas públicas para minimizar o problema, entretanto, como psicoterapeuta, aproveito a oportunidade para lembrar a você, leitor querido, que a gravidez precoce, entre outras causas, é derivada de negligência parental e da indiferença afetiva exibida pelos pais em relação aos filhos.

Assim, sempre que tivermos de lidar com as evidentes dificuldades que experimentamos em nossa própria vida, tenhamos em mente que muitos dos problemas emocionais não resolvidos hoje poderão, facilmente, ser transferidos para gerações posteriores.[4]

Quem imaginaria que nossa inconsciência ou, dito de outra forma, nossa recusa em nos modificarmos, poderá, muitas vezes, vir cobrar um pedágio tão alto em nossos descendentes? Preocupante, não acha? A gravidez na adolescência cria implicações negativas não apenas para os filhos, mas também às gerações futuras. Fique atento!

---

[4] Abreu, C. N. (2010). *Teoria do apego: fundamentos, pesquisa e implicações clínicas*. (2. ed.). São Paulo: Escuta.

68
MENTE SÃ, CORPO SÃO: O CANSAÇO FÍSICO DESPERTA SENTIMENTOS RUINS

Não é novidade para ninguém ser visitado vez ou outra por pensamentos negativos, que, quando presentes em nossa consciência, têm o poder de afetar das mais variadas formas o nosso humor e a nossa motivação junto à vida cotidiana.

As pessoas mais conscientes seguramente dirão que tais conteúdos, quando despertam nossa atenção, sequestram o bom humor e a alegria de viver. Outras, com uma percepção mais transitória, dirão não ter muita noção desses *flashes* mentais, mas que, de tempos em tempos, são desequilibradas por ideias negativas que, surgindo do nada, as tiram dos eixos. E outras pessoas, ainda, praticamente inconscientes de sua vida psicológica, apenas reagem de maneira automática aos estímulos da vida – sejam eles internos ou externos – e assim permanecem por grande parte do cotidiano, sem muito controle ou possibilidade de manejo de seu sofrimento.

Esse grande espectro de percepções emocionais faz algumas pessoas procurarem algum recurso externo de ajuda ou até mesmo, em alguns casos, uma psicoterapia, para compreenderem melhor o funcionamento das engrenagens psíquicas e rapidamente se livrarem das perspectivas invasivas, que – parecendo ter vida própria – colocam em risco o delicado e frágil equilíbrio psicológico humano. Assumindo que você, leitor, seja uma dessas pessoas mais atentas, ou seja, que possua pelo menos uma ideia ou vaga noção sobre esse maquinário cognitivo, lhe darei outra importante pista psicológica, extremamente vital para a sua estabilidade emocional.

O CÉREBRO PRIMITIVO

Nosso cérebro, ao longo do desenvolvimento (i.e., desde o início, quando nascemos, até os dias de hoje), carrega importantes funções biológicas de sobrevivência. Tais funcionalidades foram herdadas de nossos ancestrais mais longínquos e, assim, são "programadas" para nos deixar em contínuo estado de prontidão e atenção. Servem, basicamente, para detectar possíveis riscos à nossa sobrevivência; assim, mesmo que estejamos mentalmente "relaxados", qualquer alteração ambiental, por mais delicada que seja, tem o poder de acionar certas respostas instintivas de enfrentamento – as mesmas que asseguraram nossa sobrevivência ao longo dos séculos.

E, aqui, se encontra um ponto de fundamental importância que precisa ser mais observado.

Mesmo que muitas vezes tentemos, por meio de nosso cérebro mais racional, controlar as marés emocionais negativas que periodicamente nos atingem – e até possamos ter um relativo sucesso –, nosso cérebro mais primitivo, sempre de prontidão, não hesitará em colocar em campo todos esses velhos recursos "de combate" e de subsistência de vida, a fim de nos auxiliar.

Vamos novamente. Cada vez que nos alimentamos de maneira inadequada ou, ainda, dormimos mal (p. ex., menos do que precisaríamos), no dia seguinte, nossos sistemas biológicos – usando essa bagagem de sobrevivência – acionam os recursos de enfrentamento.

Veja que interessante: em épocas remotas, os riscos que nos chegavam eram derivados, majoritariamente, da falta de comida e do possível ataque de tribos inimigas ou de animais selvagens. Assim, ao detectar riscos iminentes, nosso cérebro executava as funções vitais, o conhecido princípio comportamental de "luta ou fuga".

Nos dias de hoje, entretanto, não temos mais de lidar com a absoluta falta de comida ou com o risco iminente de ataque dos animais selvagens

– é claro, com algumas exceções. Por outro lado, a estrutura cerebral continua de prontidão, e, assim, o pequeno estresse e o desequilíbrio têm o poder de acionar os velhos gatilhos, fazendo nossos instintos mais básicos repetirem os velhos caminhos do instinto de sobrevivência.

Não temos mais tribos inimigas, mas, se comermos de maneira inadequada, o acionamento do cérebro primitivo nos fará comer mais e de forma desordenada (leia-se: mais frequentemente, e ingerindo qualquer tipo de alimento), aumentando nossa "reserva" calórica, caso seja necessário "lutar pela sobrevivência" – perceba nossa máquina cerebral executando os velhos hábitos. Além disso, a falta de sono, por exemplo, fará nosso humor ficar mais instável, o que nos deixará também mais irritadiços e armados junto aos nossos desafetos. E, finalmente, nosso cérebro irá disparar os avisos mentais de perigo (em forma dos tão conhecidos "pensamentos negativos"), nos preparando, portanto, para o "pior".

Assim, até vejo muita gente cuidando de sua saúde mental, entretanto, caso estejamos, fisicamente, "apenas cansados" – quem não está? –, é muito provável que comecemos a ser invadidos pela maré das emoções e dos sentimentos contrários.

O PROBLEMA

Ocorre, então, que muitas vezes essa engrenagem acionada ao extremo produz, de maneira ininterrupta, esses "vírus mentais" pessimistas e derrotistas, quando, na verdade, sua origem é decorrente da estafa e do desequilíbrio orgânico, guardando pouca relação com nossa vida emocional real.

E aqui mora o problema.

Essas engrenagens, quando acionadas, impulsionarão outros mecanismos, como a baixa autoestima, a falta de prazer e de sentido da vida e a sensação de *burn out*, retroalimentando um círculo vicioso ainda maior, que, como resultado, nos fará sentir ainda pior, engrossando o calibre da circuitaria mental negativa.

Imagine, então, querido leitor, a quantidade de elementos que compõem a equação de nosso mal-estar pessoal.

A dica que lhe dou, então, é a de tentarmos, sempre que possível, primeiramente, equilibrar nossas necessidades biológicas mais básicas e, assim, reduzir de maneira expressiva os sinais de alerta e de perigo que são emitidos pelo nosso corpo.

Isso é bem simples: dormindo bem (as famosas 8 horas de sono) e comendo corretamente (ingerir alimentos saudáveis de 3 em 3 horas, beber muita água, etc.), pois, dessa forma, conseguiremos desativar com mais eficácia o alarme biológico de nossa sobrevivência.

É importante deixar claro que o nosso corpo é uma coisa e a nossa mente é outra, porém ambas as dimensões de processamento integram um complexo esquema cerebral maior, que, atuando conjuntamente, interfere de maneira poderosa em nossa vida psicológica.

Portanto, cuidar da mente passará, anteriormente, pelo cuidado do corpo.

CONSIDERAÇÕES FINAIS

Procure quebrar esses reflexos biológicos condicionados ao passado, para que, no presente possa ter um maior e melhor controle de sua vida emocional, sem a interferência de sua biologia mais básica.

Saiba que é possível reduzir a intensidade de uma parte expressiva dos quadros de desajuste psicológico apenas dando mais atenção ao autocuidado e às nossas necessidades mais básicas. E essa é a primeira lição a ser aprendida.

Dessa forma, com esse aquietamento corporal reconquistado, poderemos seguir em direção à segunda lição – a mais difícil: obter o equilíbrio e o controle psicológico de nossos sentimentos e nossas emoções.

Fica a sugestão: *mens sana in corpore sano*, ou seja, mente sã em um corpo são.

69
POR QUE ÀS VEZES TEMOS CRISES PSICOLÓGICAS? ENTENDA MAIS SOBRE ELAS

Tão velha como a história da humanidade, talvez seja a história da crise psicológica. Desde o momento em que nos tornamos inteligentes, a consciência de que "algo" dentro de nós não vai bem sempre nos acompanhou. Registros na Bíblia, bem como no Alcorão, já apontam, junto aos primeiros seres humanos, a manifestação de questões que teriam assolado nosso espírito e nos colocado em estado de desequilíbrio.

Ter comido o fruto proibido fez Adão e Eva serem expulsos do Jardim do Éden, e, assim, ao que tudo indica, ter se tornado mais lúcido criou uma consequência impactante.

Embora existam algumas centenas de explicações derivadas das teorias da psicologia moderna, creio que aprender a manejar os momentos de crise seja uma das habilidades mais importantes para assegurar nosso equilíbrio emocional.

Mas, em primeiro lugar, o que é uma crise? A palavra "crise" deriva do grego *krisis*, que, em português, significa: decisão, distinção, separação. Isto é, a crise se manifesta sempre que há necessidade de mudança ou alguma decisão a ser tomada.

SENTIR OU NÃO SENTIR?

Em termos bem simplistas, eu diria que vivemos uma adversidade psicológica ou uma crise quando nosso pensamento não consegue explicar aquilo que sentimos. Vamos de novo: sempre que nossas emoções não conseguem ser interpretadas de forma clara pela nossa lógica pessoal, saímos momentaneamente de nossa zona de conforto, ficando em descontrole.

Como nosso sistema de valores e crenças vai sendo construído desde que somos muito pequenos, lidar com circunstâncias que negam (ou anulam) nossa lógica interna torna-se perigoso, pois coloca em risco nossa integridade emocional.

Já imaginou ter de viver sentindo coisas que não podem ser explicadas? Possivelmente, nos tornaríamos confusos e perdidos. Assim, sempre buscamos as situações que nos são previsíveis e que não confrontam nossas premissas mais básicas, a fim de evitarmos os momentos de contrariedade e vulnerabilidade.

Por isso, sempre que somos visitados pelas emoções desconfortáveis, primariamente fugimos das situações que as evocam e procuramos simplesmente não pensar nas coisas, como que nos anestesiando momentaneamente para poder ter tempo de acomodar as novas informações. Muitas vezes, como não conseguimos controlar ou compreender os sentimentos, tentamos exercer algum controle sobre o ambiente, como forma de reduzir o mal-estar sentido (comprando exageradamente, bebendo em excesso, entre outros).

Como a realidade externa muda mais rápido do que a nossa capacidade de nos adaptar a ela, uma crise psicológica apenas indica que nossos valores e nossas crenças estão atrasados (ou desatualizados) e que precisariam ser urgentemente revistos.

MUDAR OU NÃO MUDAR?

Outro elemento muito presente na crise psicológica é a confrontação com as situações de mudança imediata. Ter a consciência de que algo não vai bem seria um passo adiante das situações descritas anteriormente, em que ainda nem temos a percepção do que nos faz mal. Entretanto, é nesta fase que muitas pessoas simplesmente batem em retirada, esquivam-se das perguntas sem resposta, pois não conseguem estruturar mentalmente como seria sua vida após o período de modificação.

Nesse momento, não é raro nos depararmos com indivíduos que adentram uma condição de impasse psicológico e vivem assim por anos a fio, pois, apesar de seu entendimento, não se mobilizam na direção desejada. Esses são os candidatos mais indicados a uma psicoterapia, mas são os que mais se esquivam dela.

ESSE PROCESSO SERIA SIMPLES?

Engana-se quem acredita que transformar nossa lógica ou entrar em contato com nossas verdadeiras emoções seja um processo simples e indolor. Einstein, a esse respeito, certa vez afirmou ser mais fácil desintegrar um átomo do que mudar a opinião de alguém.

Assim, um dos aspectos que mais denota maturidade emocional é a capacidade de aprendizagem de cada um. Lidamos cotidianamente com pessoas que são impactadas por circunstâncias prejudiciais e sofrem por longos períodos, pelos mesmos motivos, e, definitivamente, não mudam. Insistem em continuar pensando e reagindo sempre da mesma maneira. Einstein colabora aqui com outra premissa, ao dizer que muitas pessoas se comportam sempre da mesma forma, mas que esperam, na verdade, resultados diferentes.

Outros indivíduos, entretanto, com maior capacidade de mudança, mais maduros e sensatos, precisam apenas de poucas ocorrências desfavoráveis para que a lição seja, de uma vez por todas, aprendida. Para eles, a crise se apresenta como uma nova oportunidade de crescimento, ao passo que, para outros, traz apenas sofrimento.

CONSIDERAÇÕES FINAIS

Dessa maneira, em vez de nos defendermos das crises e dos momentos de dor, deveríamos agradecer aos acontecimentos desastrosos, pois é apenas a partir deles que temos a possibilidade de rever nossa estrutura e nos tornarmos mais robustos. Flertar com o abismo e com o desconforto emocional, embora muitas vezes desgastante, nos possibilita considerar a vida a partir de outras premissas não consideradas.

E, o mais importante, nunca tenha receio de tomar decisões.

Nossa vida é semelhante à natureza, isto é, momentos de expansão são intercalados por momentos de recolhimento, a exemplo das estações do ano. Assim, em certas fases, nos tornamos mais introvertidos e recolhidos, ao passo que, em outras, ficamos mais ágeis para as decisões e o enfrentamento.

Agradeça, portanto, a seus momentos de angústia, pois é partir deles que você tem o privilégio de poder rever-se. Em vez de fugir e se esquivar, pergunte-se sempre: o que a situação negativa está tentando me ensinar? Ou ainda: o que eu, efetivamente, estou evitando aprender?

Perceba que os dilemas que sofremos são muito semelhantes, visto que nossas dificuldades se apresentam sempre com as mesmas bases, mesmo em momentos distintos. Assim, não espere que uma crise maior lhe visite para que você inicie seu processo de transformação interna.

E termino com mais uma citação de Einstein: "A mente que se abre à nova ideia jamais voltará ao tamanho original".

70
OS EFEITOS PSICOLÓGICOS DOS CONGESTIONAMENTOS

Um dos maiores impactos da vida moderna é o tempo gasto nos deslocamentos cotidianos. O assunto foi pouco estudado até então, mas sabe-se que as horas despendidas nos engarrafamentos afeta nosso bem-estar emocional de maneira significativa, trazendo consequências devastadoras à nossa qualidade de vida.

E o pior: aquilo que costumava ser uma característica exclusiva das grandes metrópoles, hoje começa a ser observado também nas cidades menores.

Um estudo mais antigo, conduzido no Nepal, apontou que a tensão experimentada nos congestionamentos é, na verdade, uma receita ideal para que possamos sofrer os conhecidos "colapsos nervosos".[1,2]

---

[1] The World Bank. (2013). *Using political economy analysis to improve Dhaka's bus operations*. Recuperado de http://web.worldbank.org/WBSITE/EXTERNAL/COUNTRIES/EASTASIAPACIFICEXT/0,,contentMDK:22401696~pagePK:146736~piPK:146830~theSitePK:226301,00.html.

[2] Mudditt, J. (2011). *Dhaka's traffic jams are a recipe for mental breakdown – with traffic jam slideshow*. Recuperado de: https://www.thestar.com/news/gta/2014/05/22/yes_that_traffic_jam_really_is_killing_you.html.

Gastar muito tempo nos deslocamentos foi associado a maiores níveis de nervosismo, tensão, dor e rigidez física, irritabilidade, fadiga e menor desempenho e satisfação no trabalho. Assim, os congestionamentos e a superlotação do trânsito intensificam todos esses efeitos, tornando esse processo extremamente tóxico e nocivo à nossa saúde.

Achou que acabava por aí?

Errado. Descobriu-se também que, decorrente dessas experiências, houve aumento da pressão arterial, maior incidência de distúrbios musculoesqueléticos, redução da tolerância à frustração e aumento expressivo da hostilidade e raiva.

Algumas pessoas, como descrito pelos pesquisadores, engajam-se em atividades paralelas – uma forma alternativa de encontrar um tipo de antídoto emocional para a exaustão – e, assim, para não perder o controle, procuram se distrair. Não é raro, portanto, vermos pessoas com fones de ouvido ou consultando suas redes sociais de maneira compulsiva.

Claro, vamos fingir que tudo é derivado apenas do trânsito, sem qualquer outro elemento adicional. Não vamos pensar que existem os motoristas egoístas que não lhe dão passagem, motoqueiros buzinando, ônibus tirando "finas" de nosso carro, um calor de 35 graus e a fumaça dos caminhões (se você tiver "a sorte" de ocupar seu próprio veículo). Caso utilizemos transportes públicos, vamos pensar positivamente, ou seja, que os trens e ônibus são novos, funcionam perfeitamente e são confortáveis, há locais para todos, possuem climatização e não atrasam.

Ironias à parte, é incontestável que esses elementos aumentam a tensão. Além disso, o estudo constatou que as pessoas que passam por essas experiências de maneira repetida relatam altos níveis gerais de estresse, baixa satisfação com a vida, maiores níveis de desesperança, menor sensação de apoio social e, por fim, um estilo de resolução de problemas, em relação ao cotidiano, menos construtivo, se comparado às pessoas que não passam por esse tipo de situação.

Obviamente, nosso empenho e motivação no trabalho também serão sacrificados, assim como os níveis de tensão que serão levados para casa no fim do dia.

O estudo observou, também, que as pessoas que passavam muito tempo presas no trânsito chegavam em casa mal-humoradas e desgastadas, com pouca energia física ou emocional, diminuindo os níveis de participação na vida familiar, amizades e atividades que envolviam outros relacionamentos.

À medida que nosso carro desacelera, nosso ritmo cardíaco aumenta, a respiração se intensifica e a pressão arterial dispara. Os motoristas ficam mais irritados e têm uma tendência maior a se comportar de maneira agressiva, aumentando as chances de comportamento rude, gritando, fazendo gestos obscenos e ultrapassando perigosamente outros carros, ingredientes perfeitos para a conhecida "raiva nas estradas" e no trânsito.[3]

CUSTO OCULTO

Um estudo bem mais recente, conduzido nos Estados Unidos, vinculou o tráfego a resultados negativos não apenas na saúde mental daqueles que passam horas no trânsito, mas, inclusive, junto àqueles que não sofrem diretamente com o problema.
Eu explico.
A nova investigação apontou também para um aumento inesperado na violência doméstica. Descobriu-se que o tráfego extremo aumenta a probabilidade de violência doméstica em aproximadamente 6%. E, mesmo que não fosse uma experiência rotineira, ou seja, mesmo que o tráfego intenso fosse "inesperado", os casos de violência doméstica registrados após o evento eram maiores.[4]

CONSIDERAÇÕES FINAIS

É importante que as autoridades estejam atentas a esses problemas e, inclusive, que as empresas que zelam pelas vias de deslocamento ofereçam, de alguma maneira, não apenas um caminho mais pavimentado e seguro, mas, igualmente, que prevejam tais impactos psicológicos, e assim, ao se tornarem mais salubres (do ponto de vista da saúde mental), possam oferecer melhores condições junto aos motoristas que trafegam.

---

[3] Eastwood, J. (2014). Yes, that traffic jam really is killing you. *The Star.* Recuperado de https://www.thestar.com/news/gta/2014/05/22/yes_that_traffic_jam_really_is_killing_you.html.
[4] The conversation. (2017). The stress of sitting in traffic can lead to more crime. Recuperado de https://theconversation.com/the-stress-of-sitting-in-traffic-can-lead-to-more-crime-72323.

O deslocamento e a segurança no trânsito, portanto, vão muito além do que poderíamos imaginar e, assim, deveríamos urgentemente prever os impactos psicológicos sofridos nos deslocamentos de nosso cotidiano e nos prepararmos melhor frente a eles.[5]

Nossa saúde, nossa família, nosso trabalho e a sociedade como um todo agradecem.

---

[5] Alalool, A., AlHashaikeh, B., Khamis, H., Majdalawi, R. & Ainawi, R. (2017). Traffic congestion and long driving hours: Impact on stress, emotional and physical health among drivers in Sharjah. *Primary Health Care*. Recuperado de https://www.omicsonline.org/proceedings/traffic-congestion-and-long-driving-hours-impact-on-stress-emotional-and-physical-health-among-drivers-in-sharjah-68532.html.